Arbeitsmittel
für Studium und Unterricht

Herausgegeben von
Heinrich Bauer
Georg Blaß
Horst Dahlmann
Gerhard Deimling
Holger Knudsen
Heinrich Lenzen
Manfred Markefka
Wolfgang Mickel
Johannes Rauball

Psychische Gesundheit und Schule

Beiträge von

Ulrich Bleidick
Johannes Graichen
Bernhard Hassenstein
Hartmunt von Hentig
Gerhard Höhner
Volkhardt Knigge
Christa Körner
Heidrun Krüger
Armin Kuhr
Joest Martinius
Johannes Meinhardt
Wilfried Merschmann
Manfred Müller-Küppers
Gerhardt Nissen
Horst Petri
Heinz Schepank
Martin Schmidt
Friedrich Specht
Reinhard Walter
Jes Wittrock
Johann Zauner

Herausgegeben
von Gerhardt Nissen und Friedrich Specht

Luchterhand

Hermann Luchterhand Verlag, Neuwied und Darmstadt.

Lektorat: Siegfried Alefeld.
Gesamtherstellung: Druck- und Verlags-Gesellschaft mbH, Darmstadt.
Printed in Germany, Dezember 1976.
ISBN 3 472 55527 0

Vorwort

Die XIV. Wissenschaftliche Tagung der »Deutschen Vereinigung für Kinder- und Jugendpsychiatrie«, die vom 5. bis 7. 6. 1975 in Göttingen stattfand, stand unter den Rahmenthemen »Biologische Bedingungen psychischer Störungen im Kindes- und Jugendalter« sowie »Psychische Gesundheit und Schule«.
Sie ergänzten das Hauptthema der XIII. Wissenschaftlichen Tagung, die 1973 in Freiburg abgehalten wurde und deren Vorträge 1974 unter dem Titel »Seelische Fehlentwicklung im Kindesalter und Gesellschaftsstruktur« vom Luchterhand Verlag vorgelegt wurden.
»Psychische Gesundheit und Schule« – ein Thema, das Kinderpsychiater, Pädagogen und Sonderpädagogen, Psychologen, Kinderpsychotherapeuten und Heilpädagogen im gleichen Maße wie Humangenetiker und Neurophysiologen angeht, wurde auf dieser Tagung aus der Sicht der verschiedenen Fachgebiete abgehandelt.
Das große Interesse und die starke Resonanz, die beide Kongresse in der Öffentlichkeit fanden, läßt auf ein wachsendes Verständnis für psychisch gestörte und geistig- oder seelischbehinderte Kinder schließen. Das Thema »Psychische Gesundheit und Schule« spricht zudem Probleme an, mit denen Eltern, Lehrer und Ärzte ständig konfrontiert sind. In der Bundesrepublik Deutschland erreichen 24 % der Hauptschüler nicht das Schulziel, nur 30 % der Sextaner legen das Abitur und nur 76 % der Studenten ein Abschlußexamen ab. In Sonderschulen finden sich zu einem Drittel Schüler mit einer durchschnittlichen Intelligenz.
Die vorliegenden Beiträge sollen Erziehern und Ärzten mit diesem Überblick über Ursachen psychischer Störungen, ihre Prophylaxe und Prognose sowie Wegen zur Therapie mehr Einsicht in die Problematik vom »Versagen des Schülers« oder dem »Versagen der Schule« ermöglichen. Mögen sich Ansätze und Betrachtungsweisen dabei unterscheiden, sie bleiben sich einig hinsichtlich ihrer Zielsetzung: Das Wohl des Kindes, das Schwierigkeiten im Regelschulsystem hat oder macht!
Den Referenten und dem Verlag herzlichen Dank!

Gerhardt Nissen

Friedrich Specht

Inhalt

Hartmut von Hentig

Psychische Gesundheit und Schule
Aus der Sicht eines Pädagogen

Dieser Vortrag ist meinen Kollegen an der Laborschule gewidmet, die ihn als Zeichen des Dankes und der Anerkennung verstehen mögen und hoffentlich auch als Hilfe.

Das Thema – »Psychische Gesundheit und Schule« – ist mehrdeutig. Es läßt sich zumindest in diese zwei grundverschiedenen Fragen übersetzen:
– Macht die Schule (psychisch) krank?
und
– Kann oder muß die Schule die Kinder (psychisch) gesund machen?
Ich habe Gründe anzunehmen, daß die Kongreßleitung **die erste Frage** gemeint hat. Diese Frage liegt ja (wieder einmal!) in der Luft. Sie wird auf Ärztekongressen, in parlamentarischen Fragestunden, auf Fernsehpodien, in den Tageszeitungen erörtert. Innerhalb weniger Tage im Mai 1975 habe ich bei flüchtiger Zeitungslektüre folgende, meist stark hervorgehobene Überschriften gesammelt:
– »Jedes vierte Kind ist psychisch anfällig« (WB 14. 5.);
– »Mit der ›Reform‹ zum Streß (WB 15. 5.);
– »Bei Kindern mehr seelische Störungen« (WB 22. 5.);
– »Die Schule eine Stätte der Angst« (FAZ 22. 5.);
– »Zusammenhänge zwischen falschen Erziehungspraktiken und routinemäßigem (!) Terror?« (WB 24. 5.);
– »Bedenken gegen die Fünf-Tage-Woche – Mediziner warnen« (WB 24. 5.);
– »Die Gesundheitskatastrophe droht unseren Schulen« (WB 28. 5.).
Wer die Frage hört, ob die Schule krank mache, zweifelt kaum noch an der Antwort und meint auch, die Ursachen zu erkennen: Ganzwortmethode und Mengenlehre, Zensurendruck und hohe Abstraktion, verfrühter Fachunterricht und ständiger Lehrerwechsel, Angst vor dem Abitur und wissen, daß es sinnlos ist, falsche Schulmöbel und zu langer Schulweg, Ganztagsschule und Großraum, zuviel Lärm und zuwenig Bewegung, zuviel Kunstlicht und zuwenig Kunst oder Kreativität – und vor allem die ewige Kritik, der ewige Konflikt, die ewige Konkurrenz, die ewige Curriculumrevision, die ewige Katastrophenstimmung.
Daß der Vorwurf (der in der Frage steckt) mit solcher Geläufigkeit von jedermann erhoben wird – vom Präsidenten des Lehrerverbandes bis zum letzten Lokalreporter; daß derselbe Vorwurf einst gegen die **alte** Schule mit ihrem Leistungsanspruch, ihrem Ausleseprinzip, ihren starren, unkindlichen Verhaltensordnungen gerichtet war und heute eher gegen die »leichtfertigen« Reformen, die von Unordnung und unverstandenen Erlassen, Gegenständen, Verfahren heimgesuchte **neue** Schule; ja, daß er gleichzeitig gegen entgegengesetzte Merkmale der Schule gerichtet ist, heißt noch nicht, daß er unrecht hat, im Gegenteil, er könnte etwas sehr viel Ernsteres meinen, als er einstweilen weiß und ausspricht. Aber dies alles gebietet auch Vorsicht: Mit einer Schule, die »krank macht«, läßt sich ein besseres politisches Geschäft machen als mit

einer Schule, die »den Fehler X macht« oder »das Ziel Y nicht erreicht«. Letzteres können und müssen die Betroffenen (selber) ausräumen oder auch hinnehmen. Das erstere ist höheren Ortes verschuldet: »das System ist falsch« oder »die Verantwortlichen haben versagt«; für die Betroffenen ist es wie ein schädliches Klima: man kann es nur anklagen, verzweifeln oder auswandern.
Ärzte haben Krankheit festzustellen und zu heilen. Mit der öffentlichen Diagnose der allgemeineren sozialen und institutionellen Ursachen sollten sie um der weitreichenden politischen Folgen willen besonders behutsam sein. Die Teilnehmer an einem Kongreß wie diesem sollten sich der Einseitigkeit der vorgetragenen Analysen, die in der Verteilung der Referate zum Ausdruck kommt, des eigentlichen und uneigentlichen Gebrauchs des Wortes »Krankheit« und der Wirkungen, die ihre ärztliche Autorität auf den Laien ausübt, peinlich bewußt bleiben.
Die zweite Frage, ob die Schule die Kinder gesund machen könne oder müsse, setzt voraus, daß die ihr angelieferten Kinder psychisch krank sind. Wenn ein Kind krank ist, dann – so scheint man sich einig zu sein – gehört es nicht in die normale Schule, der darum auch nicht zugemutet werden kann, es zu heilen, sondern allenfalls es zu erkennen, um es auszusondern. Diese Frage wirkt also »ausgedacht«. Daß sich die Schule zunehmend mit therapeutischem Personal und therapeutischen Verfahren versieht, verrät freilich, daß sie selber eher die psychische Krankheit, die sie feststellt, zu heilen versucht als die psychische Krankheit, die sie verursacht, zu vermeiden.
Ich habe micht gehütet nachzufragen, welche der beiden Fragen von der Kongreßleitung wirklich gemeint ist, um nicht nur zur ersten sprechen zu müssen. Die zweite führt jedenfalls zu ungleich aufregenderen und, wie mir scheint, weitgehend unerhellten Problemen, ja sie deckt eine, wenn nicht die Hauptursache der psychischen Störungen in unseren Schulen auf: die Schule ist durch die Festlegung ihrer Aufgaben und Methoden auf das sogenannte normale Kind und seine normale schulische Förderung gezwungen, ihre Pädagogik ständig durch Therapie zu ersetzen. Diese Therapie, am falschen Ort von den falschen, dazu nicht ausgebildeten Leuten ausgeübt, hält die »Krankheit« am Leben.
Ich soll als Pädagoge zu Ihnen sprechen. Als solcher bin ich aus den angedeuteten Gründen ein Laie in Fragen der seelischen und geistigen Gesundheit (oder Krankheit). Ich kann diese Termini nicht einmal befriedigend definieren. Meine Rolle ist es geradezu, vor einem Kongreß von Fachleuten naiv zu sprechen. Ich werde beispielsweise das Wort »krank« metaphorisch gebrauchen: für etwas, was sich für uns **wie** eine organische Schwäche oder Schädigung ausnimmt, so daß wir in irgend einer Form darunter leiden. »Gesund« steht entsprechend für sowohl Funktionsfähigkeit als auch Wohlbefinden. Wo diese Bestimmungen nicht genügen, werde ich sie zu präzisieren versuchen.
Als Laie kann ich Ihnen über das Verhältnis von Schule und psychischer Gesundheit keine wissenschaftlich befriedigende Erklärung geben. Ich werde Ihnen Thesen (und gelegentlich Hypothesen) vortragen und dazu die Beobachtungen mitteilen, auf die ich diese Thesen gründe.
Dazu werden dann nicht nur Sie mich befragen wollen, sondern auch ich Sie, wobei mir gänzlich unklar ist, wann wir dies innerhalb unseres gedrängten

Programms tun sollen. Das immerhin hat die »wissenschaftliche Tagung der deutschen Vereinigung für Kinder- und Jugendpsychiatrie« mit der Schule gemein: ein vorgegebenes Pensum, viel sorgfältig formulierte Belehrung, wenig Spielraum für Reaktion und Interaktion – für die schmuddeligen Umwege des Lernens. Was an unseren Schulen krank macht, die so vorgehen, dürften wir am Ende dieser Tage wenn nicht so genau **wissen** so doch an der eigenen Seele **erfahren** haben.

1. These:

Die Schule macht die Kinder nicht (psychisch) krank, die Mehrzahl der Kinder kommt heute (psychisch) krank in die Schule – am Tag der Einschulung und seitdem jeden Tag neu. Die Vorstellung, die Mehrzahl der Schüler sei gesund; die Schule habe nach wie vor die Aufgabe, sie auf die geistigen und beruflichen Anforderungen dieser Welt vorzubereiten und ihre entsprechenden Fähigkeiten zu entwickeln; störende und also gestörte Kinder seien die Ausnahme, müßten isoliert und »behandelt« werden – diese Vorstellung jedenfalls könnte falsch sein und eben dadurch die Gesundung jener Mehrzahl erschweren, wenn nicht gar verhindern.
Ich weiß nicht, was es für die Bestimmung des Arztes bedeutet, wenn man sagt, die Mehrzahl der Menschen sei heute krank oder Krankheit sei ein normaler Zustand der heutigen Menschen. Ich ahne, was es für die Bestimmung des Pädagogen bedeutet, wenn dreiviertel seiner Aufgaben therapeutische und nicht mehr erzieherische sind. **Ich** jedenfalls müßte meinen Beruf verlassen. Leichtfertig also mache ich meine Behauptung nicht.
Ich bin seit einem dreiviertel Jahr wieder in einer Schule als Lehrer tätig, nachdem ich zwölf Jahre lang Studenten unterrichtet und in ihre Arbeit eingeführt habe. Meine Schule ist keine gewöhnliche Schule. Die Bielefelder Laborschule ist eine wissenschaftliche Einrichtung der Universität und zugleich staatliche Versuchsschule. Sie ist im vorigen Herbst mit drei Jahrgängen eröffnet worden, mit den Jahrgängen 0, 5 und 7 (also Fünfjährigen, Zehnjährigen und Zwölfjährigen); sie wird, wenn sie fertig ist, elf Jahrgänge mit je 60 Kindern von der Vorschulklasse bis zum zehnten Schuljahr umfassen und ist als Gesamtschule gedacht. Sie nimmt Kinder aus einem begrenzten Wohngebiet auf und zwar nach einem Schlüssel, der dafür sorgt, daß die Schülerschaft die soziale Struktur der Bevölkerung abbildet: 60 % Kinder aus den Unterschichten, 35 % aus den mittleren und 5 % aus den oberen Schichten. Dies geschieht unter anderem, um die Übertragbarkeit unserer Arbeits- und Untersuchungsergebnisse auf anderen Schulen zu sichern. Die Nachfrage ist im Ganzen vier- bis fünfmal so groß wie die der vorhandenen Plätze; von den sich anmeldenden Mittelschichtenkindern kann nur jedes achte oder neunte aufgenommen werden. Innerhalb der Quoten für die einzelnen sozialen Schichten werden die Plätze verlost, wobei ein Computer dafür sorgt, daß die Geschlechter gleich verteilt sind und soziale Härtefälle eine besondere Chance haben. Außerdem haben wir 10 % Ausländerkinder und einen bestimmten Prozentsatz von Behinderten.
Ich muß Ihnen dieses so eingehend schildern, damit Sie einschätzen können,

wie triftig meine Beobachtungen sind. Man kann sagen: Das erklärte Ziel, mit einer veränderten Schule jener Mehrheit von Kindern zu helfen, die es im herkömmlichen Bildungs- und Aufstiegssystem schwer hat, und die Tatsache, daß wir versuchen, eine systematisch gemischte, im strengen Sinn »normale« Schülerschaft zu bekommen, bringt uns eine unnormale ein. Diese Schülerschaft und die hier nicht näher zu schildernde »Offenheit« unserer Schule macht jedoch zugleich etwas sichtbar, was es wohl überall – verdeckt oder unterdrückt – gibt. Und dies **will** unsere Schule. Sie ist eine Quelle für Fragen, Zweifel, Hypothesen, die die vorgegebenen Problemformeln der Wissenschaft und der Bildungspolitik durchbrechen. Meine Beobachtungen sind also nicht deshalb falsch, weil man sie einstweilen woanders nicht in dem Maße machen kann. Im Gegenteil. Umgekehrt muß der Schluß abgewehrt werden, diese Art von Schule **erzeuge** diese Art von Problemen. Welcher Art die Laborschule wirklich ist, muß man anderwärts nachlesen. Und schließlich: Wir befinden uns im Aufbau. Die Schule ist nicht für Kinder gedacht, die schon 4 oder 6 Jahre an anderen Schulen an andere Lebensformen gewöhnt, auf andere Werte ausgerichtet worden sind und nun entweder einen »Schock« bekommen oder langsam – unter Beibehaltung vieler von uns nicht geschätzter Maßnahmen – umgewöhnt werden. Diese Lage erlaubt zugleich besondere Beobachtungen, die wir nach dem Endausbau nicht mehr machen können.

Aus dieser Schule will ich Ihnen zur Illustration meiner 1. These wie der weiteren je ein Bild vorstellen.

In einer pädagogischen Konferenz – etwa drei Monate nach der Eröffnung der Schule – legt der Hausmeister, einer unserer wichtigsten, tüchtigsten und beliebtesten Mitarbeiter, eine Liste von Vorkommnissen vor. Unter den 22 detailliert geschilderten und mit Datum sorgfältig versehenen wähle ich elf charakteristische aus und benenne sie bloß:

- menschlicher Kot in mehreren Papierkörben, im Musikraum, vor der Tür X und Y;
- Klosettbrillen auf den Toiletten A, C und F »wie Butterbrot« mit Kot beschmiert;
- der durchschnittliche (!) Verlust von leeren Coca-Cola- und Sinalco-Flaschen pro Tag 20 Stück (bei 120 Kindern); die Flaschen werden an die Wand geschmissen (der Fußboden hat einen dicken Teppichbelag);
- am Soundsovielten Soundsovielten: ein Mülleimer randvoll mit zerschlagenen Flaschen;
- etwa jeder 10. Schrank (jedes Kind hat einen solchen) ist gewaltsam aufgebrochen und kann dann nur selten wieder abschließbar gemacht werden;
- das Polster einer neuen Liege im Krankenraum ist mit dem Messer vom einen Ende zum anderen aufgeschlitzt;
- zunehmend mehr Sicherheitsschlösser sind durch eingeschobene Streichhölzer oder Kaugummi unbrauchbar gemacht – an Stellen, an denen offener Zugang gewährt ist oder gar keiner gesucht wird;
- abschraubbare oder anderweitig abnehmbare Bestandteile von Möbeln verschwinden (Schrauben zum Feststellen der Schwenktafeln, Schrauben zum Ausgleich von Tischbeinen, Rollfüße, Schubfachgriffe);
- am Soundsovielten Soundsovielten abends, um 21 Uhr, zwei Schüler in einer

Musikzelle eingeschlossen gefunden – schweißgebadet und in heller Panik;
- die tägliche Liste von Verlusten ist so groß wie die tägliche Liste von Funden; die Listen sind leider nie – auch nicht auf Dauer – identisch;
- das karge, äußerst solide Mobiliar dort und dort, dann und dann zerstört: Stühle gewaltsam in der Mitte durchgebrochen, Kabel von Geräten einfach abgeschnitten, Türen eingetreten.

Die Kollegen fügen hinzu: Es wird gelegentlich und systematisch gestohlen – Schulgerät, Schülereigentum, Geld aus der Garderobe (der Lärm der Kassettenrecorder und Transistorgeräte verstummte nach zwei Wochen – kein Triumph unserer Pädagogik, sondern Folge der Diebstähle!); Schüler rotzen sich gegenseitig ins Essen; Fahrradreifen werden durchstochen; auf einer sog. Stammfläche, also in aller Offenheit werden Jungen dabei angetroffen, wie sie ein Mädchen rücklings am Boden festhalten und der Reihe nach abküssen.

Die Schüler lassen nicht nur alles dort fallen, wo sie stehen und gehen und den Gegenstand nicht mehr brauchen – Bananen und halbvolle Plastikbecher, Flaschen und Papier, Bücher und Kleider; sie machen nicht nur Feuer im Kriechkeller und klettern aufs Dach; sie rauchen nicht nur in Musikzellen und unter den Treppen; sie schlagen nicht nur den Feuermelder ein – lauter Dinge, die Kinder immer getan haben oder gerne getan hätten. Dies wäre keiner Erwägung wert. Sie sind nicht nur nervös, ungeordnet (»disorganised«, wie Urie Bronfenbrenner sie nennt [1]), vital, unzuverlässig – sie terrorisieren einander, sie streiten sich ununterbrochen (um Gegenstände, als lebten sie in tiefer Armut; um Rangplätze, als gäbe es kein Recht; um die Zuwendung der Erwachsenen, als lebten sie in einer besonders lieblosen Welt), sie vandalisieren das Gemeingut, sie sind weitgehend unfähig, anderen und sich selbst eine Freude zu bereiten, jemanden einen Dienst zu tun, zu erkennen, daß und wo man Rücksicht auf einen anderen nehmen muß und wie man sich angenehm macht; sie scheinen unfähig, tiefere, anhaltende Beziehungen zu Menschen und Sachen einzugehen; ihre Sprache ist arm und im Wortsinne »barbarisch« – und sie müssen ununterbrochen schreien.

Natürlich sind meine Aussagen unzulässige Verallgemeinerungen. Natürlich haben sie mit unserer besonderen Klientel zu tun. Natürlich sind sie auch Aussagen über mich selbst (ich habe z. B. vorher nie Hauptschüler unterrichtet und mit Proletarierkindern zusammen gelebt). [2] Und natürlich haben die Kinder auch liebenswerte Eigenschaften und die Lehrer an der Laborschule würden für diese ihre Kinder buchstäblich und sinnbildlich (was schwerer ist) durchs Feuer gehen. Aber auch ihre erfreulichen Eigenschaften sind oft eine unmittel-

1 Urie Bronfenbrenner: The Origins of Alienation, in: Scientific American, August 1974, S. 56.

2 Dieser Einwand beunruhigt mich heute weniger als vor einigen Monaten. Es erweist sich an unserer Schule, daß die Unterschiede, die der Schichtzugehörigkeit zuzuschreiben sind, schnell unter neueingenommenen Verhaltensformen verschwinden können. Die Hypothese eines meiner Kollegen, daß die Zugehörigkeit eines Kindes zu einer bestimmten Stammgruppe der Schule stärker durchschlägt als die Zugehörigkeit zu einer sozialen Schicht, daß also der gegenwärtige Einfluß der Erwachsenen, ihr Verhaltensvorbild, bei zehn- bis zwölfjährigen Kindern – zumal in einer für alle neuen Umgebung – größer sein kann als die von der Wissenschaft stereotypisierten schichtenspezifischen Merkmale, gewinnt täglich an Plausibilität.

bare Folge oder die Kehrseite einer ihrer Schwierigkeiten: Aggressiv wie sie sind, können sie den Erwachsenen frei, ungebeugt begegnen; indifferent, unkooperativ, unkritisch wie sie sind, können sie diese Schwächen ehrlich einsehen und sehr beredt anklagen; ungeordnet wie sie sind, können sie in bestimmten Lagen sich selbst und ihren Anspruch zurücknehmen, fast ohne es zu merken. Liebenswert kommt uns Erwachsenen auch vor, daß und in wie hohem Maße sie uns brauchen: Unsere bloße Gegenwart scheint Frieden zu stiften; sie leisten uns selten Widerstand – sie weichen allenfalls aus.
Mit alledem sei nicht geleugnet, daß Schule in vielen Fällen auch krank macht – psychisch wie physisch. Aber die Nöte, von denen ja jedermann gleich spricht, führen zu kurzschlüssiger Anprangerung bestimmter Sachverhalte. Diese aber

- sind nie für sich allein die Ursache – sie wirken immer mit anderen zusammen;
- sind nie als solche die Ursache – immer ist eine Übertreibung, ist ein Kunstfehler mit im Spiel;
- verstellen also den Blick auf das größere Problem, das ich in These 1 formuliert habe – auf den Zustand der heutigen Kinder allgemein;
- lassen immer auf etwas hoffen, was nicht sein kann: auf einen Lehrer, der so und so ausgebildet ist, daß er krank zu machen vermeidet, auf Institutionen, die so ausgestattet sind, daß sie die Erhaltung der Gesundheit garantieren – während just diese Erwartungen den Lehrer und die Einrichtungen korrumpieren.

Ich bin damit bei meiner zweiten These, hinter der der Versuch steht, den Schwächen und Fehlleistungen der Schule einen aufzeigbaren und korrigierbaren Grund nachzuweisen – etwas, was aus der Sisyphusarbeit der Einzeldiagnose und Einzeltherapie herauszuhelfen verspricht.

2. These:

Die Schule macht gleichwohl krank – nämlich die Lehrer. Sie tut dies durch eine **prinzipielle** Überforderung. Der Lehrer nimmt sie als eine momentane oder auch dauerhafte Überforderung wahr, aber gerade nicht als eine grundsätzliche, eine, die in der gängigen modernen Definition seines Berufes, seines stolzeren Selbstverständnisses liegt. Diesem zufolge arbeitet er »wissenschaftlich«, tut er »politische« Wirkungen innerhalb einer »politischen« Institution, trägt er »gesellschaftliche« Verantwortung, ist er zur ständigen »experimentellen« und »kritischen« Überprüfung und Reform seiner eigenen Tätigkeit verpflichtet – und muß die »normalen« Zwecke von Schule mit für »normal« gehaltenen Schülern erfüllen. Diese Vorstellung enthält eine Reihe von Widersprüchen und diese wiederum müssen vom Lehrer rationalisiert werden. Da diese Rationalisierung mit seiner Ausbildung beginnt, sind weder er noch seine Zeitgenossen des verzerrenden, »krank machenden« Charakters des Lehrerberufs bewußt – einer Verzerrung, die über die oft analysierte déformation professionelle dieses Standes hinausgeht. Gerade weil die Überforderung so begründet und so schmeichelhaft auftritt, wird sie als solche nicht erkannt und nicht bekämpft.

Ich fange mit der Überforderung durch »Wissenschaftlichkeit« an (und kann sie wie die folgenden hier nur mit groben Strichen andeuten). Über die Bedingungen des Aufwachsens und Lernens gibt es eine Unmenge von Wissen. Diese erzeugt dem Lehrer in jedem Fall ein schlechtes Gewissen: entweder er versucht es zu befolgen, dann scheitert er an der Fülle der Einzelanalysen von Dingen, die nie einzeln vorkommen, an der Abstraktheit, der Unverständlichkeit, der Nichtübertragbarkeit – oder er ignoriert sie und weiß, daß auch das Schuld ist.

Einst hatte der Lehrer einen von der Wissenschaft bereitgestellten »Stoff« und einen von der Obrigkeit befohlenen »Lehrplan«. Seine Kunst konnte er darauf konzentrieren, den Stoff verständlich, lebendig, verführerisch zu gestalten, wichtige darüber hinausgehende Fragen anzuregen, die Hoffnung zu wecken, daß sie irgendwann, irgendwo, irgendwie beantwortet werden. Heute muß er ein sogenanntes offenes Curriculum, ein wissenschaftlich hergestelltes Lehr- und Lernsystem administrieren: den Anlaß für die Behandlung des Stoffes, die Lernziele, die Substanz, die sich verzweigenden, nach Schichten, Begabungen und Bedürfnissen verschiedenen Lernvorgänge, einen mit dem der anderen Lehrer übereinstimmenden Erziehungsstil, die audiovisuelle Instrumentierung, die Evaluation, die Einordnung in den Gesamtzusammenhang einer politischen und wissenschaftlichen Bildung erfassen, erarbeiten, entwickeln und wie die Verben sonst heißen – und gegenüber den Schülern, der Schule, den Eltern, der Öffentlichkeit verantworten. Und da allein Wissenschaftlichkeit dies alles zu dekken verspricht, versucht er es mit ihr und weiß doch sehr wohl, daß er es nur mit seiner Person, seiner Berufserfahrung, seinem common sense vermag!

Was im Bereich des sog. Curriculum noch gerade angeht – schließlich hat er sein Fach und dessen Didaktik studiert –, wird abgründig, wenn es zu sogenannten »schwierigen Kindern« kommt. Da hält man sich an die Klischees, an vereinfachte Formen schon vereinfachender Erkenntnismodelle und die Aufzählung von möglichen Einzelursachen. Man betört sich mit dem wissenschaftlichen Vokabular, mit einem eisernen Bekenntnis zu einem bestimmten »Wissenschaftsverständnis« und erstickt jede Kritik daran durch die edle Absicht, mit der man das Ganze verbindet. In der Tat, wie kommt man einem »schwierigen Kind« bei?

Typisch ist etwa folgender Ablauf:

- Aus »schwieriges Kind« macht man »Kind mit auffälligem Verhalten« (man hat also objektiviert).
- Auffälliges Verhalten ist in einem Koordinatensystem von individuellen und allgemeinen (statistischen) Erwartungen festzuhalten; die ersteren wiederum ergeben sich aus einem sogenannten Gewohnheitspotential, einer Situationsbewertung (durch das Individuum) und einem sogenannten Hemmungspotential.
- Man nimmt den Schüler X und subsumiert ihn mit den am Schema gewonnenen Daten unter dieses System.
- Die Daten freilich werden jeweils anders aussehen, ob man das Schema soziologisch, tiefenpsychologisch oder sozialpsychologisch auslegt, also beispielsweise das Gewohnheitspotential als unterschichtenspezifisch oder ödipal oder Folge einer laisser-faire-Pädagogik kennzeichnet.

Dies ist alles schon schwierig genug, und ob etwas Brauchbares dabei heraus-

kommt, ist außerordentlich fraglich. Mischt man aber die drei Typen von Analyse, dann hört das Verfahren vollends auf, handhabbar zu sein. Man achte einmal darauf, was diejenigen fordern, die den Lehrer oder Pädagogen zur Bewältigung solcher Aufgaben ausbilden wollen: es ist in 99 von 100 Fällen eine Zusatzausbildung in der eigenen Spezialtechnik oder Denkschule. Ein Lehrer muß offenbar **alles** können.
Aber was gibt es für Auskünfte und Hilfe für einen Lehrer, der beispielsweise ein Kind dabei erwischt, wie es hinter dem Schrank in die Ecke pinkelt? Es war in einer Filmvorführung, fand den Film offenbar spannend, wollte nicht viel versäumen und entlud sich seiner Not gleich vor der Tür des Vorführungsraums. Die Wissenschaft erklärt uns die schweren Fälle: wenn ein Kind mit einem solchen Akt unbewußt protestiert oder Aufmerksamkeit auf sich ziehen will oder Kontakt sucht. Was aber, wenn es sich hier um kein klinisches Symptom, nicht um eine Störung, nicht um eine moralische Verfehlung handelt, eine Aggression – wenn das Kind nicht **falsch** sozialisiert ist, sondern einfach **nicht** sozialisiert und zwar auf einem Gebiet, für das es mit 12 Jahren zu spät und die Schule nicht zuständig ist? Das Kind, das sich so verhält, ist nicht »krank«, es kann darum auch nicht therapiert werden. Aber wenn »krank« – wie in diesem Vortrag – eine Umschreibung sein kann für: ». . . fühlt sich nicht wohl« und/oder ». . . kann so nicht leben«, dann trifft das hier zu und dann muß geholfen werden. Die folgerichtigen Pädagogen sagen: Es müßten – wenn solche Fälle sich häufen oder gar die Regel werden – die öffentlichen Sozialisationsmaßnahmen früher einsetzen, die Bedingungen der früheren Sozialisation erkundet werden. Sie fordern also, daß ein politisches Programm erfüllt wird, bevor sie an ihre pädagogische Arbeit gehen können.
Ich komme damit zu der zweiten Überforderung: durch Politik. Schule ist eine politische Einrichtung und Erziehen ein politischer Vorgang – so habe ich jedenfalls selber immer behauptet. Sie werden unpolitisch, wenn man ihre Grenzen nicht deutlich erkennt und sich der Gründe nicht voll bewußt ist. Es ist wohl redlich zu sagen, daß Politik und Demokratie an einer Schule mit Notwendigkeit **Mittel** der Pädagogik sind. Die Forderung z. B. nach »Demokratisierung der Schule« beruft sich darauf, daß Lehrer, die nicht selber und sichtbar über wichtige Dinge entscheiden, die nicht ihrerseits Verantwortung tragen und für ihre Tätigkeit Rechenschaft geben müssen, andere dazu nicht erziehen können (ein Argument, das mutatis mutandis ebenso für die Erziehung zur Wissenschaft gilt). Die Behauptung, durch vermehrte Mitbestimmung in der Schule vermehre sich die Mitbestimmung oder das »Demokratiepotential« in der Gesellschaft ist naiv, so naiv wie die Vorstellung, man könne durch Schule das sogenannte System verändern. Dies können nur die Personen dereinst tun, die einer solchen Schule ausgesetzt gewesen sind und in ihr Prinzipien und Verfahren gelernt haben, die dies verlangen und ermöglichen. Aber da stehen nun die Forderungen: der Lehrer solle ein Modell für den selbstbestimmten politischen Menschen sein, zu dem er erzieht; Freiheit lerne man, indem man in ihr lebt, ihre Schwierigkeiten und Grenzen erfährt; Regeln achte man, indem man sie selber macht; deren Gültigkeit verstehe man, indem man sie bricht und an den Folgen leidet; Verständigung suche man, indem man sie täglich übt und die Angst davor ablegt; Konflikte zu lösen lerne man, indem man sie bekennt und

benennt und nicht unterdrückt. Mit all diesen Maßgaben wird vom Lehrer und der Schule etwas verlangt, was die erwachsene Welt nicht erfüllt. In der Pädagogik müssen Vorgaben gemacht werden – aber man wird sie nur machen, wenn man glaubt, daß es eines Tages und außerhalb der Schule auch ohne sie funktionieren werde.
Ich verlese einen Auszug aus einer längeren Niederschrift über eine pädagogische Konferenz an unserer Schule, die sich bemüht, Herrschaft und Administration durch Politik, d. h. durch gemeinsame und bewegliche Regelung gemeinsamer Angelegenheiten zu ersetzen. Nach einem längeren Streit über die Verfahrensfrage und über die Berechtigung einer Lehrerkonferenz, das Thema in Abwesenheit von Schülern (den »Betroffenen«) zu behandeln – das Thema war »Wie groß darf oder muß der Freiheitsspielraum der Kinder an unserer Schule sein?« – ging der Dialog so weiter:

Meisel [3] fordert auf, über »die Sache« zu reden; es habe sich am 5. 11. erwiesen, daß das gehe – auch zwischen Gruppen, die sehr verschiedene Positionen beziehen.

Büttel drückt die Sorge aus, es würden – wie das schon früher der Fall gewesen sei – die Probleme auf eine derart abstrakte Ebene gehoben, daß das eigentliche Problem – die Emotionen – (künstlich) ausgeklammert werde.

Haller hält als konkretes Problem fest: Kinder laufen während der Unterrichtszeit herum. Seine Bemühungen, den Kindern einen Lernort, eine sinnvolle Lernsituation zu verschaffen, werde durch ein entgegengesetztes Prinzip anderer Lehrer gestört.

Sönker und Knolle erläutern ihr Prinzip, nämlich: »Diejenigen, die mit Hilfe anderer (organisiert) lernen wollen, werden geschützt. Diejenigen, die allein, zu anderen Zeiten, an anderen Gegenständen lernen wollen (explorierend), werden auch geschützt«.

Weisel führt drei mit dem Gabelstapler fahrende Kinder als Beispiel dafür an, wohin das führen könne und nicht führen dürfe: zu unbeaufsichtigter, gefährlicher Aktivität der einen einerseits, zu Ablenkung, Neid und Ausbruchswünschen der anderen andererseits und damit zur Zerstörung einer mühsam und kunstvoll aufgebauten Lernsituation.

Büttel kehrt den Vorwurf um: Der straffe, leistungsbezogene Unterricht bestimmter Lehrer versetze ihn unter einen Leistungsdruck. Er erläutert, wie sich seine Reaktionen unterscheiden, je nachdem, ob Offert oder Sönker an seinem Unterrichtsplatz vorbeikomme.

Suther erklärt die Notwendigkeit, in ihrem Unterricht auf Kontinuität der Aufmerksamkeit zu achten.

3 Alle Namen sind fingiert.

Sönker räumt ein, daß Mathematik, Französisch, Latein hinsichtlich der Kontinuität des Unterrichts ihre eigenen Gesetze haben; aber er befürchtet, daß a) diese oft nur die bürgerlichen Idiosynkrasien der Lehrenden decken sollen und b) zur Norm für alle Personen, Lagen und Tätigkeiten dieser Schule werden könnten.

Heinke erklärt das Prinzip von Sönker, Knolle (und anderen?) für »im Grunde ganz autoritär«: Diese Kollegen ermöglichen nicht Freiheit, sie dekretierten sie.

Offert meint, auch dies sei vielleicht nicht das Entscheidende. Die einzelnen Kinder hätten unterschiedliche Bedürfnisse nach Betreuung. Die Alternative: »**Kinder** wählen frei/Kinder müssen gelenkt werden« verfehle diese Tatsache.

Sönker: Wer im Unterricht sitze, müsse deswegen noch nicht lernen.

Offert: Dieser Satz lasse sich aber nicht umkehren. Wer nicht im Unterricht sitze, lerne allemal etwas. Vielmehr gelte: Wer nicht im Unterricht sitzt, bekommt **diesen** jedenfalls **nicht** mit.

Hartel spricht sich noch einmal für die Variationsbreite unserer Erziehungsstile aus – unter der Voraussetzung, daß jeder den des anderen versteht, achtet, nach Möglichkeit unterstützt und jedenfalls nicht hintertreibt.

Büttel äußert Bedenken gegen die damit vorgenommene Beschönigung der harten Gegensätze.«

Wenn so tagaus tagein von Grund auf über die Ordnungen und Maßnahmen entschieden werden müßte, wäre dies eine schlechte Politik; eine gute Politik führt zu entlastenden Institutionen. Gleichwohl bleibt die Bürde: Versagen die Institutionen, ist man nicht minder schuld, und vor allem bringt der pädagogische Alltag täglich neue Probleme hervor, die man wieder durch einen politischen Prozeß in die Institutionen einbringen muß.
Der Lehrer kann sich dem nicht entziehen wie die Schüler. Einer von ihnen – 13 Jahre alt, von der Schülerschaft gewähltes Mitglied der Laborschul-Konferenz, die zuerst wöchentlich tagte und seither vierzehntägig einen ganzen Nachmittag lang – erklärte kürzlich seinen Rücktritt mit folgender schriftlicher (hier buchstabengetreu reproduzierter) Begründung:
»Ich fühle mich verpflichtet dem vielgeäußerten Wunsch nachzukommen, meinen Rücktritt zu begründen.
Da ist einmal die Dauer der Sitzungen. Manchmal wurde bis 7 h getagt, ohne viel geschaft zu haben. Außerdem war die Anzahl der die Schüler betreffenden Themen sehr gering. Meistens wurde über mehr Macht, mehr Geld, mehr Ansehen für einzelne Lehrer beraten. Und dann der ewige Streit der Kollegen.
Die Lehrer redeten immer in einem für Neulinge unverständlichen Laborschul-Jargon. Das hat dazu geführt, daß wir Schüler oft keine Entscheidung treffen konnten und uns bei der Abstimmung enthalten mußten weil wir Dinge rein sprachlich nicht verstehen konnten. Wir haben immer wieder aufgefordert

verständlich zu reden. Der Erfolg war, daß es für 2 Minuten tatsächlich besser wurde, selten länger. Wir haben auch oft gefragt, was dieser oder jener Ausdruck bedeutet. Der Erfolg: Keine Antwort oder eine wiederum unverständliche Erklärung. Darüber hinaus ist die Laborschulkonferenz ein ausgesprochener Saftladen! Das fängt schon bei den Sitzungsunterlagen an. Meistens bekam ich sie unvollständig oder zu spät, oft gar nicht.
Das Gremium war fast nie vollzählig. In den seltensten Fällen war das Fehlen der lieben ausreichend begründet. Manchmal wurden Anträge einfach ignoriert. Es wurden Beschlüsse wieder aufgehoben, oder erst gar nicht ausgeführt.
Außerdem glaube ich, daß ich damit, daß ich wöchentlich 2–3 Stunden Freizeit geopfert habe, nur eine Alibifunktion erfüllte, d. h. das Ganze nur damit die, die Schule gemacht haben, sagen können: ›Wir sind fortschrittlich, bei uns werden die Schüler in Entscheidungen einbezogen.‹ Dabei kann die Mitbestimmung, aufgrund einiger der oben genannten Mißstände, ein nur unerhebliches Ausmaß annehmen. In Wirklichkeit ist es also gar keine echte Mitbestimmung...

Euer Mümmel«

Dem Austritt von Mümmel folgten gleich zwei andere. Die Lehrer haben drei ganze Nachmittage lang über dieses Ereignis, seine Hintergründe und mögliche Lösungen konferiert. Das Ergebnis sind weitere Forderungen an uns selbst, die ich hier nicht schildern kann und die – natürlich wieder Überforderungen sind! Vor allem aber sollte der Austritt der Schüler uns etwas anderes deutlich gemacht haben: die Unvereinbarkeit der beiden Forderungen nach größerer Autonomie der Institution und mehr Mitbestimmung von der Basis her. Die Institution hat zu funktionieren, sonst nimmt man ihr ihre Rechte. Die Mitbestimmung von Kindern in solchen Gremien kostet Zeit und Maßnahmen (die oft an Manipulation grenzen). Mit diesem Widerspruch lebt die Schule nicht aus Mutwillen, sondern mit Notwendigkeit – und es sind gerade die politisch und pädagogisch empfindsamen Lehrer, die daran krank werden und nicht die Routiniers.
Die dritte Überforderung hängt eng hiermit zusammen. Es ist die den Lehrern in neuerer Zeit so nachhaltig bewußt gemachte gesellschaftliche Verantwortung. Daß die Schule Sozialchancen verteilt, daß sie an der Chancenungleichheit mitschuldig ist, daß sie eine Mittelstandseinrichtung zur Verbreitung der bürgerlichen Kultur ist – das hat der Lehrer in den letzten Jahren immer wieder gehört. In den pädagogischen Seminaren wachsen junge Lehrer heran, die die Lösung dieser Aufgaben für die eigentliche Pädagogik halten und die sogenannten Sachen immer weniger wichtig finden – wohl auch, weil sie sie immer weniger gründlich kennen. Gleichzeitig sagt ihnen die Wissenschaft, daß die Herstellung von Chancengleichheit durch Schule bisher so gut wie ergebnislos gewesen ist. Jedenfalls läßt sich kein einzelner Faktor benennen, der für die anhaltende Benachteiligung bestimmter Bevölkerungsgruppen nach der Schule verantwortlich zu machen wäre. [4] Dieser Befund mag noch nicht ausreichen

4 Dies wäre meine Auslegung von Christopher Jencks gegen Lothar Krappmann, der schreibt: »Welcher Faktor läßt am besten vorhersagen, welchen sozio-ökonomischen Rang (?) ein Kind später einmal einnehmen wird? – Dieser Faktor wird aus den Jencks vorliegenden Statistiken nicht deutlich«. Lothar Krappmann: Konsequenzen der Sozialisationsforschung für das Lernen in der Schule, Neue Sammlung 1/1975, S. 15.

zu der Feststellung, daß die Schulen »jedenfalls im Hinblick auf die kognitiven Fähigkeiten keine ›Sozialisationsinstanzen‹« seien, wie Krappmann aus der Untersuchung von Jencks herausliest. Aber das grundsätzliche Dilemma für den Lehrer bleibt doch bestehen: Muß er versuchen, einer benachteiligten großen Schicht zum Aufstieg zu verhelfen um den Preis, daß er sie den Normen, dem Geschmack, den Gewohnheiten der anderen unterwirft? Trägt er wirklich zur sozialen Gerechtigkeit bei, beteiligt er den kleinen Proletarier wirklich an den Besitz- und Herrschaftschancen der anderen, wenn er ihm die Notwendigkeit von Rechtschreibung und die Achtung vor Beethoven beibringt?
Dies mag wiederum wie eine ausgedachte Figur klingen, und vielleicht sitze ich hier tatsächlich nur den Redensarten der Kollegen auf. Aber wenn die folgenden Gegensätze ehrlich sind, sind sie auch qualvoll und müssen den Lehrerstand als solchen krank machen:

»sich solidarisieren mit den (Unterschichten-)Kindern«	vs.	»den sogenannten Schulzweck (wie er sich in den Erwartungen der Eltern, den Richtlinien der Behörden, den Normen des pädagogischen Seminars artikuliert) erfüllen«
»die bürgerliche Kultur durch eine andere (die der arbeitenden Massen) ersetzen«	vs.	»die bürgerliche Kultur allen zugänglich machen«
»die Schule zu einem Freiraum für die neue, die Gegengesellschaft machen, in der das Leistungsprinzip, der Konkurrenzkampf, die Hierarchie nicht vorkommen«	vs.	»die Schule zu einem Lernraum machen, in dem man auch auf das Leistungsprinzip, auf Konkurrenz und Hierarchie vorbereitet wird, so daß man ihnen nachher nicht erliegt«
»sich spontan bildende Gruppen/Paare bestehen lassen«	vs.	»auf Mischung (der Geschlechter, der Schichten, der Begabungen) und einem geeigneten Wechsel bestehen«
»bei Kampf (Gewalt) stets eingreifen«	vs.	»nicht eingreifen, bis . . . (?)«
»alle Veranstaltungen sind im Prinzip freiwillig – Kinder sollen ihre Bedürfnisse selber entdecken«	vs.	»es gibt bestimmte pädagogische Aufgaben, für die wir die Verantwortung übernommen haben und die wir gegenüber dem Belieben der Kinder durchzuhalten verpflichtet sind«
»den Kindern ist alles, was wir von ihnen verlangen, zu erklären / verständlich zu machen«	vs.	»in manchen Lagen ist manches nicht verständlich zu machen, man muß also gelegentlich auch anordnen und verbieten«
vs.		vs.
	an dieser Schule wird durch »trial and error« gelernt	
»an dieser Schule gilt das Verursacher-Prinzip (jeder beseitigt, was er selbst verursacht hat)«	vs.	»an dieser Schule gilt das Gemeinschaftsprinzip (man beseitigt auch etwas, was man nicht selbst verursacht hat)«

»Sachen sind auch wichtig«	vs.	»Sachen sind den pädagogischen Möglichkeiten prinzipiell nachzuordnen«
»wir nehmen ein Höchstmaß an Rücksicht auf die Vorerfahrungen der Kinder«	vs.	»auch jetzt muß Unterricht abgehalten, den Schwächeren Schutz und Ordnung gewährt, die richtige Behandlung von Sachen gewährleistet sein; dies kann nicht aus Rücksicht auf jegliche Umstellungsschwierigkeit der Kinder ausgesetzt werden«
»auch die Außenansicht der Schule ist wichtig (gegenüber der Öffentlichkeit, dem Reinigungspersonal, der Universität etc.)«	vs.	»Die Außenansicht ist relativ unwichtig«
»die Anwesenheit, der Arbeitseinsatz die Gesprächs- und Kooperationsbereitschaft der Kollegen ist unterschiedlich und d. h. bei einigen zu gering«	vs.	»ein solches Urteil steht hier niemanden zu; jeder tut, was er kann, bzw. bemißt seine Anstrengungen im Rahmen der äußerlichen Pflichtgrößen nach eigenem verantwortlichen Ermessen«

Aus diesem Dilemma rettet sich der Lehrer in das pädagogische »Experiment«, die »offenen Prozesse«, in das, was man heute »Handlungsforschung« nennt. Ich habe großen Respekt vor denen, die pädagogische Versuche planen und durchführen, die ihre Handlungen durch ihre selbstkritischen Beobachtungen steuern, die sich nicht auf fertige Programme festlegen lassen und die gleichwohl für all das, was sie tun, Rechenschaft zu geben bereit und in der Lage sind. In der Mehrzahl der Fälle verlaufen sich die Experimente, niemand ist im Ernst so an ihnen interessiert, daß er Nachweise und die Nachweise der Nachweise fordert, und die meiste sogenannte Handlungsforschung ist schlicht ein aufgeblasenes Wort für ein sehr normales Verhalten: macht man einen Fehler, versucht man, ihn das nächste Mal zu vermeiden, indem man herausfindet, worin er bestand und wie man es besser machen kann. Das Problem, wie man die Trennung von Forschungssubjekt und Forschungsobjekt aufhebt und sich zugleich vor Selbsttäuschung schützt, ist nicht gelöst. Ob richtig oder falsch verstanden – in beiden Fällen wird auch hieraus eine Überforderung: das Schmuddelverfahren führt über kurz oder lang ins Chaos; die genaugenommene Handlungsforschung führt zu einer Verfünffachung der Arbeit (Planung / Beobachtung / Auswertung / systematische Rückkoppelung / Neuplanung).
Aber auch schon die einfache Reform, die man anderen nur nachmacht, ist schwer genug: der Lehrer, der die sogenannte »Binnendifferenzierung«, das »forschende Lernen«, einen »Projektunterricht« vornehmen und gleichwohl sein Pensum erfüllen will; ein Lehrer, der die Schüler mitbestimmen läßt und gleichwohl die Ansprüche der Eltern und Behörden befriedigen soll; der Wahlmöglichkeiten freigeben und dabei weder der Faulheit noch der Beliebigkeit stattgeben will, der gerät ständig in Not.
Wieder ein Bild aus meiner Schule:
Am zweiten Tag nach dem Einzug in das neue Gebäude, das in verschiedene Zonen eingeteilt ist: offene, unspezialisierte Flächen / spezialisierte Fachräume / Verkehrszonen, wurden von den Schülern Buden gebaut – aus den noch

leeren Regalen, den Stellwänden, die zur Gliederung des Großraums als Schall- und Sichtblenden gedacht waren. Seitdem gibt es einen nicht endenden Kampf zwischen den einzelnen Schülergruppen um die »Reviere«, die Stellwände und Sitzpolster. Es bilden sich immer neue Verbände unter immer neuen Bossen und immer neue Theorien, was das eigentlich bedeute:

– der Großraum erzeuge eben solche Bedürfnisse nach Abschirmung;
– die einen haben es angefangen, die anderen nachgemacht und sind dabei schnell an die Grenzen der möglichen Liberalität gestoßen: wo der Platz und das Gerät nicht beliebig vermehrt werden können, ja mit den neu hinzukommenden Kindern knapper werden wird, wird aus dem Mangel ein Anlaß zu Streit, Herrschaft und Besitz;
– der Großraum erlaube endlich zu tun, was man (in dieser allzu offenen Welt) eigentlich immer will: sich vor anderen zurückziehen können, ohne den Kontakt mit der Öffentlichkeit, mit dem gemeinsamen Geschehen zu verlieren;
– das sei so eine Mode, die bald vorübergehen werde;
– das sei die Sehnsucht nach dem alten Klassenraum.

Inzwischen bauen wir mit den Schülern eigene Stellwände, die schöner sind als die, die wir vorgefunden haben und auch praktischer. Aber das kostet Geld, Zeit und neue Mühen – eine neue Überforderung.

Jede dieser (Über)forderungen wäre erträglich, wenn sie nicht notwendig alle zusammenkämen und das in einer Einrichtung, die einen umfänglichen angestammten Auftrag hat: Schule zu sein, Unterricht zu halten, Gegenstände zu lehren, Noten zu erteilen, Kinder vormittags ihren Eltern abzunehmen und nachmittags mit Aufgaben zu versorgen. Dieser Doppelanspruch – tun, was das eigene pädagogische Bewußtsein, die aufgeklärten Zeitgenossen, die fortschrittliche Wissenschaft fordern, und tun, was die bestehende Schule, der praktische Alltag, die angestammten Grundvorstellungen bei Kindern und Eltern und Kollegen verlangen – wird zu dem, was man in den Sozialwissenschaften eine „Beziehungsfalle“, ein double bind, nennt. Aus einer solchen Beziehungsfalle sucht man zu fliehen. Ich bin damit bei meiner dritten These.

3. These:

Indem der Lehrer der Überforderung in seiner pädagogischen Funktion zu entfliehen sucht, bestärkt und vermehrt er unbewußt die Merkmale unserer Gesellschaft, die ihm das gestörte Kind bescheren. Er weicht vor der Pädagogik aus

– in die therapeutisch-gruppendynamische »Behandlung« der Kinder,
– in die soziologische Schematisierung,
– in die mit den beiden voraufgehenden Verhaltensweisen verbundenen Determinismen,
– in die Arbeitsteilung,
– in die Vermehrung der Mittel, Apparate und bürokratischen Ordnungen, Abrechnungen, Kontrollen,
– in die Hoffnung auf die nächsten wissenschaftlichen und technischen Errungenschaften,

– in die Anklage der Feinde extra muros, seien dies Eltern oder Behörden oder Massenmedien oder die Geschäftemacher, und also,
– in die Abschließung gegen diese abträgliche Welt.

Es ist weder verwunderlich noch der Schule vorzuwerfen, daß sie die Merkmale der Gesellschaft trägt, die diese Schule für sich gemacht hat. Aber es entsteht eine wahrhaft kritische (scheidende) Situation, wenn die Schule die Kinder ausdrücklich gegen die Fehler der Zeit wappnen will, die sie als verstecktes Curriculum, als heimlichen Lehrplan mit sich führt. Unsere Welt ist gekennzeichnet durch industrielle Lebens-, Erkenntnis-, Kommunikationsformen – also nicht nur industrielle Arbeit und industriellen Konsum; sie ist eine »verwaltete« Welt und d. h.: funktionale Oligarchien herrschen im Namen von Demokratie; diese Oligarchien sind obendrein ohnmächtig; sie haben ihre Macht an das interdependente System verloren; an die Stelle von Politik tritt das engineering und die Therapie; innerhalb des großen Zusammenhangs von allem mit allem herrscht Einsamkeit.

Dies ist ein übertrieben kulturkritisches Bild, gezeichnet unter Auslassung der Chancen, die unsere Zeit uns gibt, um eines pointierten Vergleichs willen: Wie die Gesellschaft, so die Schule. Die Gesellschaft ist ein geschichtliches Gebilde; es gibt keinen Anspruch darauf – nur den Wunsch danach –, daß sie gut sei. Aber wenn in der Schule Verhältnisse herrschen, die das Aufwachsen erschweren, statt es zu fördern, die die Verfehlungen der Gesellschaft legitimieren, statt sie aufzudecken und zu vermeiden, dann sind die Verantwortlichen schuldig geworden.

Kulturkritik oder gar Kulturpessimismus wäre im übrigen nicht nur ein schlechtes Programm für die Pädagogik in einer sich stark und schnell verändernden Welt, es wäre ein unerfüllbares. Der vielzitierte Optimismus, der zum Beruf des Lehrers und Erziehers gehöre, darf jedoch die Tatsachen nicht verdrängen. Es muß gefragt werden: Was erzeugt die Verwahrlosung, die Unfreundlichkeit, die Gleichgültigkeit, die Abneigung zu lernen. Der wahre Kulturpessimismus liegt im Absehen von diesen Fragen, liegt in der Resignation. Am liebsten wäre mir, wir würden die Alternative – Pessimismus/Optimismus – vermeiden und statt dessen Ehrlichkeit sagen und fordern.

Zur Ehrlichkeit gehört auch Verdeutlichung und zur Verdeutlichung gelegentlich die Übertreibung:

Ruth Cohn hat in einer kühnen Analogie vom »Hospitalismus in unseren Schulen« [5] gesprochen; man kann einen Schritt weiter gehen und vom »Hospitalismus in unserer Gesellschaft« sprechen. Diesen kann die Schule nicht beseitigen, aber, so meine These, sie wird ihn verschlimmern, wenn sie ihn ignoriert.

Überwältigt von der Zahl der »schwierigen Kinder« – 15 % der 220 000 Schüler der Hansestadt Hamburg bedürfen der psycho- oder sozialtherapeutischen Hilfe; für 3000 reichen die Behandlungsmöglichkeiten aus; für 33 000 werden sie benötigt; und weil keine Hilfe kommt, vermehrt sich das Aggregat der schwierigen Kinder ganz von allein – überwältigt von solchen Zahlen und von den

5 Ruth C. Cohn: Zur Humanisierung der Schulen, Vom Rivalitätsprinzip zum Kooperationsmodell mit Hilfe der themenzentrierten Interaktion, in: Schleswig-Holsteinisches Ärzteblatt, Heft 10/1973, S. 500.

uns nicht durchschaubaren Problemen, greifen wir Pädagogen zu den Werken der Kinder- und Jugendpsychiater. Diese Werke aber machen – ex officio – die Voraussetzung: Schule sei Schule; man bedürfe zu ihrer Bewältigung einer gewissen »Schulfähigkeit«; vermag ein Kind nicht »sich neues Wissen anzueignen« und »sich in eine Gemeinschaft (von Gleichaltrigen) einzuordnen«, so wird es in der Schule »als störend auffallen«; seine Beeinträchtigungen müssen untersucht und durch geeignete Maßnahmen beseitigt werden. D. h. die Kinder- und Jugendpsychiater stellen die Abweichung von einer Funktionsnorm fest, die mit der Schule gegeben ist; sie machen aus, unter welchen physischen und psychischen Voraussetzungen ein Kind in der Lage ist, »eine Schule mit Erfolg« zu besuchen. Die lange Aufzählung der organischen Defekte, die ein Kind an einer solchen Befähigung hindern, die noch längere Aufzählung der biographischen Gründe und die meist sehr knappen Andeutungen von Heilungsmöglichkeiten sind jedoch nutzlos, wenn die Schule selbst die falsche Einrichtung geworden ist: wenn die Lebensprobleme, die die Kinder haben, die Lernprobleme bei weitem überwiegen und die Schule darum – solange sie sich nicht um die ersteren kümmert – beide mit Notwendigkeit verschlimmert.
Natürlich weiß der wirkliche Kinder- und Jugendpsychiater (ich zitiere Reinhard Lempp), »daß es die normale, d. h. die völlig störungsfreie psychische Entwicklung gar nicht gibt« [6]. Und natürlich muß jemand für die Kinder sorgen, die in den Schulen, wie sie nun einmal sind, aus Mangel an kompetenter Hilfe zu Fall kommen. Die kompetente Hilfe in diesem Fall gibt der Psychiater. Aber wenn der Pädagoge das Verhalten des Psychiaters zum Maßstab des eigenen Verhaltens macht – eben weil so viele Kinder dieser Hilfe bedürfen – dann pervertiert er seinen Beruf, dann subsumiert er den Zweck unter die Mittel, die Kinder, wie sie sind, unter die Institution, wie sie ist, und dabei muß etwas Beängstigendes herauskommen.
Ich nehme ein Beispiel für das falsche Ausweichen in die Therapie. Es gibt heute auffallend viele Kinder mit Leseschwierigkeiten. Selbstverständlich müssen wir ihnen kompetent helfen. Zu dieser Hilfe gehörte zunächst, daß man sich der Außerordentlichkeit des Problems bewußt wurde, beispielsweise in dem man von »Legasthenie« zu sprechen begann. Inzwischen ist Legasthenie eine Ausflucht für beide geworden – den Lehrer, der das Lesen nicht lehren, den Schüler, der es nicht lernen kann; beide schieben das Problem auf einen Fachmann, auf eine Sondermaßnahme ab. Es werden heute schon Prozesse um die Zuerkennung des Status eines Legasthenikers geführt, weil man dadurch bei bestätigter Intelligenz gleichwohl schlechtere Leistungen erbringen darf, einen Anspruch auf Förderkurse hat und sich eine längere Verweildauer an der Schule sichert.
Die Ursachen für Legasthenie sind umstritten und entsprechend die therapeutischen Maßnahmen auch. Darüber will ich hier nicht sprechen. Mir geht es darum, an einem Beispiel zu zeigen, wohin eine Pädagogik führt, die ihr Hauptaugenmerk auf die Abweichung von Normen richtet und dafür dann einen therapeutischen Ausgleich, eine Kompensation sucht. Für alle Schwächen werden

6 Reinhard Lempp: Lernerfolg und Schulversagen, Eine Kinder- und Jugendpsychiatrie für Pädagogen, München 1971 Kösel, S. 21.

sich allgemeinere, gesetzmäßige Ursachen postulieren lassen und dafür kann man dann allgemeine Behandlungsmethoden einrichten. Die Sprache zeichnet den Weg vor: indem man das Suffix »-gestört« an ein Wort anhängt, hat man einen klinischen Befund: lerngestört, verhaltensgestört, kontaktgestört, spielgestört, essensgestört, kreativitätsgestört, erfassensgestört, unterscheidungsgestört, leistungsgestört etc. Viele dieser »Befunde« gäbe es gar nicht, wenn es keine Schule gäbe. Ein schwieriges Kind und seine Probleme lassen sich auf diese Weise in ein ganzes System von »Teilleistungsschwächen« auflösen, und wer wollte es dem Pädagogen verübeln, wenn er diesen Weg beschreitet, da ihm ein anderer nicht gezeigt wird! Daß zwischen seinem kompensatorisch-therapeutischen Verhalten und der Entwicklungsaufgabe der Schule ein Widerspruch entsteht, wird ihm bei der allgemeinen Bürokratisierung und Spezialisierung der pädagogischen Prozesse nicht bewußt.

Das Schlimmste daran ist freilich, daß die Schüler ihrerseits dieses therapeutische Verhalten übernehmen; sie erklären ihre Probleme zu einer Störung oder Schwäche, der sie ausgeliefert sind; sie erwarten »Behandlung« und drücken sich damit an moralischen Forderungen an sich selbst vorbei.

Wie schon erwähnt, gehören Verwaltung, Arbeitsteilung, Kontrolle zu dieser Mentalität. Der Numerus clausus und die Oberstufen-Reform mit ihrer Punktrechnung machen aus dem persönlichen Lernen einen großen Kumulations- und Verrechnungsvorgang. Im Zuge der Arbeitsteilung stellen wir Schullaufbahnberater, Sprachheillehrer, Spieltherapeuten, Psychologen und Psychiater, Gruppendynamiker, Medienfachleute, Curriculummacher, Stufendidaktiker, Systemberater ein. Der Unterricht selbst wird zwar selten schon »programmiert«, aber ständig an Lernzielen orientiert, die in scholastisch anmutender Differenziertheit und Vollständigkeit jedem Lernabschnitt, jedem Lernschritt zugeordnet werden.

Über diesem, gar nicht mehr heimlichen Curriculum gehen die Offenheit und Ganzheit, viel gepriesen und wenig gepflegt, zugrunde – nicht an dem Fachunterricht, nicht an der Mengenlehre und ihrer Abstraktheit, nicht am in der Tat dürftig bedachten Schulsport, den verkümmernden manuellen und künstlerischen Tätigkeiten.

Rechtfertigt diese ja nicht unbekannte Bilanz meine dritte These, daß das Ausweichen der Lehrer vor dem pädagogischen Problem dieses verschlimmere, also zur psychischen Ungesundheit der Schule beitrage?

Wenn ich krank bin, wünsche ich mir Pflege, Behandlung, daß jemand die Verfügung über mich, die ich nicht mehr habe, übernimmt. Fühle ich mich gesund, beleidigt mich Therapie. Und da die Kinder sich nur so kennen, wie sie sind, und sich nicht krank fühlen, widerfährt ihnen dies. Ihre Revolte gegen die Therapie wird ihrerseits wieder therapiert – und so fort, bis die Kinder resignieren, sich verstellen und ihre innere Spannung, Verwirrung und Bedürftigkeit nur noch dort herauslassen, wo sie sie nicht mehr kontrollieren. Das macht sie zu Vandalen, Dieben, Raufbolden, hysterischen Schreiern, regredierenden Daumenlutschern, Angebern, Strebern, Selbstmord-Androhern – in direkter Bestärkung dessen, was sie schon sind, wenn sie in die Schule kommen. Sie begegnen keinem ganzen Erwachsenen, sondern immer nur Fragmenten; sie werden keiner wirklichen Situation ausgesetzt, sondern nur einer künstlichen, umfriedeten, folgenlosen; sie erfahren selten den moralischen Ernstfall und tragen fast keine Verantwortung – und bekommen dies gleichwohl ständig vorgeredet. Apathisch oder herrschsüchtig, auf sich bezogen oder aufdringlich, mit dem eigenen Körper beschäftigt oder ihn zerstörend – das sind heute normale Merkmale von Kindern, die wir dort zu sehen bekommen, wo wir ihnen die Angst nehmen. Betrachte ich die heutigen Kinder unabhängig von den Verhaltensweisen, die sie auf die Schule hin oder von ihr weg entwickeln, sehe ich in erster Linie auf ihre allgemeinen Lebensprobleme, dann werde ich noch immer ein sehr großes Problem haben, aber ich muß die Kinder nicht »therapieren«. Ich muß ihre Verwahrlosung, ihren endemischen Hospitalismus, ihre Barbarei dort angehen, wo sie entstanden sind und weiter entstehen. Dies führt mich zu meiner letzten These.

4. These:

Weil die heutigen Kinder anders sind, muß die Schule anders werden. Dieser Grund fehlt unter den Motiven für die Reform. Darum verharrt der Streit um die Schule in den falschen Gegensätzen von Disziplin und »permissivness«, von Leistung und Spaß, von Latein und Sexualkunde, von Auslese und sozialer Integration. Keine der jeweiligen Möglichkeiten — auch wenn sie gut erfüllt würde, könnte das Problem der Schule lösen – und in der Spannung zwischen ihnen, die heute alle Schulen heimsucht, läßt sich schon gar nichts ausrichten. Jede steigert nur die Überforderung. Eine Schule dagegen, die sich auf die veränderten Kinder und die veränderte Kindheit einstellt, müßte in erster Linie frei sein von den fiktiven Normen der »gut funktionierenden Schule«, von dem Anspruch, alles richtig zu machen, von den Dogmen, die sie heute spalten: Sie muß freundlich sein **und** hart, ordentlich **und** schmuddelig, abschließbar gegen die Welt **und** offen zu ihr, allen Kindern das gleiche zumuten **und** einige anders behandeln können – weil verschiedene Kinder Gleiches brauchen, um ihre eigene Verschiedenheit zu bewältigen, und weil gleiche Kinder zu verschiedenen Zeiten Verschiedenes brauchen, um sich gegenseitig zu ertragen. Sie **muß** nicht eine Gesamtschule sein, um die Gesellschaft zu korrigieren – sie wäre von allein eine Gesamtschule, weil sie keine Kriterien für die Auswahl von erziehbaren und nicht erziehbaren Kindern hat. Eine solche Veränderung der Schule nähme ihr die Überforderungen ab, durch die sie krank macht. Ich muß freilich hinzufügen: sie wird von der Mehrzahl der Erwachsenen nicht gewollt; wir mögen nicht zugeben, daß unsere Kinder anders sind als wir; wir mögen nicht zugeben, daß wir selber viel umsonst gelitten haben; wir mögen nicht zugeben, daß man auch anders groß werden kann.

Es ist zunächst in der Tat merkwürdig, daß die Reform des Erziehungs- und Bildungswesens bisher nicht ausdrücklich damit begründet wird, daß Kindheit in unserer Zeit etwas grundlegend anderes geworden sei. Die lebhafte Auseinandersetzung darüber, über welchen Teil der »Sozialisation«, d. h. der Einführung und Einübung in die Gesellschaft, die Familie und über welche die Schule zu verfügen habe, verfehlt die Tatsache, daß sie beide zusammen das Kind von der Gesellschaft – ihren Tätigkeiten, Verantwortungen, Gefahren, Unterschieden, Gegensätzen – trennen. Es mag sein, daß jener Grund für viele

Reformer in die »anders gewordenen Zeiten« eingeschlossen ist, aber auch dann steht er hinter dem Argument zurück, daß das Leben der Erwachsenen, ihre materiellen, geistigen und sozialen Verhältnisse sich gewandelt haben:
Die Schule hat sich der technischen Zivilisation der Erwachsenen, ihrer Wissenschaftskultur, ihrer Demokratie, der »Einen Welt« anzupassen, in der wir leben. Wenn die Schule dies tut – so war die Voraussetzung – kann und muß sie den Kindern zumuten, sich **ihr** anzupassen. Gewiß sollte die Schule auch den neuen pädagogischen Erkenntnissen folgen; aber Dreiviertel dieser Erkenntnisse gibt es überhaupt nur um der Institution willen; sie dienen der Vermeidung oder Reparatur von Schul- und Erziehungspannen: wie man Kinder zum Schulwissen motiviert, wie man Lernprozesse aufbaut, strukturiert und optimiert, wie man Komplexe und Traumata diagnostiziert, wie man Erfolgserlebnisse verschafft, wie man Pygmalion-Effekte vermeidet, wie man problem solving und inquiry approach einsetzt, wie man sozio-kulturelle Einflüsse ausgleicht. . .
Die reformierte Schule dient auch der Befriedigung der Bedürfnisse »des Kindes« – aber nicht der anders gewordenen Kindheit. Von Kindern meinen wir, sie seien wie das Gras – zu allen Zeiten gleich. Erst die Jugendlichen scheinen am Wandel der Gesellschaft, an der Geschichtlichkeit teilzunehmen (und so das jeweilige neue Generationsproblem zu erzeugen). Daß dies nicht so ist, habe ich jetzt gelernt, teils aus meiner praktischen Tätigkeit und der sie begleitenden Untersuchung, teils aus der wissenschaftlichen Literatur, z. B. aus dem Buch von Philippe Ariès über das Familienleben und die Entstehung der Kindheit in der Zeit zwischen dem 15. und dem 19. Jahrhundert. [7] Die heutigen Kinder sind ganz offensichtlich die Kinder **ihrer** Zeit und **ihrer** Umwelt, sie sind inr entlarvendster Spiegel. Ariès freilich lehrt micht noch etwas anderes: nicht nur die Kinder sind anders (hier folgen die Adjektive), sondern die Kindheit (und hier folgen die Vorstellungen und Umstände und die vielen Widersprüche, die sich zwischen Vorstellungen und Umständen auftun). Hierüber müßte ausführlich an anderer Stelle geredet werden.
Meine Bielefelder Kinder haben mir nun deutlich gemacht, daß es Aufgaben für die Schule gibt, die nicht weniger wichtig sind als die, die wir ihr herkömmlicherweise zuordnen, ja die eher wichtiger sind als die Vermittlung von Fertigkeiten und Erkenntnissen. Diese Aufgaben fallen der Schule heute in der Gestalt »gestörter Kinder« zu, weil die Existenzformen unserer Lebensgemeinschaft sie nicht erfüllen. Bei aller offen bekannten Liebe zu dem, was man an einem Gymnasium lehren und lernen kann oder konnte, möchte ich diese neue Aufgabe nicht mehr gegen jene alte tauschen. Die neue Aufgabe ist freilich nicht nur ungewohnt, sondern bedarf einer gänzlich anderen Vorbereitung, deren Anspruch auf Präzision und Konzentration derjenigen nicht nachsteht, die wir für die Vermittlung von Bildung oder für die »Organisation von Lernprozessen« aufgebracht haben, von den Qualifikationen für die antiautoritäre Erziehung ganz zu schweigen.
Die Schule hat sich von manchen Vorstellungen befreit: daß sie zu Gottesfurcht,

7 Vgl. Philippe Ariès: L'Enfant et la vie familiale sous l'ancien régime, Paris 1960, erweiterte Auflage 1973, Librairie Plon; in deutscher Übersetzung: Geschichte der Kindheit, München 1975 (Carl Hanser)

zu Patrioten zu gehorsamen Bürgern erziehen, daß sie auslesen, daß sie eine kanonisierte Allgemeinbildung vermitteln müsse.
Sie löst sich inzwischen auch von neueren Aufträgen: von einer allzu direkten Bindung an die Wissenschaften, von der ausschließlichen Vorbereitung auf die politische und ökonomische Welt, wie sie ist oder sein wird, von der Fixierung auf die here-and-now problems des Klassenzimmers, von Kritizismus, sozialer Parteilichkeit, permanenter Emanzipation.
Meist trennt sie sich dabei nur von einem Wort; oft streift sie gerade noch rechtzeitig die vorletzte Mode ab; und in manchem Befreiungsakt spricht die Bequemlichkeit, die Ermüdung laut und unlauter mit.
Als Christopher Jencks nachwies, daß Schule von sich aus die Sozialchancen der Kinder wenig verbessert, oder genauer, daß der nach sozialen Schichten weiterhin ungleiche Schulbesuch eher eine Begleiterscheinung einer ungleichen sozialen Lage ist [8], waren viele erleichtert. Wenn dies wirklich ein Grund zu Erleichterung sein soll, dann nur insofern, als die Schule eine vergebliche Mühe aufgibt und ihre ganze Kraft auf etwas anderes verwenden kann, nämlich darauf, ein Raum zu werden, in dem ein Kind glücklich Kind sein und sinnvoll erwachsen werden kann. Da die Gesellschaft den Kindern keinen anderen Aufenthaltsort läßt als die Schule, da diese einstweilen unvermeidbar ist und ohnedies wenig ausrichtet, sollte dieser Aufenthaltsort wenigstens erfreulich, vielseitig, herausfordernd, in sich stimmig und für die Kinder bedeutend sein.
Ist man bereit das zuzugeben – und ich bin es – dann kann man eine ganze Reihe von weiteren Verzichten leisten:
- Verzichte, die den Lehrern wenigstens einen Teil – den unnötigen – der Überforderungen abnehmen;
- Verzichte, die den Blick auf die Kinder freilegen, wie sie sind;
- Verzichte auf Dinge, die ohnehin nicht erfüllbar waren.

Zum Beispiel:
Man muß die Kinder nicht in altersgleiche Gruppen stecken und könnte jedenfalls ganz neu überdenken, was die Schule in dieser Hinsicht anrichtet: Bei uns haben in der gegenwärtigen Übergangszeit bis zum vollständigen Ausbau der Laborschule die Zwölfjährigen niemanden über sich – und benehmen sich daraufhin erwachsener als anderswo; die Zehnjährigen haben niemanden unter sich und benehmen sich darum kindlicher als sonst.
Man könnte den Kindern die meist subjektiven und falls objektiven, dann festlegenden Beurteilungen ersparen – sie loben und tadeln, wie es ihnen bekommt.
Man könnte **die** Ordnungen machen (Stunden-, Raum-, Arbeitspläne), die **diesen** Kindern die von ihnen benötigte Ruhe, den von ihnen benötigten Wechsel gewähren, statt die Erfüllung von Gleichmaß, Pensum und Dekorum. Man brauchte keine Einheitlichkeit von Flensburg bis Mittenwald – weder in den Gegenständen noch in der Methode – im Gegenteil: Vielfalt, ein förmlicher Pluralismus der Angebote und Verfahren von Schule zu Schule und innerhalb der Schule von Lehrer zu Lehrer wäre angebracht.
Man könnte auf Perfektion, Standardisierung, das ständige Messen, Kontrollieren und Vergleichen von Nichtmeßbarem, Unkontrollierbarem, Unvergleichba-

8 Vgl. Krappmann a. a. O..

rem verzichten. Man könnte sich Schulen leisten, die Fehler machen und an diesen Fehlern lernen, statt Schulen, die ihre Fehler unterdrücken oder rationalisieren müssen.

Man müßte nicht immer Zeit sparen wollen und würde sie nach Rousseaus weisem Wort dadurch gewinnen.

Man würde nicht »kompensieren«, was ein Kind im Vergleich zu den anderen nicht kann, sondern es in dem fördern, wozu es sich anläßt.

Man müßte in einer solchen Schule, die ihre eigenen Subjekte hervorbringt, nicht alles austragen, was die Wissenschaft an anderen Objekten ermittelt hat; umgekehrt müßte vielmehr die Wissenschaft ernst nehmen, was in dieser Schule erkennbar und ermöglicht wird. [9]

Man muß z. B. die Gruppensituation einer Klasse nicht ständig kontrollieren und überprüfen, um eine möglichst günstige Entwicklung aller in der Klasse zusammengefaßten Kinder zu garantieren [10] – Gruppenstrukturen erheben, Rollenverteilungen beobachten, Soziogramme erstellen, die Schwachen rehabilitieren, die Starken steuern, die (negativen) Stars isolieren – lauter Maßnahmen, die in sich nicht unproblematisch sind und nicht nötig wären, wenn es die Klassen nicht gäbe.

Man müßte dies alles schon deshalb nicht, weil man gar nicht vorgibt zu wissen, was das ist: »die günstigste Entwicklung aller . . .«

Wer mir entgegenhält,

– es sei unverantwortlich, Kinder in einem solchen Schonraum aufwachsen zu lassen, während die Welt von Leistung, Wettbewerb, Macht bestimmt werde,
– es sei erwiesen, daß die Schulen mit den geringsten Anforderungen die höchste Zahl von Versagern enthalten (die Hauptschule beispielsweise sei ein »psycho-soziales Lazarett« geworden, in dem sich alle Schwierigkeiten sammeln: Grimassieren, Fingernägelkauen, motorische Unruhe, hirnorganische Störungen, körperliche Auffälligkeiten, wie Seh-, Hör- und Sprachfehler [11],

9 Lothar Krappmann schreibt a. a. O. »(das) Berufswissen des Lehrers kann zwar nicht wie eine wissenschaftlich belegte Kausalkette dargestellt werden, aber es ist in gewisser Weise den bisherigen wissenschaftlichen Bemühungen sogar voraus. Unsere Schulforschung muß es ernst nehmen und zu vermitteln versuchen, wie zustande kommt, was der Lehrer als Erfolg der Schule erlebt.«
Ich meine freilich eher: sie sollte dieses Berufswissen gewähren lassen und ihm wissenschaftliche Stützen zu geben versuchen, nicht aber es wiederum in Wissenschaft einfangen, formalisieren und damit entfremden wollen.

10 Vgl. Reinhard Lempp a. a. O., S. 36 f.

11 Nach einem im Spiegel vom 17. 2. 75 auf S. 68 wiedergegebenen Bericht von Schulexperten an den Berliner Senat. D. h.: Die Hauptschule wird zu einem eigenen, noch viel ungesünderen Ghetto als die Schule dies überhaupt schon ist und als es die alte Volksschule je war: damals war sie zwar eine Klassenschule, aber immerhin wurde sie von der gesamten unteren Bevölkerungsschicht besucht, während ihr heute nur die Behinderten bleiben. Es wiederholt sich für Deutschland, was James B. Conant vor 15 Jahren über »Slums and Suburbs« in den USA schrieb: Die Schulabsolventen bekommen keine Jobs, und darum verliert die Schule für sie auch jede Bedeutung. Von 29 Absolventen einer Klasse 9 der Hauptschule Hamburg-Billstedt waren Anfang des Jahres (also ½ Jahr später) noch 9 ohne Lehrstellen, und die meisten anderen mußten sich mit einer Arbeit zufrieden geben, die ihren Berufszielen nicht entsprach. Von denen, die es nicht bis zur 9. Klasse schaffen, sind rund 25 % gut dran, wenn sie eine Hilfsarbeiterstelle finden.

– es sei unvermeidlich, daß Schule krank mache, wenn sie im Gegensatz zu ihrer Umwelt stehe,

der hat meine Argumentationen nicht verstanden: Es geht nicht darum, aus allen Schulen Summerhill zu machen. Es geht um first things first. Die Kinder müssen **erst zu leben lernen** – sich Ziele zu setzen, sich mit ihren Gefühlen zu befreunden, sie zu kontrollieren, sie zeigen oder zügeln zu können [12], ihre Ausdrucksmöglichkeiten zu erkunden, ihre Beziehungen und geistigen und körperlichen Anlagen zu erproben: lauter Voraussetzungen dafür, daß man etwas von dem lernen kann und will, was die Schule vermittelt.

Ich meine: weil die »realistische Schule« immer noch Schule bleibt und als solche notorisch wenig ausrichtet, ist es besser, sie baut nicht zu sehr auf »realistische« Rechtfertigungen. Die vielzitierten ökonomischen und technischen Notwendigkeiten scheinen mir jedenfalls kein Argument gegen eine Schule, die so verfährt, wie ich es vorgeschlagen habe. Meint man damit, die Schule solle auf jene Notwendigkeiten vorbereiten, wäre meine Antwort: das kann und mag meine Schule in dem Maße tun, in dem das ehrlicherweise geht. Meint man damit, die Schule kostet zuviel, müsse sich also als Ausbildungsstätte für die technische Zivilisation bezahlt machen, wäre meine Antwort: die wahren Kosten der heutigen Schule hat noch keiner ausgerechnet; zählt man dazu die Folgen, die aus dem gestörten Verhältnis zur eigenen Person, zur Natur, zu Geschichte und Zukunft, zur Lebensgemeinschaft, zur Politik entstehen, dann sind sie außerordentlich hoch (wenn auch vermutlich nicht berechenbar). Meint man damit schließlich, die Schule sei selber ein »technisches« Mittel und von der technischen Welt nicht zu isolieren, dann wäre meine Antwort: in der Tat nicht! Es ist gerade ein Ergebnis des unaufhebbaren Zusammenhangs von Schule und Welt, daß der Schule die »technische« und gar nicht natürliche Aufgabe zufällt, Kinder und Kindheit zu schützen; Technik habe im übrigen eine dienende Funktion – sich ihr fügen hieße, einen untechnischen Gebrauch von ihr machen; aus der Schule, die die ökonomischen und technischen Rücksichten direkt und in erster, womöglich einziger Linie erfüllt, gehen heute jedenfalls Menschen hervor, die ein sklavisches oder romantisches Verhältnis zur Technik haben, sich der Berufslaufbahn unterwerfen oder ihr trotzen und mit nichts so schlecht umgehen wie mit dem Geld, mit dem eigenen und den öffentlichen Mitteln.

Die opinio populi freilich sieht es anders:

Zur Fünf-Tage-Woche argumentiert ein Zeitungskommentator, der sich vermutlich zu den Konservativen zählt: »An Grund- und Hauptschulen erhöhen sich die Belastungen der Schüler durch die rein rechnerische Umlage des unterrichtsfreien Tages; Förderstunden, Nachhilfe, Privatunterricht, Sonderturnen, Lese- und Rechtschreibschwächehilfe stellen die Schüler vor Anforderungen, konnten.« [13] D. h. die Krücken, deren die Schule bedarf, sind selber Teil der

12 Edward Wynne von der University of Illinois spricht von einer »affective ignorance« der heutigen Kinder; in seinem Aufsatz: Socialisation to Adulthood: Different Concepts, Different Policies, in: Interchange, Band 5 Nr. 1, 1974, S. 27; deutsch in: Neue Sammlung 6/1975 und 1/1976.

13 Westfalen-Blatt v. 15. 5. 75.

Schule und so wichtig, daß man darüber andere Bedürfnisse ganz übergehen kann. Auf der anderen Seite hält ein Ratsherr meiner Stadt der Fünftagewoche in der Schule entgegen: sie sei zu teuer – man müsse dann neue Freizeitanlagen schaffen. D. h.: Schule ist ein normaler Bestandteil des ökonomischen Systems und selbstverständlich auf der Seite der Arbeit zu buchen – der Zwecke, die die Erwachsenen sich setzen. Zu »Reform und Experiment an unseren Schulen« schreibt eine Lehrerin, die sich vermutlich zu den Liberalen zählt: »Als die neue Pädagogik nun mit großer Woge heranschwappte ... tauchte so mancher von uns darin unter und glaubte, die Woge werde ihn zu neuen Ufern tragen...« Sie schildert, wie »wir« dann »das neue Vokabular gelernt,« »alles hinterfragt,« »unser Rollenverhältnis reflektiert,« die »Bildungsgänge reformiert« haben – und schließt mit der Frage: »Sind unsere Schüler nun glücklicher? Sind sie motivierter, sind sie mündiger? Das ist das Merkwürdige: Sie sind es nicht. Im Gegenteil: Je weiter wir liberalisieren und je mehr wir reformieren, desto weniger gefällt den Jugendlichen ihre Schule... Sie sind nicht glücklich mit der ihnen verordneten Freiheit.« [14] D. h., die Autorin hat gemeint, es gehe bei der Reform der Schule in erster Linie um Liberalisierung, Modernisierung und Verwissenschaftlichung und nicht um eine um der veränderten Kinder willen notwendige Veränderung der Schule; sie hat – wenn man sie beim Wort nimmt – tatsächlich gehofft, dies alles werde die Schule gut und die Kinder glücklich machen. Aber glücklicher **können** Kinder nicht mit Erwachsenen werden, die zutiefst unsicher sind – und gleichwohl Sicherheit ständig vorspielen; ohne Ausblick auf sinnerfüllte Aufgaben – obwohl dauernd etwas getan werden muß; in einer Schule, die bis zum 16. oder bis zum 20. Lebensjahr von Verantwortung und Ernstfall trennt – und ständig behauptet, jetzt sei es ernst.

Die Welt der Kinder ist noch lange nicht ohne Angst – vor Strafen, Gewalt, Anderssein, Alleinsein, schlimmen Folgen. Aber selbst wo sie es ist, hat sich eine andere Angst eingestellt – die Angst vor der Folgenlosigkeit. Ich will hiermit – und mit dem meisten anderen – immer wieder sagen: Was wir den Kindern vor 100 oder 50 oder 10 Jahren geschuldet haben, war etwas anderes, als was wir ihnen heute schulden. Mag sein, daß sie vor 10 Jahren mehr Entzauberung brauchten, als sie bekamen, und weniger heile Welt. Heute brauchen sie die **Möglichkeit** der Beruhigung, der Selbstbergung, Zuflucht zu Personen und Stätten, die »in Ordnung« sind und von denen aus man wagen kann, in die Unordnung der Welt hinauszutreten und in ihr eine eigene Ordnung zu machen. »Aktivitäten« ist an sich ein häßliches Wort und steht obendrein für die falsche Sache für ein Surrogat. Wir brauchen **Handlungsmöglichkeiten**: ein kaputtes Auto reparieren, eine Mahlzeit kochen und sie mit Gästen genießen und hinterher aufräumen, eine Geschichtskarte malen, einen Garten anlegen und pflegen ... Wir brauchen nicht die vielen gemachten und entfachten Aktivitäten: Interviews, Ausstellungen, kollektive Selbstreflektionen, Auswertungen von X, Entlarvungen von Y, Demonstrationen für Z.

In einer Fernsehsendung ist Rudolf Affemann direkt gefragt worden: »Macht Schule krank?«, und er hat direkt geantwortet: »Ja, die Schule ist eine der

14 Ina Husmann in: Die Welt v. 6. 8. 74.

Ursachen.« Die in die Sendung eingeblendeten Thesen von Rudolf Affemann waren:

- die Schule zerstört das seelische Gleichgewicht der Kinder;
- die Schule erzeugt im Schüler ein Gefühl von Sinnlosigkeit;
- die Schule macht einsam, und Einsamkeit macht krank;
- wenn unsere Gesellschaft humaner werden soll, muß unsere Schule menschlicher werden.

Ich möchte die letzte These umdrehen: »Wenn unsere Schule, die wir nicht vermeiden können und die eine Lebensform geworden ist, ein erträglicher Ort sein soll, dann muß sich die **Umwelt** der Schule, das **Erfahrungsumfeld** des Kindes verändern (was die Eltern einschließt) und der Schule einige der Überforderungen abnehmen, die sie heute in der Tat zu einer seelisch ungesunden Stätte machen.« Man kann nicht die Fünf-Tage-Woche als ein Glück bezeichnen, wenn der sechste und siebente Tag für die Kinder Langeweile, Angst, Fernsehbanalität, Nach-den-Bedürfnissen-der-Eltern-leben-müssen bedeutet. Man kann in der Schule nicht die Politik lehren, die in ihr nicht vorkommt. Man kann in ihr auch nicht die heile Welt haben, die es nicht gibt.

Es ist schwerer, den Übergang von der heutigen Schule zu jener ehrlicheren, nützlicheren, die Umwelt herausfordernden Schule zu schaffen als die gute Schule schlechthin, die in der schlechten Welt bleibt. Alexander Neills Schule wär eine, in der man »krank« sein durfte. Dies würde mir nicht genügen.

Erziehungsarbeit wird also Sisyphusarbeit bleiben. Wer das nicht auf sich zu nehmen bereit ist, kümmere sich nicht um Schule.

Ich möchte nicht schließen ohne einen kleinen freundlichen Ausblick auf die unfreundliche Bestimmung meines Handwerks, die ich eben gegeben habe. In Bielefeld gilt als erstes Gebot: Beobachten, was ist, Angebote, Anregungen, Anforderungen stellen, aber auch Ruhe gewähren, ordnen helfen, schützen – und alles mit kleinen Maßnahmen:

- die Kinder werden in kleinen Gruppen kurz nach ihrem fünften Geburtstag aufgenommen – nicht in großen Horden, die sich gegenseitig Angst bereiten, aus der sie sich wiederum nur durch falsches Drohgebaren befreien können;
- ein kleiner Stuhl steht symbolisch auf einer Treppe um anzudeuten, daß man jetzt unten und nicht oben ist; es wird kein Verbot erlassen und erst recht keine Gewalt gebraucht, aber gemeinsam eine Regel beschlossen und durch ein Symbol auf sie hingewiesen;
- das Kind erlebt die Schule als einen auch äußerlich deutlich sichtbaren Stufenaufbau; es wird nicht plötzlich mit den oben geschilderten Eigenschaften unserer industriellen, massenhaften, rationalen Welt konfrontiert;
- an dieser Schule lernt man Latein und Kochen, Mathematik und Tiere pflegen, Ganzwortmethode und synthetische Methode, Rechnen und Mengenlehre man muß Tischdienst leisten und darf sich Buden bauen;
- Kinder dürfen die Veranstaltungen der Erwachsenen verlassen; es gibt keinen Zwang, ihnen zuzuhören;
- Kinder dürfen wiederkommen; das ist selbstverständlich – es gibt dabei keine pathetischen Gnadenerweise;
- Kinder erfahren, daß die Welt bei uns immer noch interessanter und fordernder ist, als was sie selbst in dieser Gesellschaft entdecken können;

- wir versuchen, den Kindern Zugang zu den interessanten Dingen in der Gesellschaft zu verschaffen. . . usf.

Ich habe Ihnen geschildert, wie die Kinder sind, die zu uns kommen, wider Willen barbarisch, laut, streitsüchtig, gestört, störend, zerstörerisch. Wenn wir in den ersten neun Monaten die Kinder verändert, ihnen geholfen haben zuzuhören, mitzumachen, sich an Aufgaben zu freuen, dann nicht durch unsere Curricula, nicht durch soziale Integration, nicht durch Progressivität, sondern im wesentlichen dadurch, daß wir neun Monate lang freundlich zu ihnen gewesen sind, nein, wichtiger – höflich.

Als ich vor zwanzig Jahren anfing, darüber nachzudenken, wie man – mit den Worten meines Freundes Paul Goodman – »a place for kids to grow up in« schaffen könne, haben mich drei Modelle beschäftigt:

- die antike Polis,
- das Arbeits- und Lebenskollektiv von Makarenko,
- die First Street School von Goodman und Dennison.

Drei Möglichkeiten, am Leben selbst das Leben zu lernen: auf der Straße, in den Werkstätten, an den Kaufständen, in den Versammlungen, im Umgang mit Erwachsenen. In allen drei »Lebensschulen« gelingt, was der Unterrichtsschule nicht gelingen will, weil sie mit dem Ernstfall arbeiten: es hängt etwas davon ab, daß ich meine Aufgabe erfülle, daß ich etwas lerne (und besser zu tun lerne), daß ich es anderen verständlich mitteile. Einen Fremden muß ich richtig führen; ein Tier will versorgt sein, sonst krepiert es – es läßt sich nicht überreden; eine Maschine muß verstanden, gewartet, repariert werden, sonst produzieren wir nichts und haben kein Geld. Der Sprachlehrer, der Biologielehrer, der Techniklehrer schreiben mir allenfalls eine schlechte Zensur an. Ernstfälle sind auch: die Antigone lesen oder das Fallgesetz überprüfen oder ein Chorwerk aufführen oder etwas ganz Eigenes schaffen oder einen Menschen trösten oder ein Fest feiern.

Die meisten und wichtigsten Ernstfälle kann die Schule nicht mehr allein herstellen. Ernstfälle kann sie sich auch nur leisten, wenn sie ein Auffangnetz hat. In meiner Polis-Makarenko-Street-School muß es die Kenntnisse der Psychologen und Psychiater geben – die beteiligte Geduld und die überlegene Sicht des Arztes.

Aber das kann die Gesundheit an ihr nicht generell herstellen. Das kann nur der Lebenszusammenhang, das Klima, die Wahrheit, in der die Kinder leben.

Wo es keine Ernstforderungen mehr gibt, sondern nur noch Schulforderungen, wird in den Kindern die »Krankheit« unserer Zeit – ihre Zerstörungssucht, ihre tiefe Unfreundlichkeit – fortbestehen, die Erich Fromm als »die Rache des ungelebten Lebens« diagnostiziert hat.

Daß unsere Kinder mit unserer noch sehr dürftigen Schule in Bielefeld schon so glücklich sind, daß wir sie abends nur mit Mühe aus ihr heraustreiben können, zeigt, wie schlecht es um ihr sonstiges Leben bestellt ist.

Literatur

Bernfeld, S.: Antiautoritäre Erziehung und Psychoanalyse 1, 3. Auflage Frankfurt 1969/70.

betrifft: erziehung: Schulen ohne Mauern, Heft 5 1974.

von Braunmühl, E.: Gegen die pädagogische Ambition, in: Vorgänge 1/74.

Brinkmann, G. u. a.: Theorie der Schule – Schulmodelle, Kronberg 1974.

Brinkmann, G. u. a.: Theorie der Schule – Konzepte und Kritik, Kronberg 1974.

Brusten, M./Hurrelmann, K.: Abweichendes Verhalten in der Schule, München 1973.

Forschungsgruppe Schulische Sozialisation: Sozialisationseffekte unterschiedlicher Schulformen, in: b:e Heft 8, 1975.

Freire, P.: Pädagogik der Unterdrückten, Reinbek 1973.

Froese, L.: Erziehung und Bildung in Schule und Gesellschaft, Weinheim und Berlin, 2. Auflage 1967.

Hentig, H. von: Systemzwang und Selbstbestimmung, Stuttgart, 2. Auflage 1969.

Höhn, E.: Der schlechte Schüler, München 1967.

Iben, G.: Kinder am Rande der Gesellschaft, München 1968.

ders.: Randgruppen der Gesellschaft, München 1971.

ders.: Psychohygienische Probleme im gegenwärtigen Bildungswesen der BRD, in: H. E. Ehrhardt (Hrsg.) Aggressivität, Dissozialität, Psychohygiene, Bern, Stuttgart, Wien 1975.

Illich, I.: Die Entschulung der Gesellschaft, Reinbek 1973.

ders.: Schule – Ritual des Fortschritts, in: b:e Heft 3, 1971.

Kob, J.: Das soziale Bewußtsein des Lehrers, Würzburg 1958.

Kuhlmann, H.: Klassengemeinschaft, Berlin 1975.

Lempp, R.: Warum ist unsere Schule zum führenden pathogenen Faktor für Verhaltensstörungen geworden?, in: H. E. Ehrhardt, a. a. O., S. 180 ff.

ders.: Die Schulangst wird immer größer, in: Die Zeit v. 20. 6. 1975.

Lenzen, H.: Stilwandel in der Schule, Luchterhand, Neuwied–Berlin (1974).

Martin, R.: Jeder fühlt sich als Einzelkämpfer, in: Frankfurter Rundschau v. 16. 8. 1975, S.V.

Mollenhauer, K.: Erziehung und Emanzipation, München 1968.

Peter, H. U.: Die Schule als soziale Organisation, Weinheim/Basel 1973.

Rolff, H.-G.: Sozialisation und Auslese durch die Schule, Heidelberg 1967.

Schäfer, W.: Edelstein, W. und Becker, G.: Probleme der Schule im gesellschaftlichen Wandel. Das Beispiel Odenwaldschule, Edition Suhrkamp, Frankfurt/M., 1971.

Ulrich Bleidick

Psychische Gesundheit und Schule – Aus der Sicht der Sonderpädagogik

I.

Die Mittenstellung des Sonderpädagogen zwischen einem renommierten Pädagogen und einem berufenen Kinder- und Jugendpsychiater weckt eigentlich zu viel Glanzvorstellung, als daß man sie unbedenklich auskosten möchte. So mag ein abgewandeltes Goethewort – Prophete vor, Prophete nach, die Sonderpädagogik in der Mitten – als unangebrachter Einstieg angesehen werden. Bezeichnender ist jene Gegenstandsbestimmung Ludwig von Strümpells aus 1890, mit der die Heilpädagogik als Pädagogische Pathologie [1] ein »binokulares Forschungsfeld« zwischen Pädagogik und Medizin ausmache. Kritiker, die heute der Mengenlehre in Grundschulen pathogene Auswirkungen nachsagen, würden den treffenden Vergleich einer Schnittmenge zwischen beiden Nachbarwissenschaften ungern akzeptieren. Karl Heinrichs blieb es mit seinem ersten Entwurf einer »wissenschaftstheoretischen Grundlegung der Heilpädagogik« 1931 [2] vorbehalten, das immer etwas neurotisierte Selbstverständnis der jungen Disziplin schonungslos offenzulegen: was an ihr wissenschaftlich sei, sei Medizin; was sie pädagogisch mache, sei nicht mehr wissenschaftlich [3]. Spätestens seit den Klärungen von Isserlin (1923) [4] und Stutte (1960) dürfte allerdings keine unüberwindliche Schwierigkeit mehr bestehen, sich zu einigen: »Heilpädagogik ist angewandte Kinderpsychiatrie, bedeutet: von biologischen und psychologischen Einsichten durchdrungene Pädagogik für behinderte und psychisch auffällige Kinder.« [5]
Mithin ist das, was die Sonderpädagogik zum Thema »Psychische Gesundheit und Schule« zu sagen hat, zwangsläufig auch in den Sichtweisen des Pädagogen und des Kinderpsychiaters enthalten. Indessen spielt der Sonderpädagoge dabei die Rolle des Sittenwächters von altersher, der die Verfehlungen im Selbstverständnis der Behindertenpädagogik aufdeckt. Unsere Disziplin brauchte 100 Jahre, um sich von dem ihr unangemessen erscheinenden Heilungsanspruch zu distanzieren, der mit dem Namen Heilpädagogik einherging. Kaum mit dem neuen Firmennamen Sonderpädagogik beschildert, wollte man die dadurch mitgelieferten Separierungstendenzen wieder loswerden. Rehabilitation erwies sich als – weil das gesamte Gebiet der medizinischen und sozialrechtlichen Eingliederung umfassend – zu unspezifisch. Auch gegen den Konsens-Begriff einer Pädagogik der Behinderten [6] wurde bereits eingewandt, daß er durch seine Anlehnung an die massiven Sinnes- und Körperbehinderungen das Gros der in Sonderschulen befindlichen Lerngestörten (= »behinderten«), Verhaltensgestörten und Sprachgestörten gar nicht meinen könne und ihre »beschädigte Identität« hinwegdefiniere. [7]
Die Behindertenpädagogik – und damit das praktische pädagogische Anliegen behinderter und gestörter Kinder und Jugendlicher – hat in der Pädagogik nie recht Platz gehabt. »Emile hat alles, um darin etwas zu leisten; er ist kräftig,

gewandt, ausdauernd, unermüdlich«, hieß es bei Rousseau. [8] Noch in neuester Zeit wird von der gesellschaftskritischen Erziehungswissenschaft die »Exklusivität der Normalen, Gesunden und Nichtbehinderten« beklagt, mit dem sie jedes vom anthropologischen Normalbilde abweichende Verhalten auch schulorganisatorisch ausblendet, zum Beispiel aus Schulversuchen mit Gesamtschulen. [9] Die allfällige Pädagogik erwies sich mithin bisher nicht in der Lage, jenem humanen Anspruch gerecht zu werden, dem noch Pestalozzi in seinem Engagement für die Benachteiligten vorbildlich Genüge getan hatte. Die Kinder- und Jugendpsychiater nahmen im 19. Jahrhundert diese Stellung ein und hielten sie fast bis in die jüngste Gegenwart. Das war wohl unerläßlich, schöpfte aber das Anliegen der Behindertenpädagogik nicht aus. »Psychische Gesundheit und Schule« stellt sich dem Sonderpädagogen in diesem Zusammenhang somit unter drei ausgewählten Aspekten dar:

- in einer Revision des nur einseitig klinisch oder sozial vermittelten Behinderungsbegriffs und des »Fetischs der Gesundheit«,
- in der Kooperation der hierfür einzutretenden Disziplinen,
- im Gedanken der Prophylaxe, Beeinträchtigungen des Lernens und des sozialen Verhaltens erst gar nicht entstehen zu lassen.

II.

1959 konnte der Hamburger Schulrat Otto Wagner in einer groß angelegten Befragung über 42 000 Schüler in Hamburg ermitteln, daß sich in den Schulklassen 1,5 % »schwererziehbare Rüpel« und sogar 8,5 % »leichterziehungsschwierige Störenfriede« befänden. Die Relativität der Zuschreibungskriterien Schwererziehbarkeit und Erziehungsschwierigkeit kommt indes in den Streuungen zum Ausdruck: während einige Lehrer in ihrer Klasse mehrere Rüpel zu benennen wußten, hatten andere in der gleichen Population nur gelegentlich Störenfriede zu beklagen. [10] Ferdinand und Verleger (1963) konnten in einer Untersuchung an 106 erziehungsschwierigen und 106 erzieherisch unauffälligen Kindern, die in ihrer Intelligenz und Schulleistung in Mittelwert und Standardabweichung gleich waren, aber sich nur nach den Betragensnoten im Zeugnis unterschieden, den circulus vitiosus vorurteilsgeführter Lehrerbeurteilung nachweisen: die als erziehungsschwierig angesehenen Schüler aller Leistungsgrade bekamen im ganzen eindeutig schlechtere Noten bis hin zum Syndrom der »Lernbehinderung«. [11]
Solche empirischen Belege lassen sich beliebig vermehren. Sie bestätigen das in der heutigen Sonderpädagogik aktualisierte Unbehagen, daß »schulische Behinderungen« – wie es der sogenannte »symbolische Interaktionismus« des soziologischen Definitionsansatzes, des labeling approach oder der Stigmatisierungstheorie lehrt – Zuschreibungen einer sozialen Kontrolle, einer zu niedrig angesetzten pädagogischen Toleranzschwelle für »abweichendes Verhalten« sind. Insofern erscheinen epidemiologische Untersuchungen etwa über die Verbreitung von Verhaltensstörungen, wie sie Thalmann im Gefolge älterer Erhebungen (von Harnack; Jonsson und Kälvesten) angestellt hat, wenig sinnvoll. Indem sie den »erfahrungswissenschaftlichen Schein« (Adorno) verbreiten, jedes zweite Kind sei verhaltensgestört (1,3% Anstaltsfälle; 18,7% Problemkin-

der; 29,3 % noch mäßig symptombelastet) [12], liefern sie mehr Aufschluß über den Standpunkt des Definierers als über den Status des Definierten.
Bezeichnenderweise folgt daher das zur Zeit wichtigste sonderpädagogische Dokument, die Empfehlung der Bildungskommission (auf die ich später noch zurückkommen werde), auch nicht den sogenannten »Expertenschätzungen« hinsichtlich des sich erhöhenden Anteils behinderter und gestörter Kinder. Bei Verhaltensgestörten werden mit 1 %, bei Lernbehinderten mit 2,5 % sonderschulbedürftigen Behinderten die weitaus niedrigsten Prozentwerte von allen vergleichbaren Zahlen genannt. Die Bildungskommission geht hier bereits davon aus, daß die Toleranzbreite der Regelschule für pädagogische Auffälligkeiten in Zukunft erheblich vergrößert werden muß. Auch für ein solches theoretisches Konzept gibt es gute Gründe. [13] Ein Begriff schulischer Abweichung kann durchaus dadurch operationalisiert sein, daß die von ihm beschriebenen Verhaltensweisen nach Häufigkeit und Intensität 10 % einer Alters- oder Geschlechtsgruppe nicht überschreiten. Sind die angetroffenen Frequenzen höher, so können sie im Sinne einer Übereinkunft nach statistischer Häufigkeitsverteilung nicht mehr als »auffällig« gelten. Entsprechende Überlegungen gibt es zur Häufigkeitsbestimmung des als Lese-Rechtschreib-Schwäche prozentual definierten häufigen Leseversagens: es wäre barer Unsinn, jenes Viertel der Schüler an Grundschulen, die nachweislich irgendwann mit Erschwernissen im Erlernen des Lesens und Rechtschreibens zu kämpfen haben, mit »Legasthenie« zu etikettieren. Vielmehr kann man vernünftigerweise nur das definierende Bezugssystem ändern, dessen Erwartungsnormen einen überhöhten Prozentsatz von Versagern selegieren. [14]

III.

Die Sonderpädagogik muß bei ihrem jetzigen Selbstverständnis davon ausgehen, daß das Phänomen Behinderung nur mehrperspektivisch in den Griff zu bekommen ist. Das gilt sowohl für den wissenschaftlichen Beschreibungsversuch wie auch für die pädagogische Förderung der Behinderten. Damit erfährt auch die vielleicht mißverständliche Zielsetzung einer höheren »psychischen Gesundheit« unserer Schulkinder eine gewisse Neutralisierung.
Die Mehrdimensionalität der Behinderung sollte uns sehen lehren, daß Behinderung eine medizinisch-sozialrechtliche, eine pädagogische, eine interaktionistische und eine gesellschaftliche Kategorie ist, daß aber jeder für sich notwendig bestehende Gesichtspunkt im Kontext der ihn relativierenden Betrachtungsweise dialektisch aufgehoben ist.
Behinderung und Störungen, wie sie nach den übereinstimmenden Schätzungen mit 6–7 % der Schulkinder angetroffen werden, nehmen zweifellos ihren Ausgang von in der Regel organisch belangbaren Beeinträchtigungen. – Nur: »Klinische Ansätze identifizieren sich zumeist mit der öffentlichen Benennung der Phänomene und begreifen sich als annähernd objektiv identifizierbare Gegebenheiten.« [15] Eben das sind sie nicht; sie sind nicht allein eine medizinisch-sozialrechtlich faßbare Kategorie.
Behinderungen werden im pädagogischen Sinne dadurch relevant, daß sie als Störungen der Bildsamkeit den Prozeß des Lernens und der sozialen Eingliede-

rung erschweren und besondere pädagogische Maßnahmen erfordern. – Eben dies aber ist eine eingeengte Sichtweise, die übersieht, daß die Sonderpädagogik als Fernziel immer den Auftrag verfolgen muß, sich selbst überflüssig zu machen. Es hat keinen Zweck, nach stetigem Ausbau der sonderpädagogischen Institutionen zu rufen, weil es eine große Anzahl von Schülern gibt, die in der allgemeinen Schule nicht mitkommen, ohne zugleich oder zuerst die Tragfähigkeit der Pädagogik für ihre Grenzfälle zu erhöhen und die medizinisch-sozialfürsorgerische Prophylaxe zu erweitern.

Die soziale Dimension der Behinderung beruht auf einem Zuschreibungsprozeß sozialer Sanktionen. – Eben das aber wird nicht bedeuten, daß man soziale Beeinträchtigungen einfach »wegdefinieren« kann. Der Interaktionismus liefert ein »Kontroll-Paradigma« gegen das bisher einseitig vorherrschende »ätiologische Paradigma«. [16] Goffman hatte seine Stigmatisierungs-Theorie nicht als Substanzetikett verstanden und vor dem Rückfall in vermögenspsychologische Eigenschaftslehre ausdrücklich gewarnt: »Der Normale und der Stigmatisierte sind nicht Personen, sondern eher Perspektiven.« [17] Nichtsdestoweniger kann die Kinderpsychiatrie gegenüber der sich gesellschaftstheoretisch progressiv gebenden Sonderpädagogik gleichsam rückläufig eine Paradigma-Alternative bieten. Sie kann ihr sagen, wie hoch der Anteil der hirngeschädigten Kinder unter Lernbehinderten und Verhaltensgestörten wirklich ist, wenn die Sonderpädagogik ihren Gegenstand – wie früher durch einseitige Analogie zum medizinischen Heilungsvorgang – heute durch sozialisationstheoretische »Aufräumtätigkeiten« [18] erneut verfehlen sollte.

Behinderung ist eine Kategorie der Gesellschaft, indem die jeweiligen Leistungsnormen der Gesellschaft darüber entscheiden, wer als behindert gilt und wer von der Gemeinschaft »getragen« wird. – Allerdings bedeutet es, das Kind mit dem Bade auszuschütten, wenn solcherart die Behinderung zur Ausschließlichkeit einer gesellschaftlichen Kategorie behauptet wird: als nur »aus den Produktions- und Klassenverhältnissen einer Gesellschaft« begreifbar, deren Kapitalverwertungsinteresse die fungiblen Arbeitskräfte einer »industriellen Reservearmee« (Marx) braucht, und die daher die Lernbehindertenschule als Lieferant unqualifizierter Arbeiter erfinden müßte, wenn es sie nicht gäbe. [19] Empirisch ist diese These nicht prüfbar, weil bislang keine Staatsformen existieren, in denen das Phänomen Behinderung dadurch verschwunden ist, daß Behinderung auf ihren gesellschaftlich vermittelten Begriff gebracht wäre.

Um der Mehrperspektivität der pädagogischen Förderung von Behinderten gerecht zu werden, sind Nahziele zur unmittelbar wirksamen Hilfe im Schulalltag von den Fernzielen einer Sanierung des Umfeldes sozial abweichenden Verhaltens zu unterscheiden. Sie stehen im Verhältnis wechselseitiger Beziehung dergestalt, daß sich konkrete Alltagsmaßnahmen an dem Maßstab des Erwünschten ausrichten, daß sich Utopien einer besseren Lebensqualität für benachteiligte Schüler an ihrer schrittweisen Verwirklichung messen lassen. Zwei Aspekte des Zwiegesprächs von Sonderpädagogik und Kinderpsychiatrie sollen das beleuchten.

Bei den gängigen Modellvorstellungen eines Teamworks zwischen Arzt und Sonderpädagoge wird oft von dem selbstverständlichen Schema eines Nacheinanders von medizinischer Diagnostik und pädagogischen Maßnahmen ausgegangen, auch wenn sich der Rhythmus dieses Hintereinanders durch ständige diagnostische Evaluation wiederholt und überlagert. Der Pädagoge sollte sich durch diese nur scheinbare Bevormundung ob medizinischer Richtlinienkompetenz nicht gekränkt fühlen: Ist doch der Pfleger, der mit dem schwierigen Patienten noch nach Feierabend zurechtkommen muß, der Lehrer, der mit dem schwierigen Kind die langen Tage im Schullandheim zu gestalten hat, so etwas wie die verantwortliche pädagogische Letztinstanz. In dieser Situation gibt er aber an den medizinischen Diagnostiker eine Bitte zurück. Die immer erneute Verfeinerung der Differentialdiagnose hilft ihm im Alltag so lange wenig, so lange keine optimale Passung zwischen sehr sensiblen Untersuchungsresultaten und bislang nur globalen pädagogischen Beeinflussungsstrategien besteht. Wir haben uns belehren lassen, daß Lernbehinderungen auf minimale frühkindliche Hirnschädigungen oder aber auf soziokulturelle Vernachlässigung zurückgehen, und daß – dem Differentialdiagnostikum entsprechend – auch unterschiedliche pädagogische Indikationen angebracht seien. [20] Wir wissen, daß es Verhaltensstörungen organischer Belangbarkeit und psychogenen Ursprungs und die neurotische Überlagerung von beiden gibt, und daß man je nach Ätiologie eine »gezielte« Therapie anzusetzen habe. [21] Die Beispiele aus der Sonderpädagogik lassen sich beliebig vermehren: der Legastheniker, der Stotterer sind beredte Exempel. So lange es aber nicht gelingt, differentielle sonderpädagogische Maßnahmen erfahrungswissenschaftlich auf ihre Effektivität hin zu überprüfen, bleibt das Fernziel einer lückenlosen Entsprechung von Diagnose und Therapie obsolet. Im Alltag muß es die Alles-oder-Nichts- Methode einer pädagogischen Schrotflinte tun, die mit ungebrochenem Transfer-Optimismus ihre evident erfolgreichen Praktiken absolviert: bislang gibt es keine sonderpädagogischen Methoden, die zwischen verschiedenen Typen von Lernbehinderten, Verhaltensgestörten, Legasthenikern und Stotterern erfolgskontrolliert zu differenzieren wissen. Kinderpsychiatrische Differentialdiagnostik und -ätiologie wird daher nur dann pädagogisch verwertbar sein, wenn sie ein praktikables Veränderungswissen mitliefert. Unter dem Dilemma litt schon die ältere Heilpädagogik, und sie kompensierte ihr Schuldbewußtsein ob inkompetenter Weiterführung des ärztlichen Vorschlags dadurch, daß sie dem Vorbild folgte: Die Sonderschullehrer zogen einen weißen Kittel an, und die Sprachheillehrer hängten sich gelegentlich eine Stethoskop-Attrappe um den Hals. Die Kritik an der Lehrerrolle gestattet diesen Ausweg nicht mehr. Und so hat die Sonderpädagogik begierig nach der Verhaltenstherapie gegriffen – keine neue Methode scheint in allen sonderpädagogischen Fachrichtungen soviel Resonanz je gehabt zu haben – denn hier kann man viel tun, ohne immer genau zu wissen, was man heilt. Die Gefahr besteht nun von der anderen Seite der »Sozialisationsagenten«, daß man uns das als zu technokratisch ankreidet.

Ein wesentlicher Grund für diesen letztlich unbefriedigenden Zustand dürfte darin liegen, daß die Forschungsansätze von Kinderpsychiatrie und Sonderpädagogik nicht genügend korrespondieren, ja vielleicht nicht einmal den gleichen Gegenstand treffen. Dies ist der zweite zu behandelnde Aspekt. Das Problem wird deutlich, wenn Studenten der Sonderpädagogik nach einschlägigen empirischen Belegen zur Ätiologie der zum Sonderschulbesuch führenden Behinderung fragen, etwa hinsichtlich des Zusammenhanges von Hirnschädigung und

Lernbehinderung oder Verhaltensstörung. Die gängigen Lehrbücher der Kinder- und Jugendpsychiatrie zählen hierzu auf, welche Hirnleistungsschwächen es gibt, sie beschreiben das klinische Syndrom und begnügen sich mit dem pauschalen Hinweis auf die Notwendigkeit der »heilpädagogischen Behandlung«. [22] Schon 1925 hat der Verfasser eines Lehrbuches »Das Hilfsschulkind« gesagt: »Der Psychiater, dem wir diese Literatur verdanken, bekommt unsere Hilfsschule nur selten zu sehen.« [23] Dies mag heute besser sein. Trotzdem ist für die praxisdienliche Erforschung des Lernverhaltens von Behinderten und Gestörten nur der umgekehrte Untersuchungsansatz dienlich: die statistische Betrachtung der Ursachen, Erscheinungsformen und effektiven Maßnahmen bei den auffällig gewordenen Kindern, zumal in der Population der bestehenden Sonderschulen. [24] Über vorsichtige Erkundungsstudien, die schon eine zwangsläufig fruchtbare Zusammenarbeit von Psychiatrie und Sonderpädagogik mit sich bringen, ist man leider bisher nicht hinausgekommen. [25] Es ist zwar bekannt, daß die damit psychometrisch zu verlangende Kontrollgruppe ein Mittel zur Einschüchterung der produktiven Forschung darstellt, aber die Psychiatrie wird diesen Weg über die sorgsame kasuistische Fallbeschreibung hinaus ausbauen müssen, wenn die Kooperation zur mehrdimensionalen Erfassung und Behandlung der Behinderten gelingen soll. Dies wird auch die Abkehr von der Einseitigkeit des klinischen Behinderungsbegriffs mit sich bringen und diesen durch den Aspekt der pädagogischen Auffälligkeit ergänzen. Bislang fehlen dem Sonderpädagogen solcherart pädagogisch vermittelte Ergebnisse klinischer Forschung. Und es ist bezeichnend, daß in die Informationslücke – denn es besteht ja Bedarf nach pädagogisch umsetzbarem Erklärungswissen – eine gesellschaftstheoretisch abgeleitete Determinationslehre von Behinderungen stoßen kann: Die Tatsache, daß es Ausbildungsstätten für Sonderschullehrer gibt, die die Psychopathologie aus dem Ausbildungskanon zu streichen beabsichtigen und daß es in Baden-Württemberg ein Bundesland gibt, das beim Sonderschul-Aufnahmeverfahren den Arzt per Erlaß für überflüssig erklärt hat, ist ebenso falsch wie beklagenswert, aber die verständliche Konsequenz einer bisher nicht voll gelungenen Korrespondenz von Medizin und Sonderpädagogik.

IV.

Ein Stufenplan der kurzfristig, mittelfristig und langfristig zu realisierenden Maßnahmen im Bereich der Sondererziehung wird von der Empfehlung der Bildungskommission des Deutschen Bildungsrats 1973 unter dem Titel »Zur pädagogischen Förderung behinderter und von Behinderung bedrohter Kinder und Jugendlicher« vorgelegt. [26] Die Frage, wie in Schulen eine höhere psychische Gesundheit zu erzielen ist, wird hier sowohl von ihrer langfristigen Perspektive her gesehen als auch in unmittelbar wirksam werdende Vorschläge gekleidet.

Die Bildungskommission mußte bei ihrer Planungskonzeption davon ausgehen, »daß behinderte Kinder und Jugendliche bisher in eigens für sie eingerichteten Schulen unterrichtet wurden, weil die Auffassung vorherrschte, daß ihnen mit besonderen Maßnahmen in abgeschirmten Einrichtungen am besten geholfen werden könne« (S. 15). Es heißt in lapidarem Gegensatz zu dieser Meinung: »Die

Bildungskommission folgt dieser Auffassung nicht. Sie legt in der vorliegenden Empfehlung eine neue Konzeption zur pädagogischen Förderung behinderter und von Behinderung bedrohter Kinder und Jugendlicher vor, die eine weitmögliche gemeinsame Unterrichtung von Behinderten und Nichtbehinderten vorsieht und selbst für behinderte Kinder, für die eine gemeinsame Unterrichtung mit Nichtbehinderten nicht sinnvoll erscheint, soziale Kontakte mit Nichtbehinderten ermöglicht. Damit stellt sie der bisher vorherrschenden schulischen Isolation Behinderter ihre schulische Integration entgegen« (S. 15 f.).
Kern der Empfehlung ist daher an Stelle der bisher eigenständigen und separierten Sonderschulen das Kooperative Schulzentrum. Hierbei wird eine allgemeine Schule flexibel mit einer Sonderschule für jeweils eine Behinderungsart verbunden, wobei drei Stufen der Einbeziehung Behinderter unterschieden sind: je nach gegebener Möglichkeit mit voller Integration behinderter Schüler in den Unterricht mit Nichtbehinderten bei zusätzlicher behinderungsspezifischer Förderung und Therapie; mit Teilintegration in den allgemeinen Unterricht und separater Sondererziehung; mit einer additiven Anbindung von Sonderklassen an Regelschulen, die noch außerschulische gemeinsame Aktivitäten zwischen Behinderten und Nichtbehinderten gestatten sollen. – In Konsequenz dieser Verlagerung von Sonderpädagogik in den Geltungsbereich der Regelpädagogik ist ein Kapitel über »Studium, Ausbildung und Information für sonderpädagogische Tätigkeiten« verfaßt, das eine Berücksichtigung sonderpädagogischer Elemente in allgemeinpädagogischen Studien und Ausbildungsgängen dergestalt verlangt, daß 10 % des Curriculums für Elementar- und Primarstufenlehrer der Information über die Förderung Behinderter vorbehalten sein sollen.
Ein weiterer und wesentlicher Gesichtspunkt der Empfehlung ist ihre prophylaktische Ausrichtung. Bereits im Titel wird nicht nur von Behinderten gesprochen, sondern auch – in Anlehnung an das BSHG – von den »von Behinderung Bedrohten«. Die gegenwärtige Sonderpädagogik geht davon aus, daß ein Teil der heute in Sonderschulen befindlichen Kinder dort nicht zu sein brauchte, wenn es gelingt, durch rechtzeitige Maßnahmen der Früherkennung, Früherfassung, Frühbehandlung und Frühförderung die Auffälligkeiten im Bereich des Lernens und Verhaltens so aufzufangen, daß sie sich nicht zu generalisierten Störungen und Behinderungen verfestigen. Die Empfehlung hat das Verdienst, den außerschulischen, vornehmlich den vorschulischen Bereich in einem differenzierten Kapitel »Früherkennung und Frühförderung« pädagogisch thematisiert zu haben, wobei sie über die bisherigen Strukturvorstellungen des Bildungsrats hinausgeht, indem sie dem Elementarbereich (3–6 Jahre) den Frühbereich (0–3 Jahre) vorordnet. Das Netz der Frühdiagnostik soll dabei so dicht sein, daß jedes auffällige Kind die Chance erhält, frühzeitig diagnostiziert und gefördert zu werden: auf eine Bezugsgröße von 200 000 Einwohnern sind Zentren für die pädagogische Frühförderung einzurichten. Hierbei ist ausdrücklich zu betonen, daß die Bildungskommission lediglich die Aufgabe hatte, ein pädagogisches Konzept zu erarbeiten. Das bedeutet, daß eine entsprechende Empfehlung in bezug auf die medizinisch-therapeutischen Aktivitäten noch jetzt anschließend zu erarbeiten wäre.
Dies ist die positive Bilanzseite der Empfehlung, die ein ausgewogenes Konzept zur Verbesserung pädagogischer Aktivitäten gegenüber Behinderten und den

von Behinderung bedrohten auffälligen und gestörten Kindern darstellt. Zu beträchtlicher Sorge gibt allerdings die Resonanz Anlaß, die die Empfehlung in der Presse und teilweise sogar unter den Fachleuten erfahren hat. Die Empfehlung wurde von voreiligen und unkritischen »Reformern« wiederholt mißverstanden und mißdeutet. Die Ursachen dafür sind vielfältig; eine ist mit Sicherheit, daß viele, die über die Empfehlung reden, sie nicht gelesen, geschweige denn sorgfältig durchgearbeitet haben. Fast sämtliche Presseverlautbarungen, und es gibt deren inzwischen Legion, machen den Grundfehler, daß sie aus der in sich konsistenten Empfehlung Einzeldirektiven herausgreifen, die für sich genommen einseitige und verhängnisvolle Schlußfolgerungen nahelegen. Sie sind dann um so schädlicher, wenn sie in das Planungsbewußtsein der Administratoren und Schulträger eingehen sollten. Bekanntlich sieht das gestufte Organisationskonzept der schulischen Förderung Behinderter in der Regel keine eigenständigen separierten Sonderschulen mehr vor. Daraus die Unterlassung abzuleiten, das bestehende Sonderschulwesen weiter auszubauen, klingt dann ebenso folgerichtig, wie es sachlich kurzschlüssig und falsch ist. Die Empfehlung weist mit Nachdruck darauf hin, daß an notwendigen Schulplätzen für Behinderte etwa bei Geistigbehinderten 61 %, bei Körperbehinderten 65 %, bei Schwerhörigen 70 %, bei Sehbehinderten 73 %, bei Sprachbehinderten 81 % und bei Verhaltensgestörten 65 % fehlen (20). Landesentwicklungspläne und kommunale Schulträger können daraus nur die Folgerung ableiten, daß diese Schulplätze für ca. 230 000 behinderte Kinder geschaffen werden müssen. Völlig falsch ist darum auch die Annahme, die Empfehlung reduziere den bisherigen Aufwand an sonderpädagogischen Aktivitäten. Das Gegenteil ist der Fall: die Empfehlung dringt auf eine eminente Ausweitung sondererzieherischer Bemühungen, verlagert diese allerdings aus dem bisherigen segregierten Schonraum der Sonderpädagogik in den Verantwortungsbereich des allgemeinen Erziehungswesens. An einzelnen Prozentzahlen läßt sich das gut aufzeigen. Während der Anteil der Lernbehinderten mit 2,5 % erheblich unter der bisher von der Kultusministerkonferenz angegebenen Richtzahl von 4 % [27] sowie unter den tatsächlich viel höheren Anteilen Lernbehinderter in einigen Großstädten liegt, wird mit Nachdruck auf eine flankierende Maßnahme zur Reduktion auf diesen »harten Kern« von »echten« Sonderschülern verwiesen: zusätzlich sind 3–4 % durch Lernschwächen und Lernstörungen von Behinderung bedroht, bei ca. 10 % aller Kinder und Jugendlichen treten zeitlich begrenzte Lernschwierigkeiten auf, denen mit Stütz- und Fördermaßnahmen sowie Einzelfallhilfe in der allgemeinen Schule zu begegnen ist. Entsprechende Rechnungen werden für Verhaltensgestörte und Sprachbehinderte aufgemacht.
Bislang ist genau das passiert, was der Verband Deutscher Sonderschulen in einer eindringlichen Stellungnahme befürchtet hat. Die Behörden nehmen die Empfehlung als Kronzeugin dafür, Geld einsparen zu können: »Der Verband Deutscher Sonderschulen sieht sich allerdings genötigt, entschieden vor bildungspolitischen Illusionen zu warnen und eventuelle finanzpolitische Alibis aufzudecken. Dies wäre dann der Fall, wenn utopische Integrationsvorstellungen mit Unterlassung konkreter Ausbaumaßnahmen an die Stelle des in der Bildungsratsempfehlung für unerläßlich gehaltenen Junktims treten sollten« (Vorwort zur Empfehlung, die als Beiheft 11 der Zeitschrift für Heilpädagogik gedruckt worden ist).

Dieses Junktim meint den Zusammenhang von Voraussetzungen, die die Bildungsrat-Empfehlung konstitutiv ausmachen. Amputiert man Einzelkapitel der Empfehlung von ihrem komplexen Verbund, so sind sie als Handlungsforderungen illusionär und als wissenschaftliche Aussagen unrichtig. Das integrierte System von Fördermaßnahmen im Kooperativen Schulzentrum ist entscheidend abhängig von vorher und zugleich geschaffenen Voraussetzungen, ohne die es nach wie vor separate Sonderschulen geben muß: der Optimalisierung von Früherkennung und Frühförderung; der Einrichtungen für Behinderte im Elementarbereich; der Individualisierung und inneren Differenzierung des Lernens in der Schule; der baulichen Voraussetzungen; der Information und Schulung des allgemeinpädagogischen Personals; dem veränderten Bewußtsein der Öffentlichkeit gegenüber Behinderten.
Es wird in Zukunft stärker als bisher darauf ankommen, die Empfehlung der Bildungskommission des Deutschen Bildungsrats »Zur pädagogischen Förderung behinderter und von Behinderung bedrohter Kinder und Jugendlicher« nicht den Optimisten und den Kritikern zu überlassen, sondern die Vielzahl ihrer löblichen Intentionen so zur Geltung zu bringen, wie es die Betroffenen erwarten. Nah- und Fernziel der Erreichung einer höheren psychischen Gesundheit in der Schule würden so in das ausgewogene Verhältnis gebracht, das Utopie und Wirklichkeit vernünftig aufeinander beziehen kann.

Literatur

1 von Strümpell, Ludwig: Die Pädagogische Pathologie oder Die Lehre von den Fehlern der Kinder, Eine Grundlegung. 1890. Fortgeführt und erweitert von A. Spitzner, Leipzig 1910, S. 402.
2 Heinrichs, Karl: Versuch einer wissenschaftstheoretischen Grundlegung der Heilpädagogik, Halle 1931.
3 Heinrichs, Karl: Vom Wissenschaftscharakter der Heilpädagogik, Die Hilfsschule 22 (1929). S. 652.
4 Isserlin, Max: Psychiatrie und Heilpädagogik. Zeitschrift für Kinderforschung 28 (1923), S. 22.
5 Stutte, Hermann: Kinder- und Jugendpsychiatrie, In: Psychiatrie der Gegenwart, Forschung und Praxis, Bd. II: Klinische Psychiatrie, Hrsg. von H. W. Gruhle u. a., Berlin 1960, S. 1070.
6 Bleidick, Ulrich: Pädagogik der Behinderten. Grundzüge einer Theorie der Erziehung behinderter Kinder und Jugendlicher, Berlin ²1974.
7 Bittner, Günther: »Behinderung« oder »beschädigte Identität«? Überlegungen zum Selbstverständnis der Sonderpädagogik. In: Aktuelle Beiträge zur Sozialpädagogik und Verhaltensgestörtenpädagogik, Hrsg. von G. Heese und A. Reinartz, Berlin 1973, S. 15.
8 Rousseau, Emile: 4. Buch, Ausgabe von 1967, (Heidelberg 1967) S. 43.
9 Gamm, Hans Jochen: Kritische Schule. Eine Streitschrift für die Emanzipation von Lehrern und Schülern, München 1970, S. 124.
10 Wagner, Otto: Ist unsere Volksschule in Ordnung? Aussagen, Analysen und Folgerungen aus der Erhebung zum Problem der Schuldisziplin, Hamburg 1959.

11 Ferdinand, Willi und Karl Verleger: Zur Beurteilung der Leistungen erziehungsschwieriger Kinder, Neue deutsche Schule 15 (1963) 76–79.
12 Thalmann, Hans-Christian: Verhaltensstörungen bei Kindern im Grundschulalter. Eine Untersuchung über die Verbreitung und die sozialen und emotionalen Hintergrundfaktoren, Stuttgart 1971, S. 247.
13 Shephard, Michael, Bram Oppenheim und Sheila Mitchell: Auffälliges Verhalten bei Kindern. Verbreitung und Verlauf. Eine epidemiologische Untersuchung. Göttingen 1973.
14 Bleidick, Ulrich: Lesen und Lesenlernen unter erschwerten Bedingungen. Essen ³1972.
15 Homfeldt, Hans Günther: Angebotene Chancen für Behinderte. Zu den Empfehlungen der Bildungskommission des Deutschen Bildungsrats: »Zur pädagogischen Förderung behinderter von Behinderung bedrohter Kinder und Jugendlicher«. Z. f. Päd. 20 (1974) S. 409.
16 Keckeisen, Wolfgang: Die gesellschaftliche Definition abweichenden Verhaltens. Perspektiven und Grenzen des labeling approach. München 1974, S. 23.
17 Goffman, Erving: Stigma. Über Techniken der Bewältigung beschädigter Identität. Frankfurt 1967, S. 170.
18 Kuhn, Thomas S.: Die Struktur wissenschaftlicher Revolutionen. Frankfurt 1967, S. 45.
19 Jantzen, Wolfgang: Sozialisation und Behinderung. Studien zu sozialwissenschaftlichen Grundfragen der Behindertenpädagogik. Gießen 1974, S. 25 ff.
20 Wewetzer, Karl-Hermann: Das hirngeschädigte Kind. Psychologie und Diagnostik. Eine experimentelle Untersuchung. Stuttgart 1959.
21 Bärsch, Walter: Das schwierige Kind in der Schule. Eßlingen 1968.
22 Harbauer, H. / Lempp, R. / Nissen, G. / Strunk, P.: Lehrbuch der speziellen Kinder- und Jugendpsychiatrie, Berlin 1971.
23 Rössel, Fritz: Das Hilfsschulkind. Versuch einer Charakteristik nach seinen Verhaltensweisen und Betätigungsformen. Halle 1925, S. 10.
24 Bleidick, Ulrich: Ursachen der Behinderung unter pädagogischem Aspekt. Z. f. Heilpäd. 26 (1975) S. 258–280.
25 Müller, Peter: Schularzt und Sonderschule für Lernbehinderte. Zusammenarbeit von Kinderpsychiater und Pädagogen. Berlin 1974.
26 Deutscher Bildungsrat, Empfehlungen der Bildungskommission: Zur pädagogischen Förderung behinderter und von Behinderung bedrohter Kinder und Jugendlicher. Bonn 1973.
27 Empfehlung zur Ordnung des Sonderschulwesens. Beschlossen von der Ständigen Konferenz der Kultusminister in der Bundesrepublik Deutschland am 16. März 1972. Nienburg 1972.

Manfred Müller–Küppers

Psychische Gesundheit und Schule – Aus kinder- und jugendpsychiatrischer Sicht

Vor 11 Jahren veröffentlichte ein Religionsphilosoph eine Artikelserie: »Die Deutsche Bildungskatastrophe«. Pichts aufrüttelnde Prognose von 1964 lautete: Wenn es uns nicht gelingt, das Schulwesen radikal umzugestalten, stehen 1970 nicht mehr genügend Lehrer für zusätzlich 2 Millionen Schüler zur Verfügung. Die Abiturientenzahl muß mindestens verdoppelt werden.

Seitdem ist viel geschehen. Erinnern wir uns einiger Schlüsselbegriffe der bildungspolitischen Diskussion: Bildungstechnologie, Bildungsberatung, Curriculumreform, Lernzielstrategien, Lernen im Medienverbund, Modellversuche, Operationalisierung von Lernzielen, Stufenlehrer, Vorschulerziehung etc. Einige dieser Begriffe waren neu, andere erhielten einen neuen Sinn. Im März des Jahres 1964 benutzte die Kultusministerkonferenz den Anlaß ihrer 100. Plenarsitzung zu einer kritischen Zwischenbilanz. Man stellte im Blick auf die Reformen der Nachbarländer fest, daß »die europäische Schulentwicklung durch folgende Tendenzen gekennzeichnet ist: Anhebung des gesamten Ausbildungsniveaus der Jugendlichen durch vermehrte und verbesserte Schulbildung aller Art. Erhöhung der Zahl der zu gehobenen Abschlüssen verschiedenster Art geführten Jugendlichen. Ausbildung jedes einzelnen bis zum höchsten Maße seiner Leistungsfähigkeit, Angebot von Ausbildungsmöglichkeiten, die stärker auf die Befähigung des einzelnen eingestellt sind; Maßnahmen, die Schüler in diese ihnen gemäßen Bildungsgänge zu bringen, Verstärkung der Durchlässigkeit unter allen bestehenden Schulen . . ., Errichtung neuer weiterführender Formen«.

Dieses weitgestreckte Programm umschreibt in Kürze nahezu alles, was in den nächsten Jahren Gegenstand von Reformüberlegungen wurde.

Diese Aufgaben überstiegen die Möglichkeiten der Schulverwaltung und so wurde 1965 der Deutsche Bildungsrat berufen. In der Folgezeit kam es zu einer Koordinierung zwischen Bund und Ländern, die unter dem Stichwort »Errichtung eines Bundeskultusministeriums« geführt wurde und 1969 zu einer Grundgesetzänderung führte. 1970 wurde von der Bund-Länder-Kommission für Bildungsplanung ein Bildungsgesamtplan vorgelegt.

Inzwischen ist die Reformeuphorie der vergangenen Jahre verflogen. Dabei ist die Energiekrise sicherlich nicht ohne Rückwirkungen auf die Bildungspolitik geblieben, denn die Finanzministerkonferenz fühlte sich außerstande, den Bildungsgesamtplan zu finanzieren. Es stellt sich die Frage, ob er von der Entwicklung überholt, nicht schon bereits Bildungsgeschichte geworden ist. Die Zeit einer realistischen Kurskorrektur in der Bildungspolitik scheint gekommen.

Die damals befürchtete Katastrophe sieht 10 Jahre später ganz anders aus: Der Versuch, das gesamte Schulwesen von der Vorschulerziehung bis zur Oberstufe des Gymnasiums in der ganzen Breite gleichzeitig in eine Strukturreform einzubeziehen, hat alle Betroffenen überfordert: die Schüler, die Lehrer, die Eltern, die Schulpolitiker und die Schulverwaltung. Man ist skeptisch gegenüber

Neuerungen geworden. Dies gilt sowohl für die Einschätzung von Schulversuchen als auch im Blick auf neue Unterrichtsstrategien und Unterrichtsbereiche wie Mengenlehre und Ganzwortmethode. Vor allem gilt es aber auch, die Bildungspolitik zu versachlichen, denn nichts dürfte der Öffentlichkeit z. B. in Versuchen mit Gesamtschulen mehr geschadet haben, als der Eifer, mit dem viele ihrer Befürworter auftraten, wenn sie behaupteten, ein hohes Maß an Chancengleichheit werde allein an dieser Schulform geboten.

In den hinter uns liegenden Jahren erlebten wir die stärkste Expansion unseres Bildungswesens, die es je gab. Dagegen verblassen selbst die großartigen Leistungen der Länder beim Bau von Schulen und Hochschulen, wie die Erhöhung der Lehrer- und Professorenzahlen: Die Zahl der Schüler allgemeinbildender Schulen stieg zwischen 1961 und 1972 von 6,7 Millionen um mehr als ein Drittel auf 9,6 Millionen an. Besonders stark wuchs die Zahl der Schüler an Sonderschulen, Realschulen und Gymnasien: 444 500 Realschüler 1961 standen 1972 981 000 gegenüber, das ist eine Steigerung um 120 %. Die Gymnasiasten verdoppelten sich nahezu auf 1 591 000 im gleichen Zeitraum. Dagegen fällt die Zahl der Schüler, die Gesamtschulen besuchen, mit 96 000 Kindern in 139 öffentlichen Gesamtschulversuchen – alle Zahlen beziehen sich auf 1972 – kaum ins Gewicht. Mit anderen Worten: Die Realschulen und Gymnasien haben sich im Bundesdurchschnitt stärker durchgesetzt, als Anhänger dieser Schularten zu hoffen wagten.

Mit dem Schülerberg kletterte die Zahl der Lehrer im gleichen Zeitraum um mehr als ⅔ auf 382 700. Die Schüler-Lehrer-Relationen konnten teilweise verbessert werden. Gleichwohl herrscht an einzelnen Schulen weiterhin Lehrermangel, besonders in den naturwissenschaftlichen Fächern.

Der Schulanfänger 1975 ist – um die bundesrepublikanischen Möglichkeiten auszuleuchten – sicherlich auf seine neue Aufgabe besser vorbereitet und ausgewählt, als seine Vorgänger noch vor einem Jahrzehnt: Er ist im letzten Jahr im Kindergarten mit Arbeitsbögen und vorschulischem Material trainiert, ja getrimmt worden. Er ist teilweise schon verkehrssicher, hat ein Frühstück bzw. einen Apfel im Ranzen, ist eher übergewichtig und dabei zweckmäßig gekleidet. Er hat eine Schulreifeuntersuchung durchlaufen und wurde dabei von Kindern seines Alterskollektivs, die geistig oder lernbehindert waren, bereits getrennt. In seinem Klassenverband sind Kinder, die bereits vor der Schule in spezifischen Bildungs- und Erziehungsberatungsstellen gewesen sind, um die Gründe einer Sprachbehinderung zu untersuchen und anzugehen oder um in einer pädoaudiologischen Beratungsstelle sich testen und mit einem Hörgerät versorgen zu lassen. Der Schulanfänger wurde von einem Arzt des Gesundheitsamtes gesehen und in spezielle Fachpraxen – wenn immer nötig – eingewiesen. So wurde das anfallskranke Kind aus der Risikosprechstunde an den Pädiater oder Kinderpsychiater weitergegeben. Ein Kind hat einen Schulkindergarten besucht, weil es im Vorjahr als noch nicht schulreif angesehen wurde und ein anderes Kind konnte durch eine psychagogische Behandlung eine lärmende Verhaltensstörung überwinden. Die Schulanfänger sind überwiegend durch den Kindergarten auf den Umgang mit Gastarbeiterkindern eingestellt.

Die Eltern dieser Kinder sind medienbewußt und daher auf ihre Rechte und

Pflichten als Eltern eingestimmt. Ihre Kenntnisse über Fehlverhaltensweisen sind beachtlich. Sie verständigen sich untereinander und veranstalten Elterninitiativen, die gemeinsam mit der Schule zu Verbesserungen der schulischen Versorgung führen sollen.

Eine Utopie? Keineswegs im Detail, aber als funktionierendes System wohl nur vereinzelt und in Gebieten mit einer kinderpsychiatrisch hochqualifizierten Infrastruktur, das aber ständig vor dem Zusammenbruch steht, weil Eltern von Kindern umliegender Gemeinden oder Landkreise schwer einzusehen vermögen, warum denn ihr Kind nicht an diesen diagnostischen und therapeutischen Angeboten partizipieren kann.

Wir selbst haben an dieser Verbesserung in einem mühevollen täglichen Kleinkrieg mitgearbeitet, so daß wir teilweise versucht sind, uns damit zu identifizieren bzw. es vor linken Systemverbesserern zu verteidigen.

So wie unsere bundesrepublikanische Wirklichkeit heute aussieht, steht zu hoffen, daß das visionäre Jahr 1984 uns das eingangs zitierte vielfältige Angebot – für jedes Kind erreichbar – bringt, das aus unserer Sicht Voraussetzung für den erfolgreichen Antritt einer Schullaufbahn darstellt. Mit der Realisierung dieser Forderung könnten wir gleichzeitig einen Programmpunkt im Sinne der Bundestagsenquête, nämlich ein kinder- und jugendpsychiatrisches Versorgungssystem geschaffen zu haben, abhaken. Ob wir auf Zukunft mit einer Zunahme der Behindertengruppen zu rechnen haben, oder aber ob nicht die perinatale Medizin – einschließlich vor allem der Genetik – mit der frühembryonalen Diagnostik und der Vermeidung von Risiken uns frühzeitige Hilfe bringen wird, kann heute wohl noch niemand verbindlich prognostizieren. Das Schreckbild einer Zukunft, wie es Kulturpessimisten beschreiben, daß um die Jahrtausendwende die Hälfte der Menschheit die andere Hälfte pflegt, ist wohl eher als Gegengewicht gegen unsere derzeitigen Bemühungen zu sehen. Das ist die Ausgangslage: Das Kleinkind – auf Schule angesprochen – gibt im allgemeinen freudige Zustimmung bei der Aussicht, bald in die Schule zu dürfen. Die Umwelt zeigt sich von der besten Seite: Die Eltern stellen die Schule als einen Ort an der Vorstufe des Paradieses dar. Lehrer sind wahre Menschenfreunde und engagierte Pädagogen und selbst der Altbau der Wilhelminischen Ära wird als Stätte des Geistes gepriesen. Kinder widerstehen diesen Verführungen um so weniger, als die kalorienorientierte Schultüte ihnen die herbe Schulwirklichkeit versüßt.

Die verwandelte Szene nach individuellem Zeitfaktor: Kinder haben Kopf- oder Bauchschmerzen vor oder schon beim Gedanken an die Schule. Sie sind gedrückt, schrecken nachts im Schlaf auf und haben Ängste vor der nächsten Arbeit, der Turnstunde oder den Hänseleien der Mitschüler. Sie leben in den Ferien auf, zweifeln an sich selbst, leiden unter der Rivalisation der Mitschüler und unter dem ausbleibenden feed back der Familie. Sie schludern bei den Schularbeiten, schwänzen, streunen, ja verweigern die Schule. Sie reagieren phobisch auf schulische Forderungen, flüchten in die Regression der Kinderfehler, die Masturbation, die Notlüge und bauen Abwehrmechanismen auf. Vor allem aber wundern sie sich über das penetrante Interesse der Eltern an ihren Leistungen. Sie kennen es nicht anders, als daß die Mutter den Nachmittag mit ihnen hinter Büchern verbringt und das Thema Schule die Familie nachhaltig beherrscht. Seit einiger Zeit sind sie zusätzlich beunruhigt durch die düsteren Aussichten eines begrenzten Ausbildungsangebotes, eines Numerus clausus, bei dem das Kfz.-Handwerk dem Medizinstudium und die Ozeanographie der Friseurlehre entspricht.

Aus der Sicht der Eltern verlangen die Lehrer zuviel oder zuwenig, die Klassen sind zu groß, die Disziplin ist zu locker. Die Hospitanten erschweren den Unterricht, die Orientierung nach den Schwachen ist zu ausgeprägt, die persönliche Zuwendung zu gering. Bei der Ganzheitsmethode kann man nicht helfen, die Mengenlehre bleibt ein Buch mit sieben Siegeln. Die Lehrerinnen haben Schwangerschaftsurlaub und die politische Beeinflussung ist empörend.

Die Zahl der Jugendlichen, die die Hauptschule ohne Abschluß verlassen, ist reichlich ein Viertel! Fast zwei Drittel der derzeit arbeitslosen Jugendlichen – und das sind 1975 ca. 123 000 – wollen auch keine berufliche Ausbildung. Sie wollen nicht lernen, sie wollen Geld verdienen!

Dabei trifft eine veränderte, d. h. verschlechterte Wirtschaftslage junge Menschen besonders hart. Betriebsräte stimmen eher Entlassungen von Werksangehörigen zu, die noch nicht so lange im Betrieb sind und keine Familie zu versorgen haben. Von den Jugendlichen werden die zuerst entlassen oder erhalten zuletzt eine Stelle, die die schlechtere Vorbildung besitzen. Von der Hauptschule – oder auch Sonderschule – direkt in die Hilfsarbeit oder Arbeitslosigkeit ist heute keine Ausnahmesituation mehr. Es zeichnet sich eine Tendenz ab, daß Abiturienten auf Stellen der Realschüler drücken und daß Realschulabgänger im Berufsleben Absolventen von Hauptschulen verdrängen. Dabei ist eindeutig die Zahl hochqualifizierter Berufe nicht beliebig zu erhöhen.

Auf die Frage, wie man den Auszug, respektive die Fluchtbewegung: weg von der Hauptschule, steuern kann, gibt es zwei – politische – Antworten: Die einen verfolgen das Ideal der Gleichwertigkeit der Ungleichen. Daraus resultiert die Forderung nach jeweils optimaler, aber differenzierter Begabtenförderung. Die anderen bekennen sich zur Gleichheit, was eine möglichst einheitliche Förderung aller verlangt. In beiden Fällen ergibt sich die Notwendigkeit, die Hauptschule – als Eingangsstufe zur Berufsbildung oder als Vorbereitung auf die Gesamtschule im Sinne einer ersten Maßnahme – aufzuwerten oder zu verbessern. Die Hauptschule muß eine soziale und praktische Dimension von Bildung einbringen und ein Gegengewicht zu dem Begabungsbegriff bilden, der einseitig auf Abstraktionsleistungen eingestellt ist. Fast alle, die den Abschluß in der Berufsausbildung nicht schaffen, haben im theoretischen und nicht im praktischen Teil versagt. Wir müssen Ausbildungsbedingungen und Ausbildungsordnungen fordern, Berufsbilder entwickeln, die dem praktischen Begabten eine Chance lassen.

Zur Zeit wird ein Stufenplan zum Ausbau der beruflichen Bildung diskutiert, der drei Schwerpunkte vorsieht und einen Ausbauplan bis zum Jahre 1978 enthält. Im ersten Kernbereich geht es um die Erweiterung des Berufsbildungsjahres. Man denkt dabei an Vollzeitschulen und will die Zahl der vorhandenen Plätze von z. Z. 15 000 auf mindestens 80 000 ausbauen. Dem größeren Teil der Jugendlichen, der keine Gelegenheit hat, ein Berufsbildungsjahr zu absolvieren, soll ebenfalls ein verbessertes Bildungsangebot zugute kommen. Dafür soll der Berufsschulunterricht im ersten Ausbildungsjahr in einem System, das

sowohl von der Schule wie auch vom Betrieb besorgt wird, geleistet werden.
Die Jugendlichen, die ohne einen hinreichenden schulischen Abschluß und ohne Ausbildungsvertrag sind, sollen ein Angebot erhalten, in dem sie diese Bildungsabschlüsse nachholen können, um dann einen Beruf erlernen zu können. Außerdem sollen neue überbetriebliche Ausbildungsplätze in Lehrwerkstätten, die nicht von einem gewerblichen Unternehmen abhängig sind, geschaffen werden. In beiden Fällen denkt man an Größenordnungen von 20 000 bis 30 000 Schul- bzw. Schularbeitsplätze.
Alternative Bildungsgänge für Abiturienten außerhalb der Hochschule sollen ebenfalls vorbereitet werden. Hier müssen zunächst noch die Leitlinien ausgearbeitet, die Bedarfsrechnung durchgeführt werden, um dann erst Modellversuche einzuleiten. Insgesamt ist diese Aktivität der Bund-Länder-Kommission der Schritt in die richtige Richtung. Bezüglich der Größenordnungen muß man jedoch nur fürchten, daß die benötigten Ausbildungsplätze nicht genügen und trotzdem die derzeitige Finanzkraft übersteigen wird.
1974 studierten mehr als 20 % eines Geburtenjahrganges; um 1900 waren es 2 %.
1970 plante die Bundesregierung sogar, den Anteil der Studierenden auf die Hälfte eines jeden Jahrganges zu erhöhen.
Das »Abitur für alle« war das Traumziel aller Bildungsideologen.
1975 sind es fast 25 %. Dabei gibt es das eine Abitur ebensowenig wie das gymnasiale Prinzip. Nicht weniger als 40 Spielarten des Abiturs sorgen für eine Differenzierung, verhindern aber gleichzeitig ihre Vergleichbarkeit. Dabei kommen 35 % aller Studienberechtigten nicht mehr den traditionellen Weg, sondern über den 2. Bildungsweg an die Hochschule: Das sind 1975 50 % von insgesamt 180 000 Studienanfängern.
Das Ausleseverfahren der Dortmunder Zentralstelle beruht auf der Illusion, es gäbe einen vergleichbaren Notendurchschnitt von Lehrer zu Lehrer, von Schule zu Schule, Bundesland zu Bundesland. Es erhebt sich die Frage, ob wir unser Schul- und Hochschulsystem wirklich diesem Dortmunder Vergabeverfahren anpassen, oder aber nicht vielmehr die einzelnen Hochschulen, die ja auch unterschiedliches Niveau haben, an den Auswahlkriterien beteiligen sollten, wie andere Länder es jetzt schon tun, wenn sie ihre Studenten nach unterschiedlichen Maßstäben individuell auswählen. Gleichzeitig muß der Schulabschluß wohl noch Grundlage der Beurteilung bleiben.
Aber auch die Situation im Klassenzimmer hat sich verändert: Der Schüler arbeitet – vielleicht bezüglich der Intensität seiner Arbeit mehr als andere Generationen vor ihm – für eine numerische Studienhoffnung. Er hat Fächer, die ihn interessieren und die vielleicht einmal seinen beruflichen Werdegang bestimmen, frühzeitig mit einer sehr guten Note abgewählt und beschäftigt sich jahrelang mit Bereichen, in denen er weder interessiert noch für die er besonders begabt ist. Das alles in der Hoffnung, vielleicht doch eine Stelle hinter, oder sogar vor dem Komma seine Durchschnittsnote zu verbessern.
Es registriert in seiner Klasse einen deutlichen Mangel an Solidarität. Ja er entdeckt Feindseligkeit und findet es bedenklich, daß ein Mitschüler sich über eine Lehrerin beschwert, weil sie einen Fehler übersehen hat. Der Schüler wird zum isolierten Einzelkämpfer, denn jeder, der besser ist, vermindert die eigene

Hoffnung auf einen Studienplatz. Die Schüler der letzten Klasse sind bereits volljährig und manipulieren die Aussichten auf das Endziel, d. h. die Traumnote, die den Numerus clausus überwindet, durch gezieltes Kranksein. Er fühlt sich gleichzeitig um seine Chance auf einen Studienplatz betrogen, weil er aus der Presse weiß, daß die Examensnoten an den Fachhochschulen besser sind als an den Gymnasien. Das heißt, daß ein Klassenkamerad, der nach der Mittleren Reife – aus welchen Gründen auch immer – die Schule verlassen hat, ihm vorgezogen werden kann.

Er findet es Scheiße, daß man mit einer Durchschnittsnote jenseits von 3 Philosophie und mit 1,9 noch nicht Pharmazie studieren kann, obwohl die tägliche Erfahrung ihn lehrt, daß der Apotheker ein akademisch vorgebildeter Verkäufer ist. Er ist im Umgang mit Medikamenten nämlich nicht unerfahren, nimmt doch selbst der Primus seine Valium 10 für die Klassenarbeit. Er leidet an Angstzuständen und psychosomatischen Störungen. Er kennt das Ordinationszimmer des Internisten und die Welt des Jugendpsychiaters, den er z. B. wegen Potenzstörungen aufsucht.

Er findet es weiterhin deprimierend, daß die Studienplätze für Medizin im ersten Zuschlag den Durchschnittsnotlern unterhalb von 1,7 zugeschlagen werden, die sich im Spiegel der Klasse eher als kontaktschwache Stubenhocker darstellen und weder dem Leitbild eines menschenfreundlichen Praktikers noch eines umweltoffenen Ordinarius entsprechen. Er ist mit dem Ausschußvorsitzenden der Kultusministerkonferenz der Auffassung, daß heute noch niemand weiß, ob er in der Wartezeit auf das Medizinstudium besser als eine Lehre als Metzger oder eine Ausbildung als Krankenpfleger absolvieren soll, wenn er Chirurg werden will.

Mit einem Wort: Er bildet einen neuen Typ von Patienten in der Sprechstunde des Jugendpsychiaters: den n. c. (sprich numerus clausus) Geschädigten.

Wenn wir uns die Frage vorlegen, warum eigentlich die Schule zum führenden pathogenen Faktor für Verhaltensstörungen im Kindes- und Jugendalter geworden ist, dann sind dafür wohl mehrere Gründe anzuführen. Zunächst haben wir es mit einer veränderten Einstellung großer Bevölkerungsgruppen der Schule gegenüber zu tun: Wenn Homburger vor 50 Jahren beklagt, daß eher eine Unter- denn eine Überforderung der Schulsituation vorlag und damit den Stellenwert »Schule« der 20er Jahre beschreibt, dann hat sich diese Situation prinzipiell geändert: Der Institution Schule wird heute ein Maß an Aufmerksamkeit und Bedeutung zugemessen, das schwerlich übertroffen werden kann. Ja, es gibt Familien, in denen die Schule zum bevorzugten, ja fast ausschließlichen Gesprächsthema geworden ist. Nicht nur Klassenarbeiten, Positionierungen und die Versetzung, sondern schulische Belanglosigkeiten werden mit Verve und Ausdauer in immer neuen Varianten durchgespielt. Mit großer Selbstverständlichkeit verbringen Mütter über Jahre ihre Nachmittage und Abende mit der Beaufsichtigung, Kontrolle und Mithilfe für Schularbeiten und solidarisieren, ja identifizieren sich mit ihrem Kind. Das Phänomen mutet fast wie eine kollektive neurotische Opferhaltung der bundesrepublikanischen Mutter der 60er und 70er Jahre an. Diese Entwicklung wurde durch die Massenmedien angestoßen, durch die Zielvorstellungen der politischen Parteien in ihren Reformprogrammen – »Aktivierung der Bildungsreserven« – unterstützt. Sie wurde weiter durch die unmittelbare Erfahrung verstärkt, daß – trotz zureichender Intelligenz, wie der tägliche Umgang mit dem eigenen Kinde auswies – unerwartet Lernstörungen auftreten, mit denen die Eltern, begünstigt durch veränderte Unterrichtsstrategien, nicht allein fertig wurden. Diese Situation hat sich – unter dem Eindruck der veränderten Wirtschafts- und Arbeitsmarktlage – in den letzten Jahren eher noch verstärkt.

Wenn 1960 nur jedes 12., 1969 aber schon jedes 5. und derzeit fast jedes 3. Kind wegen Schulschwierigkeiten in die ambulante Sprechstunde des Kinderpsychiaters gebracht wird, wie Klosinski, Lempp und Müller-Küppers in einer vergleichenden Untersuchung für Tübingen und Heidelberg zeigen konnten, dann ergibt sich ein weiterer Ansatz, der uns das Ansteigen besser verstehen läßt.

Die zitierte Untersuchung zeigte, daß gleichzeitig sozial relevante Verhaltens- und Befindensstörungen auftreten, aber auch Erziehungsschwierigkeiten, Aggressivität, motorische Unruhe, Angstzustände und Sprachstörungen. Die genauere Untersuchung führte nun zu einem überraschenden Ergebnis: Die beiden ähnlich strukturierten Kinderpsychiatrischen Abteilungen hatten – auf dem Hintergrund wiederum ähnlicher soziologischer Bedingungen einer Universitätsstadt – fast identische Untersuchungsergebnisse: Die Diagnose einer cerebralen Dysfunktion wurde in Tübingen in 42,7 %, in Heidelberg in 43,7 % der Knaben gestellt. Die absoluten Prozentzahlen aus einem Gesamtkollektiv für beide Kliniken von 2451 Patienten lautete für die Tübinger Mädchen 36,2 % und für die Heidelbergerinnen 37,4 %.

Schulschwierige Kinder zeigten im Vergleich zu jugendpsychiatrisch auffälligen Kindern ohne Schulschwierigkeiten signifikant gehäuft motorische Unruhe, Konzentrationsstörungen und häufiger Erziehungsprobleme, als die übrigen jugendpsychiatrisch untersuchten Kinder. Die Daten konnten durch eine zusätzliche Vergleichsgruppe der Tübinger Klinik mit unausgelesenen normalen Schulkindern erhärtet werden.

Damit sind wir bei dem vielfältig zitierten Teilbereichsausfällen und Teilleistungsschwächen, die die Lernfähigkeit – z. B. auf dem Gebiet der optischen Erfassung oder der akustischen Diskriminierung bzw. der visuo-motorischen Leistungsfähigkeit beeinträchtigen, während andere Bereiche ungestört sind, angelangt.

Es kommt zu den bekannten Phänomen des Schulversagens bereits bei scheinbar so einfachen Leistungen wie die des Lesen- und Schreibenlernens. Die Mißerfolgserlebnisse haben Kommunikationsstörungen mit der Umwelt zur Folge; die Beziehungen zur Leistungsmotivation werden beeinträchtigt und damit ist die sekundäre Neurotisierung bereits erfolgt.

Es besteht ein hinreichender Verdacht, daß die Einführung neuer Lernmethoden einen gewissen Prozentsatz von Versagenszuständen bei Schulkindern mitverursachen. Die erhofften Lernerfolge sind nicht eingetreten. Manche Schulprobleme haben sich auf spätere Altersklassen verschoben. Im einzelnen muß gegen die modernen Unterrichtsmethoden eingewandt werden, daß sie nicht alle Bereiche motorischer, sensomotorischer, sprachlicher, emotionaler und sozialer Entwicklungsabläufe fördern. Die Beanspruchung erfolgt vielmehr einseitig optisch und akustisch ohne Berücksichtigung der Tatsache, daß diese perzeptiven Leistungen bei einem nicht geringen Teil der Kinder gestört ist. Weiter wird bei einigen Unterrichtsmethoden die Stimulation der Sensomotorik unzureichend geübt, so daß deren bahnender Lerneffekt nicht genutzt werden kann. Das Ausbleiben des Übungseffektes führt zu geringerer Übungsdichte. Die Kinder haben unzureichend die Möglichkeit, das Erlernte zu festigen und müssen zu große Lernschritte durchführen.

Lassen Sie mich daher noch ein Wort zur Methodik sagen:

Die Ganzheitspsychologie ging davon aus, daß »das Prinzip der Zusammengesetztheit schlechthin ausnahmslos durch das Prinzip der psychologischen Ganzheit ersetzt« wird. »Jedes seelische Einzelleben ist ursprünglich . . . nur seelisches Ganzes.« Bei der Ganzheitsmethode soll »zunächst überhaupt nicht von . . . Teilen gehandelt, geschweige denn lautiert, syllabiert oder buchstabiert werden, ehe das erlebte Ganze des gelesenen und geschriebenen Wortes dies verträgt«. Die Ganzheitsmethode geht erst dann zur Analyse über, »wenn im Bewußtsein des Kindes die Elemente des Wortes dafür reif geworden sind«. »Das ist der Fall, wenn das Kind entdeckt, daß in den geschriebenen oder gedruckten Worten gewisse ihm auffallende Teilgestalten wiederholt auftreten.« Dies soll etwa in der 11. Woche des Lesens der Fall sein. »Das Kind selbst erkennt das Zeichen als Lautzeichen und erkennt das Lautzeichen als Buchstaben.« Die Ganzheitspsychologen betonen aber, daß seelische Entwicklung nicht vom Ganzen zu den Teilen, wie auch nicht von Teilen zum Ganzen geht, »sondern von Ganzen zu Ganzen anderer Art und größerer Kraft«.

Nun kann sicherlich kein Zweifel daran bestehen, daß das Aufkommen der Buchstabenschrift über die Silbenschrift aus der Bilderschrift zu den großen Entwicklungsschritten des Menschen gehört, die der Entdeckung des Rades und der Beherrschung des Feuers gleichzustellen sind. Verlangt man nicht zuviel von den Kindern, wenn man von ihnen erwartet, daß sie den Schritt vom gesprochenen Wort zum Buchstaben selbst vollziehen? Der Buchstabe ist dabei die einfachere Ganzheit, das Wort die höhere, wenn man an das Schreiben und Lesen denkt. Nur in der gesprochenen Sprache ist das – jeweils durch Aussprache und Dialekt gefärbte – Wort die einfachere Ganzheit. Die Ganzwortmethode nützt sicherlich dem Sprechen, für das Erlernen des Schreibens und Lesens erscheint sie dagegen nachteilig, denn sie widerspricht geradezu der Forderung der Ganzheitspsychologen, daß man von der geringeren Ganzheit zur Ganzheit größerer Kraft fortschreiten soll. Sicherlich ist die Schreib-Leseschwäche keine einheitliche Teilleistungsschwäche und wir tun außerdem gut daran, auch nicht mehr von diesem Syndrom vorgeben zu wissen, als wir heute belegen können. Es scheint aber auch kein Zweifel zu sein, daß ein Krankheitsbild, das in der letzten Dekade des 19. Jahrhunderts erstmalig beschrieben wurde, gerade in dem Augenblick eine so große soziale Bedeutung, ja man ist fast geneigt zu sagen »Volkstümlichkeit« bekommen hat, in der auch die Schule nach dem Prinzip der Ganzheitsmethode unterrichtete und dabei durchaus erfreuliche Fortschritte bei der Mehrzahl der Schüler feststellen konnte. Erst vom Jahre 1960 an können in den einschlägigen Lehrbüchern erste und nunmehr in den folgenden Jahren gehäufte Hinweise auf diese Teilleistungsschwäche, deren Differenzialdiagnose nicht immer ganz einfach ist, unter dem Stichwort Legasthenie, Schreib-Leseschwäche, reading-disability etc.,

gefunden werden. Gleichzeitig werden Legasthenikerschulen, -klassen, -fibeln und -beratungsstellen eingerichtet, und es tauchen in den Sprechstunden die ersten »Legastheniker« auf, die keine mehr sind. Auf jeden Fall ist das Selbstwertgefühl dieser Kinder, die in der Schule erleben, daß diejenigen besser sind, die zwischen Hase und Hose besser raten können, gestört. Korrespondierende Erfahrungen beginnen wir auch mit der »neuen Mathematik« zu machen und es erhebt sich eigentlich die Frage, warum wir Ärzte nicht einer Schulverwaltung gegenüber beharrlicher darauf bestehen, daß Änderungen der Methodik erst dann zulässig sind, wenn sie nachweislich Fortschritte für alle und nicht einen Rückschritt für wenige bedeuten.
Die Änderung unserer Schulstruktur hat weitere Probleme gebracht, die immer dann auftraten, wenn Jugendliche frühzeitig in die Sozialrolle der Erwachsenen eintreten können. Anstatt ein Lehrverhältnis zu beginnen, verbleiben die Jugendlichen in weiterführenden Schulen, verharren in familiärer Unselbständigkeit und Abhängigkeit. Unter diesen Jugendlichen befindet sich ein entsprechender Anteil mit Teilleistungsschwächen, die ihre Mißerfolgserlebnisse perpetuieren. Das Schulversagen mit den sozialen Folgeerscheinungen bis zur Kriminalität – Weinschenk hat auf die vergleichsweise hohe Quote von Legasthenikern unter den Strafgefangenen hingewiesen – folgt mit einer gewissen zwingenden Konsequenz.
Und vielleicht noch ein Letztes: Nicht nur im schulischen Bereich hat sich der Leistungsbegriff im letzten Jahrhundert in charakteristischer Weise verändert: Die Schule hat sich von einem Ort, wo es Gelegenheit gibt, für das Leben Nützliches und Wichtiges zu erleben, zu erfahren, zu lernen, zu einem Ort entwickelt, wo ein Pensum erfüllt, ein Klassenziel erreicht, Leistungen erbracht werden müssen. Bei genauerer Besichtigung der Szene müssen wir aber feststellen, daß diese Situation bereits im Kindergarten, ja in der Familie beginnt, und vielleicht ist auch der eine oder andere unter uns, der die Vorschulerziehung für eine förderungswürdige Sache hielt oder hält. Sollten wir nicht aber selbstkritisch feststellen, daß die Entwicklung der emotionalen Bereiche eine noch elementarere Forderung ist? Eine ungestörte Lern- und Arbeitssituation setzt die Abdeckung dieser Primärbedürfnisse voraus. Dazu gehört die Spiel- und Kontaktfähigkeit, das soziale Lernen und nicht die Frühlesemethode, die Arbeitsmappe und der ganze quasi schulische Apparat.
Um die Reihe der kinderpsychiatrischen Forderungen zum Thema Psychische Gesundheit und Schule fortzusetzen, ist die Vermehrung von Schul- und Sonderschulkindergärten zu nennen. Auch den mehrfach behinderten Kindern sollten konkretere Bildungsangebote gemacht werden können.
Der schulpsychologische Dienst, der in der Großstadt mäßig und gerade auf dem flachen Lande überhaupt nicht funktioniert, kann eines großzügigen Ausbaus mit erfahrenen – möglichst auch klinisch vorgebildeten Psychologen – nicht entbehren. Desgleichen scheint die Forderung nach dem Schulpsychiater, wie er in den skandinavischen Ländern bekannt ist, eine angemessene Reaktion auf die derzeitigen Schwierigkeiten zu sein.
Wir benötigen Hilfen für verhaltensgestörte Schüler im schulischen Bereich. Die Ausgliederung aus dem Schulverband oder die Einweisung in eine Sonderschule für Lernbehinderte – in Ermangelung einer Klasse für Verhaltensgestörte

– stellt eine so schlechte und sozial negative Lösung dar, daß sie eigentlich nicht mehr unter der Mithilfe eines Kinderpsychiaters erfolgen dürfte.
Wir halten dafür, daß dem Lehrer Hilfen angeboten werden sollten. Denn: Auch Lehrer sind verletzliche Menschen, eingebunden in gesellschaftliche Zwänge und Vorentscheidungen. Bei der Durchführung von neuen Methoden und Lehrstrategien soll sich der Lehrer der Mithilfe psychologischer, neuropädiatrischer und kinderpsychiatrischer Beratung sicher sein.
In diesem Sinne fordern wir den Ausbau eines kinderpsychiatrischen Versorgungssystems mit differenzierten und spezialisierten Bildungsangeboten. Wir halten aber auch dafür, daß Eltern pädagogischer Hilfe nicht entraten sollten und wir sollten gemeinsam eine vernünftige Campagne gegen eine falsch verstandene Permissivität führen, die zu einer – wenn nicht **der** alten – kinderpsychiatrischen These führt: Man kann ein Kind nicht mehr ängstigen, als wenn man ihm keine Grenzen setzt.

Literatur

v. Hentig, H.: Systemzwang und Selbstbestimmung, Klett, Stuttgart, 1969.
Lenzen, H.: Stilwandel in der Schule, Luchterhand, Neuwied–Berlin (1974),
Schäfer, W.: Edelstein, W. und Becker, G.: Probleme der Schule im gesellschaftlichen Wandel. Das Beispiel Odenwaldschule, Edition Suhrkamp, Frankfurt/M., 1971.

Bernhard Hassenstein

Biologische Bedingungen psychischer Störungen im Kindes- und Jugendalter in der Sicht der Verhaltensbiologie

Die moderne Verhaltensbiologie entstammt – historisch gesehen – vorwiegend aus zwei Wurzeln: der Ethologie und der Lerntheorie. Die Ethologie (= Tierpsychologie) – die bekanntesten Namen sind hier die von Konrad Lorenz und Niko Tinbergen – hat sich in Europa entwickelt und ist aus der Zoologie hervorgegangen. Die Lerntheorie (= Behaviorismus) – hier wird am häufigsten B. F. Skinner genannt – entstand in den USA und hat sich aus der Psychologie entwickelt. Ethologie und Behaviorismus haben einander ursprünglich heftig befehdet. In der Form, in der ich Ihnen die Ergebnisse der Verhaltensbiologie vorstellen will, können die theoretischen Widersprüche zwischen Ethologie und Lerntheorie jedoch als bereinigt gelten. Das wichtigste theoretische Mittel hierfür besteht darin, daß man mit rein funktionell definierten Begriffen arbeitet, die man – wenn man will – in mathematischer Formelschrift oder in Funktionsschaltbildern darstellen kann. [1] Von diesem Darstellungsmittel werde ich im folgenden in ganz einfacher Form Gebrauch machen.

Wenn man Begriffe und Gesetzmäßigkeiten der Verhaltensbiologie in solcher Form handhabt, kann man fragen: Lassen sich vielleicht manche Verhaltensabweichungen und psychische Störungen von Kindern und Jugendlichen als Ausdruck von verhaltenssteuernden Mechanismen verstehen, die der Verhaltensbiologie bereits bekannt sind? Dies ist eine Teilfrage der übergeordneten Frage nach der Anwendbarkeit von verhaltensbiologischen Ergebnissen auf den Menschen. Was hier streng vermieden werden muß, ist kritikloses Übertragen tierpsychologischer Forschungsergebnisse auf den Menschen etwa nach dem Schema: »Beim Rhesusaffen gilt Gesetz A, deshalb gilt es auch für den Menschen.« Vielmehr erfolgt die Anwendung der Kenntnisse der Verhaltensbiologie auf den Menschen im Prinzip stets nur in zwei Schritten:

1. Abstrahieren von Funktionsprinzipien aus Beobachtungen an Tieren und deren Beschreibung in abstrakter Sprache.
2. Stellen der gesonderten Frage, ob entsprechende Prinzipien der Verhaltenssteuerung auch beim Menschen vorkommen. Diese Frage ist nur am Menschen nachprüfbar.

Eine zusätzliche Frage lautet: Was meinen wir damit, wenn wir sagen, das Verhalten des Menschen sei biologisch mitbestimmt? Die Antwort lautet: Wenn Tiere einer entstehenden Verhaltenstendenz mit ihrem Verhalten folgen, so können nach gleichen Gesetzmäßigkeiten zwar auch beim Menschen biologisch bedingte Verhaltenstendenzen aufkommen; aber der Mensch ist ihnen oft nicht hilflos ausgeliefert, sondern er kann sie unter Umständen mit seinem Willen unterdrücken oder in andere Richtung lenken. Gegenstand der Verhaltensbiologie sind somit **beim Tier** im wesentlichen biologisch bedingte Verhaltens**weisen**, **beim Menschen** dagegen biologisch bedingte Verhaltens**tendenzen**, bei welchen ihm vielfach die Freiheit bleibt, ihnen zu folgen oder ihnen nicht zu folgen.

Im Teil A werden 7 verhaltenssteuernde Teilsysteme aus dem Bereich der

Verhaltensbiologie dargestellt. Im Teil B werden diese Teilsysteme angewendet zur Beschreibung und zugleich zur hypothetischen Deutung von einigen ausgewählten pathologischen Symptomen aus dem Bereich der Kinderpsychiatrie.

A. Sieben Prinzipien der Verhaltenssteuerung

Zumindest die ersten der nun zu beschreibenden Prinzipien der Verhaltenssteuerung klingen ziemlich trivial; sie werden aber interessant und aufschlußreich, wenn sie kombiniert auftreten.

A 1. Doppelte Quantifizierung

Die Intensität einer Verhaltensweise oder einer Verhaltenstendenz richtet sich nach dem Aktivierungsgrad zweier Variablen, der inneren Bedingungen und der äußeren Reizung (Abb. 1). Beispielsweise nimmt ein Organismus um so eher Nahrung auf, je stärkere positive Reize von der Nahrung ausgehen – z. B. Geruch – **und** je hungriger er ist.

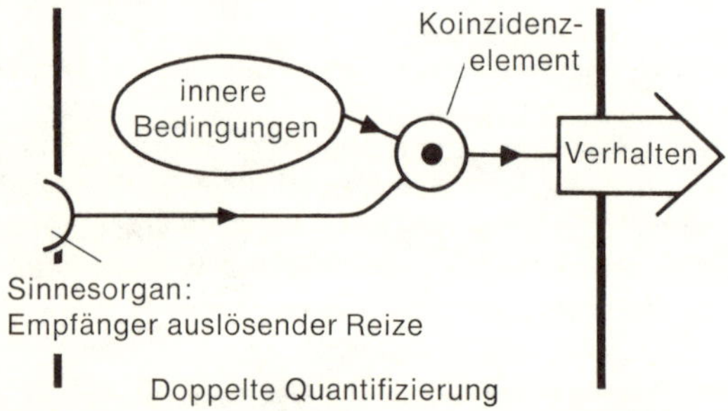

Abb. 1 Idealisiertes Funktionsschaltbild für den Tatbestand, daß Ablauf und Intensität vieler Verhaltensweisen von **zwei** Variablen abhängen, von auslösenden Reizen und inneren Bedingungen. Die Sinneselemente übersetzen physikalische oder chemische Größen in den organismeneigenen Signalcode. Die Instanz »innere Bedingungen« ist definiert als Träger derjenigen inneren Zustandsvariablen, die die Reaktionsstärke auf äußere Reize bestimmt (oder auch spontanes Verhalten in Gang setzt); sie ist selbst von anderen Variablen, z. B. Hormonspiegel, abhängig. Koinzidenzelement = Funktionsglied mit 2 Eingängen und einem Ausgang, das nur beim gleichzeitigen Eintreffen von Signalen aus beiden Eingangskanälen selbst Signale aussendet; der Signalausstrom ist von beiden Eingangs-Signalströmen abhängig, ohne daß dabei eine **bestimmte** Verrechnungsweise vorausgesetzt wäre.

Dieses Prinzip hat zwei Konsequenzen:

1. Ein und dieselbe Verhaltensintensität kann herrühren von starkem Reiz und schwacher innerer Motivation oder von schwachem Reiz und starker innerer Motivation. Reize und innere Bedingungen können sich also in ihrer Auswirkung auf das Verhalten zum Teil kompensieren.
2. Je stärker ein Drang ist, desto schwächer können die auslösenden Reize sein, desto weniger selektiv ist also der Organismus in der Auswahl der Reize,

d. h. desto eher neigt er zur **Ersatzbefriedigung**, zur Befriedigung durch nicht adäquate Reize.

A 2. Extremwertdurchlaß

Bei Tieren und auch beim Menschen können mehrere Verhaltenstendenzen zugleich angeregt sein – etwa Hunger, Furcht und Schlafbedürfnis – und doch äußert sich zu jeder Zeit meist nur eine von ihnen im Verhalten. Sofern die Entscheidung hierüber bereits im Rahmen der zentralnervösen Steuerung fällt (in der Tat ist »peripherer Wettstreit« eher die Ausnahme), spricht man von einem Teilsystem »Extremwertdurchlaß« (Abb. 2 oben), falls folgendes erfüllt

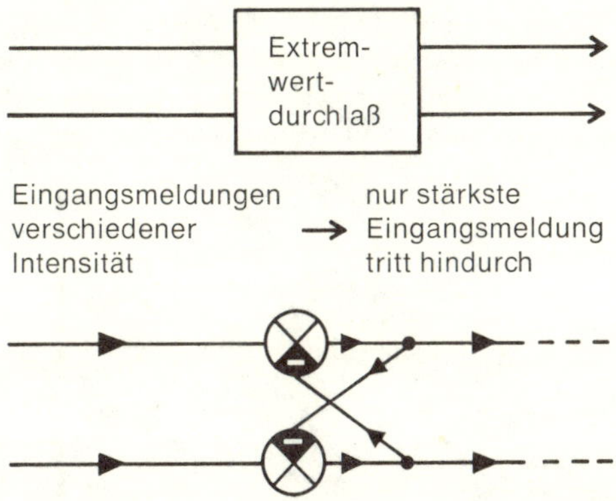

Abb. 2 Extremwertdurchlaß. Darstellung des Funktionsprinzips und seiner einfachsten Verwirklichung. An den schwarzen Sektoren mit weißem Minuszeichen wird der Betrag der dort eintreffenden Signalströme **subtrahiert**, so daß nach rechts die **Differenz** beider Signalströme weitergemeldet wird. Doch kann diese Meldung nicht kleiner als null werden, weil es auf Nervenfasern keine negativen Signale gibt.

ist: Von den Eingangsmeldungen (hier: Verhaltenstendenzen) geht diejenige auf ihrer Bahn hindurch, die am stärksten von allen ist; die schwächeren werden **vollständig unterdrückt**; und die stärkste, die sich durchsetzt, kommt **ohne Abschwächung** zum Ausdruck. Ein solches Teilsystem der Verhaltenssteuerung ist nur denkbar, wenn jede signalleitende Bahn auf die anderen eine Hemmung ausüben kann. Die eben genannten funktionellen Bedingungen – daß die stärkste ungeschwächt hindurchgeht und die schwächeren völlig blockiert werden – sind durch eine bestimmte Verschaltung leicht realisierbar, die **laterale Rückwärtsinhibition** (Abb. 2 unten). Sie besagt folgendes: Wenn jedes Kommando nicht nur weitergeleitet wird, sondern zuvor alle anderen Kommandos von ihm subtrahiert werden, so folgt daraus zwingend als Systemerscheinung, daß jeweils allein das stärkste Kommando ungeschwächt hindurchtritt und alle anderen verschwinden.
Wechselseitige Hemmung kommt im Organismus an mehreren Stellen vor, u. a. dort, wo verschiedene Verhaltenstendenzen aktiviert sind, aber nur eine von ihnen im Verhalten zum Ausdruck kommt. So wird das gerade ausgeführte

Verhalten nicht durch anders gerichtete Verhaltensweisen gestört. Der periphere Wettstreit zwischen zugleich aktivierten Verhaltensweisen wird hierdurch vermieden.

Dieses Prinzip, an sich recht trivial, wird interessant, sobald man es in Kombination mit dem erstgenannten Prinzip sieht. Das kombinierte System (Abb. 3) verwandelt ein Nebeneinander zugleich aktivierter Verhaltenstendenzen in ein Nacheinander der dazugehörigen Verhaltensweisen; denn nachdem sich eine Verhaltensweise durchgesetzt hat, sinkt ja im Zusammenhang mit ihrer Durchführung der Antrieb zu ihrer Weiterführung, und eine andere Verhaltensweise kann auf den Plan treten. So kommt jede Verhaltensweise jeweils dann zum Durchbruch, wenn sie – auf Grund der Reiz- und der Antriebssituation – stärker als alle anderen aktiviert ist.

Im Zusammenhang mit diesem höchst sinnvollen Teilsystem der Verhaltenssteuerung sei zum ersten Mal auf etwas Pathologisches hingewiesen: Wenn eine Verhaltenstendenz – beim Tier oder beim Menschen – überstark aktiviert ist, z. B. Angst, so können andere Verhaltenstendenzen sich gegenüber dieser

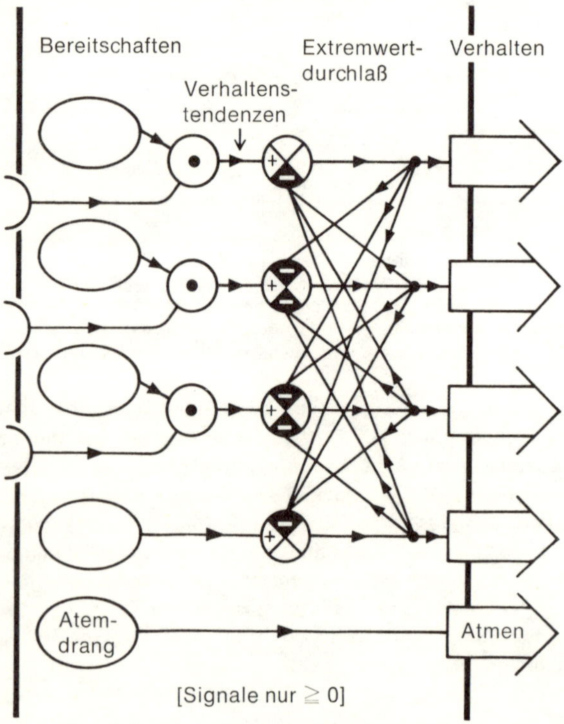

Abb. 3 Vereinfachtes idealisiertes Funktionsschaltbild für ein Teilsystem der Verhaltenssteuerung, das aus einem Nebeneinander vieler Verhaltenstendenzen ein Nacheinander der Verhaltensweisen je nach ihrer aktuellen Wichtigkeit macht. Einzelheiten bei Abb. 1 und 2, aus denen diese Abbildung kombiniert ist.

stark aktivierten erst dann durchsetzen, wenn sie selbst eine ungewöhnliche Stärke annehmen. Eine einzige überstark aktivierte Verhaltenstendenz läßt damit das **Gesamt**system des Zusammenwirkens auf einem höheren Aktivierungspegel arbeiten, und der Umschlag zwischen den Verhaltensweisen wird abrupter sein, als wenn alle Verhaltenstendenzen ein mittleres Niveau der Aktivierung einhalten.

A 3. Antriebsaktivierung und Bewegungsdrang

Ein drittes aus der Verhaltensbiologie heranzuziehendes Prinzip lautet: Aktivierte biologische Antriebe bedingen bei Abwesenheit der dazugehörigen auslösenden Reize und bei fehlender Gelegenheit zur Antriebsbefriedigung **gesteigerten Bewegungsdrang**. Es besteht also ein Zusammenhang zwischen der Aktivierung biologischer Antriebe, dem Nicht-Vorhandensein auslösender Reize und auftretendem Bewegungsdrang.
Wenn ein Antrieb, z. B. Hunger, beim Tier aktiviert ist, und es ist kein auslösender Reiz für die Durchführung des Verhaltens da, so wird das Tier aufgeweckt, wird motorisch unruhig und sucht nach dem, was seinen Hunger stillen könnte. Sobald das zunächst ungerichtete Suchen zur Begegnung mit einem entsprechenden Reiz führt, schlägt das Verhalten um: Das Lebewesen nähert sich, zielt diesen Reiz an. Wenn es sein Ziel erreicht, z. B. ein Beutetier, so fangen wieder neuartige Verhaltensweisen an: das Zerreißen, das Töten und das Verschlingen. Hier bedingt also derselbe aktivierte Antrieb bei unterschiedlicher Reizsituation verschiedenes Verhalten. Wenn aber noch kein Reiz vorliegt, der gerichtetes Verhalten auslösen kann, so wird nur ungerichtetes Suchen verursacht, das mit allgemeiner Bewegungsaktivität gekoppelt ist.

A 4. Bedingte Aktion

Das Prinzip der **bedingten Aktion** beschreibt eine Form des Lernens: Folgt ein- oder mehrmals auf ein bestimmtes Verhaltenselement eine Belohnung in Form einer Antriebsbefriedigung, so verknüpft sich der durch die Belohnung befriedigte Antrieb mit dem Verhaltenselement und stellt es in seinen Dienst. Ein Beispiel aus der täglichen Erfahrung: Ein Hund läßt sich zum »Männchenmachen« dadurch dressieren, daß man dieses Verhalten belohnt; nun verwendet der Hund, wenn er etwas haben will, das Verhaltenselement »Männchen-machen«. Dieses Prinzip entspricht etwa dem sogenannten operant conditioning von Skinner, ist aber verhaltensbiologisch interpretiert und ergänzt.

A 5. Bedingte Appetenz

Es handelt sich hier um das Lernen eines Zusammenhangs zwischen Wahrnehmung und Appetenzverhalten; Appetenzverhalten ist Anstreben einer wahrgenommenen Reizquelle auf Grund eines aktivierten Antriebes. Ein Beispiel aus der Tierwelt: Eine Biene, die auf einer blauen Blüte Nektar gefunden hat, fliegt danach bevorzugt blaue Blüten an. Bei der Bildung einer bedingten Aktion (A 4) verknüpft sich – auf Grund von Erfahrungen – ein **Antrieb** mit einem neuen

Verhaltenselement; im Fall der bedingten Appetenz bildet sich ebenfalls eine neue Assoziation, diesmal aber zwischen einem **Reiz** und dem zu einem bestimmten Antrieb gehörenden **Appetenzverhalten**.
In der Lernpsychologie unterscheidet man sinngemäß zwischen »Lernphase« und »Kannphase«. Wie diese beiden Phasen im Fall der bedingten Appetenz miteinander zusammenhängen, zeigt folgendes Schema:

Lernen aus guter Erfahrung

Lernphase		Kannphase
Auf Wahrnehmung W folgt Befriedigung eines Antriebs A	→	Wahrnehmung W wird zum Ziel der Appetenz des Antriebs A

A 6. Individuelle Mutter-Kind-Bindung

Die individuelle Bindung zwischen Kind und Mutter entsteht durch einen Lernvorgang. Wo dieser Lernvorgang bei Tieren zu einer nicht wieder aufhebbaren irreversiblen Bindung führt, bezeichnet man ihn als »Prägung«. Für den menschlichen Säugling kann man, solange keine genaueren Kenntnisse über die Natur seiner Bindung an die Bezugspersonen vorliegen, in vorläufiger Weise von »prägungsähnlichem Lernen« sprechen.
Der zur individuellen Bindung mit seinen Bezugspersonen führende Lernprozeß des Säuglings (und Kleinkindes) hat eine Besonderheit: Die Bezugspersonen bekommen für das kleine Kind die Eigenschaft einer **Zuflucht vor Gefahren,** unabhängig davon, ob oder wie oft diese Personen das Kind während der Lernphase tatsächlich vor drohenden Gefahren behütet haben. Nach Abschluß des Lernprozesses erzeugt die Abwesenheit der Bezugspersonen in einer fremden Umgebung Angst, auch wenn das Kind in dieser Umgebung noch nie etwas Schlimmes erlebt hat. Diese Form des Lernens kombiniert also ohne Zutun schlechter Erfahrungen die Qualität »bekannt« (d. h. »erlernt«) mit »angstfrei« und die Qualität »fremd« (d. h. »unbekannt«, »nicht erlernt«) mit »ängstigend«. Dies unterscheidet den Lernprozeß, der zur individuellen Bindung führt, auch von der bedingten Appetenz: Ein Antriebsbereich, der nach abgeschlossenem Lernprozeß (in der »Kannphase«) von großer Bedeutung ist, spielt in der **Lern**phase keine entscheidende Rolle: Die als Ergebnis der vollzogenen Bindung entstandene Eigenschaft der Bezugsperson, durch ihre Anwesenheit Angst zu beschwichtigen, wird nicht als solche erlernt, sondern tritt zum Lernergebnis hinzu.

Prägungsähnliches Lernen des Säuglings

Lernphase		Kannphase
Häufige Wahrnehmung einer und derselben Person M	→	Nur Person M gibt Sicherheit und stillt Angst

In diesem Schema besteht dementsprechend im Vergleich zum vorangegangenen Abschnitt (»bedingte Appetenz«) das unterscheidende Merkmal darin, daß das Wort »Angst« wohl unten bei der Kannphase, nicht aber oben bei den unentbehrlichen Bedingungen der Lernphase zu finden ist. – Die wichtigste Aussage an dieser Stelle lautet: Das Knüpfen einer individuellen Bindung bestimmt für Säugling und Kleinkind zugleich den- oder diejenigen Partner, deren Anwesenheit ihm emotionale Sicherheit und Angstfreiheit gewährt.
Wenn man ein sonst auf Kontakt mit Elterntieren angewiesenes Lebewesen künstlich ohne Kontakt mit einem Partner (als »Kaspar Hauser«) aufzieht, so ist es eines der Hauptsymptome an diesem so aufgezogenen Lebewesen, daß auch ohne in der äußeren Situation liegende Gründe die Bereitschaft zu Angst und Flucht außerordentlich erhöht ist. Der Grund liegt darin, daß keine individuelle Bindung durch einen Lernprozeß geschlossen wurde. Diese Form des Lernens bestimmt diejenige Situation, bei der sich das betreffende Lebewesen sicher fühlt: ein Lernprozeß, bei dem in der Kannphase etwas dazukommt, was in der Lernphase nicht gegenwärtig zu sein braucht.

A 7. Erkunden / Wißbegierde / Spielen / Nachahmen

Ein vielfältiger Verhaltenskomplex kann bei Tierjungen den Lebensabschnitt zwischen der völligen kindlichen Abhängigkeit und der Geschlechtsreife erfüllen: **aktiver Erfahrungserwerb** durch **Erkunden / Wißbegierde / Spielen / Nachahmen**. Die hierher gehörenden zahlreichen unterschiedlichen Verhaltenstendenzen bzw. Verhaltensweisen haben eine gemeinsame innere Triebfeder und eine gemeinsame Funktion: das Einspeichern von Erfahrungen mit möglichem zukünftigen Nutzen in die Wege zu leiten und zu fördern. Die Verhaltensweisen Erkunden / Wißbegierde / Spielen / Nachahmen sind besonders leicht unterdrückbar durch Angst. Die Psychologie drückt dies aus durch den Satz: »Spielen erfolgt nur im entspannten Feld«; das gilt aber nicht nur für das Spielen, sondern auch für das Erkunden, die Wißbegierde und das Nachahmen. Die Unterdrückbarkeit ist folgendermaßen zu deuten: Für ein auf Zukunftsnutzen zugeschnittenes Verhalten wäre es biologisch nicht sinnvoll, wenn es mit aktuell notwendigem Verhalten wie Flucht oder Nahrungsaufnahme konkurrieren würde. Es erfüllt seinen Zweck am besten, wenn es die von anderen Notwendigkeiten freibleibenden Zeiträume ausfüllt. Dies wird erreicht durch einen eigenen Antrieb, dessen Ausdruck im Verhalten aber leicht unterdrückbar ist durch Angst und alle anderen stark aktivierten Verhaltenstendenzen.

B. Ausgewählte psychopathologische Symptome

Nach der Skizzierung von 7 theoretischen Konzepten der Verhaltensbiologie folgt nun die Beschreibung und zugleich hypothetische Deutung von einigen ausgewählten pathologischen Symptomen aus dem Bereich der Kinderpsychiatrie. Der Sinn dieser Ausführungen kann nicht darin liegen, auf Anhieb die Richtigkeit der vorgeschlagenen Deutungen nachzuweisen; dies wäre bei der Neuartigkeit der Fragestellung und bei der gebotenen Kürze der Darstellung kaum möglich. Es soll lediglich deutlich werden, daß es sinnvoll sein kann, verhaltensbiologische Konzepte auf kinderpsychiatrische Fragestellungen anzuwenden. Ausführliche Darlegungen der folgenden Themen finden sich in [1]

B 1. Stereotypien deprivierter Säuglinge

Beim Fehlen konstanter Bezugspersonen erscheinen bei Säuglingen und Kleinkindern vermehrte Stereotypien (Jaktationen) als Teil des Deprivationssyndroms. [2] Hier wären 3 Einzelfragen zu formulieren:

1. Wie kommt es als Auswirkung von fehlenden Wahrnehmungen oder von fehlenden Lernprozessen zu ganz neuen Bewegungsweisen, die beim Normalkind höchstens in Spuren auftreten?
2. Woher stammt der überschüssige Bewegungsdrang, der sich in den Stereotypien äußert?
3. Von Kind zu Kind sind die stereotypen Bewegungen vielfach unterschiedlich, beim Einzelkind bleiben sie aber weitgehend konstant. Was für Lernprozesse sind hier denkbar, die trotz weitgehend übereinstimmender Umwelt bei jedem Kind anders verlaufen können?

Ich nenne nun die möglichen Antworten in stark vereinfachter Form, und zwar in 3 Folgerungsschritten:

1. Für gesteigerten Bewegungsdrang nannte ich im Abschnitt A 3 eine mögliche Ursache: Aktivierte Antriebe bei Abwesenheit der auslösenden Reize und mangelnder Gelegenheit zur Antriebsbefriedigung. Ist bei deprivierten Säuglingen ein aktivierter, nicht befriedigter Antrieb anzunehmen?

Dies ist der Fall: Es handelt sich um das frühkindliche Kontaktbedürfnis, dessen hoher Aktivierungsgrad sich u. a. durch das stundenlange Kontaktruf-Weinen deprivierter Säuglinge kundtut. Dieser aktivierte, aber unbefriedigte Antrieb kommt demnach in verhaltensbiologischer Sicht als unmittelbare Quelle des überschießenden Bewegungsdranges in Frage.

2. Dieser verstärkte Antrieb würde zugleich – nach dem beschriebenen Prinzip der heterogenen doppelten Quantifizierung (A 1) – die Bereitschaft erhöhen, mit Ersatzbefriedigungen vorlieb zu nehmen, d. h. er würde die Selektivität für die antriebsbezogenen Reize herabsetzen.

Welche Wahrnehmungen gehören nun zum frühkindlichen Kontaktbegehren und befriedigen es? Allgemein ausgedrückt: Anwesenheitssignale von Bezugspersonen. Darunter befinden sich einige ohnehin sehr unspezifische Signale, z. B. unregelmäßiges oder regelmäßiges Bewegtwerden und körperliche Berührung. Es ist hiernach denkbar, daß auch solche Reize, die der Säugling durch seine Bewegung selbst erzeugt, einen Befriedigungsaspekt für ihn bekommen und ihn von einem kleinen Teil seiner Verlassenheitsangst entlasten. Der Grund hierfür wäre – wie gesagt – die abnehmende Selektivität des Ansprechens auf Reize bei gesteigertem Antrieb.

3. Befriedigung eines Bedürfnisses kann zugleich die Belohnung für ein vorangegangenes Verhalten sein (Abschnitt A 4). Der eben beschriebene Belohnungscharakter von unspezifischen Wahrnehmungen auf Grund eigener Bewegungsaktivität läßt Lernprozesse verständlich werden, die bei verschiedenen Säug-

lingen zu unterschiedlichen stereotypen Bewegungen führen können: Nach dem oben beschriebenen Prinzip der bedingten Aktion würde jeweils gerade diejenige Bewegung erlernt werden und sich daraufhin wiederholen müssen, bei der der Säugling **erstmalig** den Anflug einer Entlastung verspürte; das kann von Kind zu Kind eine verschiedene Bewegung sein.
Somit würden sich die Stereotypien von deprivierten Säuglingen zwanglos verständlich machen lassen durch das Zusammenwirken dreier bekannter verhaltensbiologischer Prinzipien:
- verstärkter Bewegungsdrang infolge eines unbefriedigten triebbedingten Bedürfnisses,
- verringerte Selektivität bzw. verstärkte Bereitschaft für Ersatzbefriedigungen bei verstärktem Antrieb,
- zwangsläufige Lernprozesse nach dem Prinzip der bedingten Aktion.

B 2. Entwicklungsverlangsamung als Teil des Deprivationssyndroms

Wie wäre es verhaltensbiologisch zu erklären, daß sich mangelnde Bindung an bleibende Bezugspersonen verhängnisvoll auf die Verhaltensentwicklung und die spätere geistige Entwicklung von Kindern auswirkt [3], so daß man sogar von Pseudodebilität spricht? Welche Funktionszusammenhänge könnten in der Sicht der Verhaltensbiologie zwischen zwei so verschiedenen Erscheinungen wie **Bindungslosigkeit** und **Entwicklungsverlangsamung**, vor allem auch in der intellektuellen Entwicklung, vermitteln?
Sicherlich ist hier ein ganzes Bündel von Zusammenhängen wirksam. Besonders wichtig sind aber hier einerseits die überstark aktivierte Angst bei bindungslosem Aufwachsen auf Grund der eigentümlichen, tief im Biologischen verwurzelten Koppelung zwischen individuell kennengelernter Bezugsperson und Angstunterdrückung; und andererseits der Umstand, daß gerade die Gruppe der vier Verhaltensweisen des Erfahrungserwerbs aus eigenem Antrieb – Erkunden, Wißbegierde, Spielen und Nachahmen – besonders leicht durch Angst unterdrückbar ist. Diese letztere an sich biologisch sinnvolle Funktion schlägt beim Kind mit dauernder Angst-Aktivierung zum verhängnisvollen Nachteil des Kindes um, denn die Angst **blockiert den Antrieb zum aktiven Erfahrungserwerb.** Dieser liefert aber im Normalfall die Basis für alle weitere geistige Entwicklung.

B 3. Blickvermeidung bei deprivierten und autistischen Kindern

Hier soll es um eine spezielle Frage im Zusammenhang mit der Blickvermeidung bei vielen Heimkindern und autistischen Kindern gehen. Die Frage: Warum ist es vielfach unmöglich, durch freundliches Lächeln mit diesen Kindern in Kontakt zu kommen, obwohl freundliches Lächeln doch sonst als soziales Signal der zugewandten Kontaktaufnahme gelten darf?
Hiermit ist die Analyse von Formen des milieubedingt entstandenen **Autismus** von Kindern durch Niko Tinbergen [4] angesprochen, wovon jedoch nur dieser eine Aspekt zur Sprache kommt: die Blickvermeidung des autistischen Kindes auch bei freundlichem Anblicken.
Tinbergen ging von dem Faktum aus, daß das Gerade-Angeblickt-Werden bei der

Mehrzahl aller sozial lebenden Lebewesen eine ängstigende Wirkung hat. Auch beim Menschen ist diese Wirkung vorhanden, läßt sich aber kompensieren durch gleichzeitiges Lächeln, Verkleinern der Lidspalte und Hochziehen der Augenbrauen. Wenn aber ein Kind überstark verängstigt ist, so heißt das nach dem anfangs (A 1) beschriebenen Prinzip der doppelten Quantifizierung, daß seine Empfindlichkeit für drohende Anteile einer Wahrnehmung stärker gesteigert sein kann als für andere Anteile. Hiernach kann auf ein sehr verängstigtes Kind auch ein freundlich lächelndes Gesicht angstverstärkend wirken, weil darin die drohenden Komponenten immer noch wirksam sind – sie sind ja normalerweise nur kompensiert – und weil das verängstigte Kind für diese drohende Komponente überempfindlich ist. Daraufhin weicht das Kind jedem Blick, auch dem freundlich lächelnden, des Partners aus.

Nun kann man diese »Blickflucht« bekanntlich verhaltenstherapeutisch durch eine hungerinduzierte Gegendressur zu überwinden versuchen. Aber Tinbergen hat nachgewiesen, daß die von ihm untersuchten autistischen Kinder auch ein starkes Kontaktbegehren besaßen. Dementsprechend ist mindestens an drei Stellen in verschiedenen Ländern unabhängig voneinander – auch von Tinbergen – entdeckt worden, daß man zu autistischen Kindern am ehesten Kontakt herstellen kann, wenn man dabei zunächst jeden Blickkontakt mit ihnen strikt vermeidet. [5, 6]

In verhaltensbiologischer Sicht liegt hier die Deutung nahe: Die Unmöglichkeit, mit einem autistischen Kind durch freundliches Lächeln Kontakt aufzunehmen, ist **speziell** mit seiner Überempfindlichkeit gegen den latenten Drohcharakter des direkten Anblickens – und **allgemein** mit dem Prinzip der doppelten Quantifizierung zu erklären.

Unter den verhaltssteuernden Teilsystemen nannte ich im Teil A 2 den **Extremwertdurchlaß:** »Verhaltenstendenzen inneren und äußeren Ursprungs stehen zueinander im Verhältnis wechselseitiger Hemmung derart, daß jeweils nur die stärkste Verhaltenstendenz zum Ausdruck im Verhalten kommt, dies aber in ungeschwächter Intensität, während alle anderen Verhaltenstendenzen vollständig unterdrückt werden.« Wir haben so etwas wie ein »Entweder-Oder-System« vor uns. Eines der anschaulichsten Beispiele für das Teilsystem »Extremwertdurchlaß« ist nun ein pathologisches Symptom aus dem Bereich der Kinderpsychiatrie: der Jähzornanfall als Symptom der Aggressionshemmung. [7]

Auf den ersten Blick scheint ein logischer Widerspruch darin zu liegen, daß ausgerechnet Aggressions**hemmung**, also ein **Minus** an Aggression, mit Jähzorn, also der stärksten und ungehemmtesten Aggression, ursächlich zusammenhängen soll.

Dieser scheinbare Widerspruch ist jedoch folgendermaßen aufzulösen: Aggressionshemmung bedeutet, daß aggressives Verhalten angstbesetzt ist, entweder insgesamt (als Verhalten) oder lediglich gegen bestimmte Personen (»zielgehemmtes« Verhalten). Die Hemmung beruht auf der Angst vor den Folgen der Aggression. Der zugrunde liegende Lernprozeß der »erfahrungsbedingten Hemmung« wurde im Abschnitt A nicht besprochen, gehört aber wie die bedingte Aktion und bedingte Appetenz in den Bereich des »Lernens aus Erfahrung«. Die Hemmung unterdrückt das aggressive Verhalten, jedoch nicht die Aggressivität, die Bereitschaft zur Aggression als solche; im Gegenteil: Jede Erfahrung – z. B.

eine Strafe –, die die Angst vor den Folgen (und damit die Hemmung) verstärkt, kann auch die Aggressivität nur erhöhen. Dieser Erhöhung wirkt in der Folge keine Abfuhr der Erregung, keine Katharsis durch Ausführung von aggressivem Verhalten entgegen; man kann dies bildlich ausdrücken: Die Aggressivität wird nicht abgeführt, sondern »gestaut«.

Wir fragen nun nach der Natur der **angstbedingten Hemmung**: Die Hemmung bedient sich gleichsam des ohnehin vorhandenen Hemmungsmechanismus »Extremwertdurchlaß«, und dementsprechend gilt auch für sie deren »Entweder-Oder-Prinzip«: Entweder ist das Verhalten gehemmt und ganz unterdrückt, oder aber die sonst gehemmte aggressive Verhaltenstendenz erscheint – nach dem Prinzip vom Extremwertdurchlaß – in ungeminderter Intensität. Und diese Intensität ist besonders groß, weil die Aggressivität zuvor durch die Bedingungen der Aggressionshemmung sowohl angestachelt als auch gestaut worden war.

Im Phänomen des Jähzorns als Symptom der Aggressionshemmung offenbart sich somit in der Sicht der Verhaltensbiologie besonders deutlich das Funktionsprinzip »Extremwertdurchlaß«.

B 5. Enuresis

Ein großer Anteil der Enuresis-Fälle gilt als psychogen [8], nur von diesem ist im Folgenden die Rede.

Bettnässen macht den Eindruck einer Regression: Den Harn nicht halten zu können, gehört zur Lebensphase des Säuglings. Bettnässen könnte aber auch auf einem **Lernprozeß** beruhen; und zwar wäre es dann eine »bedingte Aktion« (Abschnitt A 4). Die Begriffsbestimmung dieser Form des Lernens lautet: »Folgt auf ein Verhaltenselement ein- oder mehrmals eine Belohnung in Form einer Antriebsbefriedigung, so verknüpft sich der Antrieb mit dem Verhaltenselement und stellt es in seinen Dienst.«

Der Ansatzpunkt für eine verhaltensbiologische Interpretation der psychogenen Entstehung der Enuresis läge in dem Umstand, daß das Bettnässen häufig als Reaktion auf abrupte Trennungen von der Mutter vorkommt (also bei verstärktem Kontaktbegehren) und daß immer wieder davon berichtet wird, daß Bettnässen verschwindet, wenn sich die Betreuungssituation eines Kindes grundlegend zum Besseren wendet (wenn also das Kontaktbegehren abnimmt).

Als Hintergrund für einen etwa zugrunde liegenden unerwünschten Lernprozeß käme – wie bei den Stereotypien – ein übernormal gestautes Kontaktbedürfnis in Frage. Das würde den Belohnungscharakter des einzelnen Mutterkontakt-Ereignisses besonders steigern. Würde nun bei einem solchen Säugling das Naßmachen der Windeln eine auch nur etwas längerdauernde und intensivere Betreuung nach sich ziehen, als wenn die Windeln trocken geblieben sind, so würde damit die Urinabgabe gewissermaßen »belohnt«; und wenn das einen Lernprozeß zur Folge hätte, so könnte oder müßte sich die Harnabgabe (»Verhaltenselement«) mit dem hier zugrunde liegenden Antrieb, dem Kontaktbedürfnis, assoziieren und gleichsam in dessen Dienst treten. Daraufhin könnte oder müßte eine Zunahme des Kontaktbedürfnisses durch mangelnden Mutterkontakt zum Bettnässen führen. – Warum das vorwiegend nachts geschieht, wäre eine besondere Frage, der hier nicht nachgegangen werden soll.

Die eben beschriebene Hypothese steht auch im Einklang damit, daß z. B. Tophranil als Antidepressivum die Enuresis günstig beeinflußt; dieses Mittel wirkt – außer vielleicht unmittelbar auf die Blase oder deren Innervierung – vermutlich auch dämpfend auf die Intensität des Kontaktbegehrens bei Mangelbetreuung.
Die milieubedingte Enuresis könnte hiernach also auf einem Lernprozeß beruhen, speziell auf dem Lernprozeß der bedingten Aktion, durch den sich Kontaktbedürfnis und Harnabgabe in pathologischer Weise miteinander verknüpfen.

C. Zusammenfassung und Schlußgedanken

Teil A erläuterte eine Anzahl von verhaltensbiologischen Begriffen und Funktionszusammenhängen, so das Prinzip vom Extremwertdurchlaß, das Lernprinzip der bedingten Aktion und 5 weitere.
Teil B behandelte 5 pathologische Symptome aus dem Bereich der milieubedingten Verhaltensstörungen:
- Stereotypien deprivierter Säuglinge,
- Entwicklungsverlangsamung als Teil des Deprivationssyndroms,
- Blickvermeidung bei deprivierten und autistischen Kindern,
- Jähzorn als Symptom von Aggressionshemmungen,
- Enuresis.

Diese Symptome lassen sich ganz oder zum Teil zwangslos aus bekannten verhaltensbiologischen Funktionszusammenhängen herleiten. Dabei handelt es sich um Hypothesen, die einen heuristischen Wert für die Forschung haben könnten und möglicherweise für die Diagnose, Therapie und Prophylaxe psychischer Störungen im Kindes- und Jugendalter Hinweise liefern. Bei einer größeren Reihe weiterer Verhaltensstörungen des Kindes- und Jugendalters sind ähnliche Betrachtungen möglich und durchgeführt worden. [1]
Wenn ich richtig sehe, so vermag die Verhaltensbiologie auf ihrem heutigen Entwicklungsstand hinsichtlich der Kinder- und Jugendpsychiatrie am ehesten folgendes: Aufzeigen, auf welche Weise pathologische Symptome durch die Reaktion normaler Teilsysteme der Verhaltenssteuerung auf pathogene äußere und innere Bedingungen zustande kommen könnten. Die wichtigste Rolle spielt dabei die Dynamik von Antrieben und Hemmungen sowie die Logik und Dynamik von Lernprozessen.

Literatur (Auswahl)

1 Hassenstein, B.: Verhaltensbiologie des Kindes, München (Piper) 1973.
2 Meierhofer, M. und Keller, W.: Frustration im frühen Kindesalter, Bern (Huber) 1966, 1970².
3 Pechstein, J.: Umweltabhängigkeit der frühkindlichen zentralnervösen Entwicklung, Stuttgart (Thieme) 1974.
4 Tinbergen, E. A. und N.: Early Childhood Autism – an Ethological Approach, Berlin / Hamburg (Parey) 1972.
5 Bielicki, I.: Die Psychotherapie des Waisensyndroms bei kleinen Kindern,

Jahrb. d. Psychohygiene 2, 157–170, 1974.
6 Meves, Chr.: zitiert in (1) Seite 135.
7 Dührssen, A.: Psychogene Erkrankungen bei Kindern und Jugendlichen. Göttingen (Verlag für medizinische Psychologie) 1954, 1972[8].
8 Harbauer, H., Lempp, R., Nissen, G. und Strunk, P.: Lehrbuch der speziellen Kinder- und Jugendpsychiatrie, Berlin / Heidelberg (Springer) 1971.

Martin H. Schmidt

Biologische Bedingungen psychischer Störungen aus der Sicht des Kindes- und Jugendpsychiaters

Methodische Vorüberlegungen

Mit der Thematik biologischer Bedingungen psychischer Störungen werden zunächst organische Ursachen psychiatrischer Krankheitsbilder assoziiert, sowohl genetisch determinierte als auch im Lebensverlauf des Individuums erworbene. Kritische Betrachtung fragt mit Recht, wie denn der Beweis, daß die so verstandenen biologischen Gegebenheiten wirklich Ursachen dieser Störungen sind, angetreten werden könne. Der Bereich der ätiologischen Forschung in der Kinder- und Jugendpsychiatrie – mehr noch als in der Psychiatrie generell – ist aber u. a. deswegen Schauplatz verschiedener gedanklicher und in deren Folge gesellschaftlicher Umwälzungsversuche, weil die Beweislast häufig umgekehrt wird und der Gegner einer bestimmten Hypothese belegen soll, daß sie nicht haltbar ist. Der Verfechter auch biologischer Erkrankungsursachen sieht sich damit in die Defensive gedrängt, während die Bilanz dessen, was er bei positiver Beweisführung vorzuweisen hat, neben den Belegen anderer Verursachungstheorien durchaus bestehen kann. Wenngleich wir heute teilweise über ein ausgezeichnetes psychopathometrisches und statistisches Rüstzeug verfügen, sind die methodischen Probleme der ätiologischen Forschung nicht kleiner geworden, wohl aber die Versuchung größer, sie durch aufwendige Verfahren zu verdecken.
Grund der Schwierigkeiten ist zunächst die Mehrdimensionalität der Ursachen psychischer Störungen. Aus der gerade in der Kinderpsychiatrie üblichen mehrdimensionalen Diagnostik haben sich bei kritischer Betrachtung nur wenige mehrdimensionale Therapieansätze entwickelt – wenigstens nur wenige solche, die hinreichend evaluiert wären. Unser Wissen über das Gewicht einzelner ätiologischer Faktoren, insbesondere über ihre Interdependenz, ist begrenzt; als Beispiel sei nur an die Schwierigkeiten der Intelligenzforschung erinnert, die es ja mit einem relativ gut umschriebenen psychologisch-psychiatrischen Konstrukt zu tun hat. Daß wir im gesamten Bereich der Pathogenese psychischer Störungen kaum mit additiven Verknüpfungen oder linearen Funktionen rechnen dürfen, ist akzeptiert; komplexere Modelle fehlen aber weitgehend oder werden nur selten auf klinische Fragestellungen übertragen.
Ein weiteres Hindernis stellt die zunehmend schwieriger werdende Trennung zwischen Struktur und Funktion im Bereich des Organischen dar. Bei Betrachtung des Zentralnervensystems als Substrat der psychischen Prozesse wird die Möglichkeit, daß diese Prozesse bleibende Veränderungen in den zentralnervösen Strukturen verursachen können, zwar durch Befunde verschiedener Arbeitsrichtungen nahegelegt, in Forschung und Klinik aber nur wenig berücksichtigt. Benedetti ist einer derjenigen, die darauf aufmerksam gemacht haben, daß der Blick für diese zusätzliche Dimension funktioneller Einflüsse in der Pathogenese auch in der Psychiatrie offengehalten werden muß. Von daher

ist es in einzelnen Bereichen des hier zu Besprechenden nicht sicher, ob von biologischen Bedingungen psychischer Störungen die Rede sein kann, oder ob besser von biologischen Korrelaten solcher Störungen gesprochen wird, denen man Gleichzeitigkeit in der Phänomenologie, aber nicht Kausalität zuerkennen muß.

Als drittes ist zu berücksichtigen, daß nicht nur Minusvarianten biologischer Gegebenheiten zur Krankheitsursache werden, sondern daß die Plusvarianten derselben Bedingungen bei Genese und Verlauf psychischer Störungen auch kompensatorisch wirken können. Pathogenetische und katamnestische Untersuchungen haben das etwa am Beispiel cerebraler Intaktheit und hoher Intelligenz belegt (Bochnik, Schmidt, Sundby & Kreyberg). Dieser kompensatorische Aspekt wird in der Kinder- und Jugendpsychiatrie noch wenig systematisch berücksichtigt, gerade die Beschäftigung mit ihm könnte aber wahrscheinlich wertvolle Einsichten für die Prävention psychischer Störungen vermitteln. Die Trennung biologischer und anderer Erkrankungsursachen wird durch diese zusätzliche Interferenz allerdings nicht erleichtert.

Aus der Sicht des Kinder- und Jugendpsychiaters ist die Untersuchung ätiologischer Momente zum Teil deswegen leichter, weil er viele Störungen gewissermaßen in statu nascendi erlebt, weil das Kind noch keine Primärpersönlichkeit im Sinne der Erwachsenenpsychiatrie hat. Die damit gegebene zusätzliche ätiologische Dimension des Entwicklungsstandes bereitet überall dort keine Schwierigkeiten, wo »Normdaten« für bestimmte Phänomene und Funktionen vorliegen. Das klinische Problem der Krankheitsschwelle reduziert sich für die ätiologische Forschung dann auf das der Meßbarkeit innerhalb eines Merkmalkontinuums.

Der Kliniker orientiert sich zwar nach Möglichkeit ebenfalls an ätiologischen Kategorien; wo diese nicht bekannt sind, greift er auf Syndrome oder die betroffenen Organsysteme zurück. Deshalb muß der Versuch eines Überblicks über die heute bekannten biologischen Bedingungen, die zu definierten psychischen Störungen führen können, zum einen bekannte Ursachen, zum anderen Syndrome, deren biologische Bedingtheit als gesichert gilt, aber im einzelnen nicht aufgeklärt ist, berücksichtigen. In diesem Sinne wird eine Gliederung nach genetisch determinierten oder durch Chromosomenaberrationen bedingten Störungen, nach Einflüssen der Konstitution, also des individuellen oder typischen Reaktionspotentials und Reaktionsstils im Entwicklungsverlauf, und nach Störungen auf Grund von Schädigung des Zentralnervensystems zu verschiedenen Zeitpunkten des Entwicklungsverlaufs versucht; Verschränkungen und Überschneidungen sind dabei nicht zu vermeiden.

Genetisch determinierte und durch Chromosomenaberrationen verursachte Störungen

Bezüglich der genetisch determinierten Erkrankungen fällt auf, daß solche praktisch nur in Gestalt der zahlreichen, klinisch schweren, aber numerisch weniger bedeutsamen metabolischen Schwachsinnsformen belegt sind. Die Schwierigkeiten der Forschung sind damit illustriert; sie werden von der Genetik dreifach begründet: Zum ersten mit der Uneinigkeit über die heranzuziehenden Persönlichkeitsmodelle, die trotz aller psychometrischen Fortschritte besteht, weiter mit den Schwierigkeiten, Fragen der Phänogenetik, also der Dosierung und des Einwirkungszeitpunktes von Genwirkungen, an psychischen Merkmalen zu untersuchen, und schließlich mit der wegen zahlreicher Interferenzen beschränkten Anwendbarkeit der klassischen Methoden der Populationsgenetik, der Zwillings- und der Familienforschung im psychiatrischen Bereich. Domäne ätiologischer Fragestellungen in der Kinderpsychiatrie ist u. a. deswegen die Oligophrenieforschung geblieben.

Die Literaturangaben bezüglich der hereditären Verursachung von Oligophrenien – nicht für die der Intelligenz – schwanken nach Ritter & Engel (bei einer oberen IQ-Grenze von 70–75 oder einem Prozentrang von 3–5) um 88 %, bei Beschränkung auf Imbezille – also je weniger es sich um Normvarianten handelt – um 50 %. Penrose, der der Erbhypothese sehr zurückhaltend gegenübersteht, hat bei seiner vorsichtigen Schätzung zwar nur 29% aller Oligophrenen für genetisch bedingt gehalten, aber auch nur 9% mit der gleichen Sicherheit als peristatisch bedingt einordnen wollen. Wieweit Schätzungen über die anteilige Einwirkung von Anlagen und Milieueinflüssen – wie sie für den Normbereich der Intelligenz vorliegen – hier zutreffen, muß offenbleiben, wenngleich Milieufaktoren bei einem limitierten Potential sicher eine geringere Einflußbreite haben als bei günstigerer Ausgangslage; doch liegen auch für die Plusvarianten der Intelligenz zu dieser Frage keine empirischen Befunde vor.

Im Hinblick auf die heute lebhafte wissenschaftliche Diskussion um die sogenannten Teilleistungsschwächen ist die genetische Bedingtheit von Teilfunktionen der Intelligenz von Interesse. Von den Thurstone'schen Primärfaktoren erreichten in Zwillingsuntersuchungen nur die Dimension Raumvorstellung, Sprachbeherrschung und Wortflüssigkeit hohe Konkordanzraten. Bezüglich der Gedächtnisleistungen divergieren die Befunde, und auf andere dem Cattel'schen Flüssigkeitsfaktor nahestehende Teilfunktionen der Intelligenz ist dieser Untersuchungsansatz – soweit ersichtlich – noch nicht ausgedehnt worden. Als Beispiel für eine genetisch determinierte Teilleistungsschwäche sei die kongenitale Legasthenie genannt. Daß neben der kongenitalen Legasthenie anders genetisch determinierte Teilleistungsschwächen abgegrenzt werden können, scheint im Hinblick auf beispielsweise die hohe Konkordanz sprachlicher Funktionen bei Zwillingen wahrscheinlich, muß aber künftiger Forschung vorbehalten bleiben.

Erinnert sei in diesem Zusammenhang auch an den genetischen Hintergrund somatofunktioneller Störungen, belegt etwa durch den hereditären Faktor der primären Enuresis (zu den genetischen Einflüssen auf die Symptomwahl bei kindlichen Neurosen vgl. Schepank).

Auch unter den durch Chromosomenaberrationen verursachten psychischen Störungen sind vorwiegend Auswirkungen auf die intellektuellen Fähigkeiten bekannt. Von Leiber* stammt der Vorschlag, am klinischen Bild der Chromosomenaberrationen eine unspezifische Grundsymptomatik und charakteristische Symptome zu unterscheiden. Zur unspezifischen Grundsymptomatik zählt er u. a. eine Hirnschädigung mit unterschiedlich ausgeprägter Minderbegabung,

* Zit. nach Degenhardt & Geisler.

andere psychische Defekte, eine erhöhte cerebrale Krampfbereitschaft, Veränderungen des Muskeltonus und Mißbildungen bestimmter häufig betroffener Organe. Die Oligophrenie dieser Genese ist damit ätiologisch bedeutsam, denn Jacobs hat bei ihren ausgedehnten Untersuchungen an Neugeborenen bei 0,51% Chromosomenanomalien gefunden, d. h. daß unter 200 Neugeborenen ein Kind aus diesem Grunde minderbegabt ist. Umgekehrt wird der Anteil autosomaler (meist struktureller) Aberrationen mit 10 % aller Oligophrenien, der gonosomalen (meist numerischen) auf 16 % geschätzt. Bei Beschränkung auf den Bereich der Imbezillität sinkt der Anteil der Chromosomenstörungen zugunsten anderer Ursachen allerdings auf 10 % ab. Zwei Drittel dieser Bilder – insbesondere bei autosomal-strukturellen Aberrationen – sind bei der Geburt nicht diagnostizierbar, da die geistige Behinderung ihr einzig klinisch faßbares Merkmal ist. Und auch beim Großteil der übrigen bestehen außerdem nur multiple Fehlbildungen, wie sie auch in der Gesamtpopulation nicht selten sind. Während unter den numerisch-autosomalen Aberrationen das Langdon-Down-Syndrom zahlenmäßig dominiert, verteilen sich die numerisch-strukturellen über ein breites Spektrum; bekannt sind in der Regel nur das Cri-du-chat-, das Hirschhorn-Wolf- und das De-Grouchy-Syndrom sowie die Ringchromosomenbildungen. Ob Veränderungen in der Persönlichkeit von den Chromosomenaberrationen abhängen oder nicht, ist bei diesen schon früh bestehenden geistigen Behinderungen nicht zu sichern; am Beispiel der gonosomalen Aberration sind Persönlichkeitsvarianten aber unabhängig vom Grad der Intelligenzminderung und vom Zeitpunkt der Einwirkung der hormonellen Dysfunktion belegt, sowohl beim Klinefelter-Syndrom und den höhergradigen X-Polysomien als auch bei den Syndromen nach Turner und Flavell-Noonan mit der 46 XX-Konstellation. Entsprechendes gilt für die beschriebenen YY-Konstellationen; Price & Whitemore* beschreiben ihre Träger als unreife Persönlichkeiten mit mangelnder Selbstkontrolle; Hook & Kim* haben dargelegt, daß sich das – übrigens therapieresistente – aggressive Verhalten von Jugendlichen mit XYY-Konstellation und XXYY-Syndrom von der Delinquenz anderer Jugendlicher unterscheidet und auch nicht mit dem gleichzeitigen Hochwuchs in ursächlichen Zusammenhang gebracht werden kann; (damit soll selbstverständlich nichts über die forensische Beurteilung solcher Jugendlicher präjudiziert werden).

Auch die Geschlechtsentwicklung unterliegt erblichen Determinanten, deren Einfluß den Kinderpsychiater bei der Erklärung der eindeutig geringeren Belastung von Mädchen mit psychischen Störungen, etwa Oligophrenien oder Verhaltensstörungen, interessiert. Stone, Smith & Murphy haben die heutigen Kenntnisse über Geschlechtsunterschiede in der frühesten Lebenszeit zusammengestellt. Die Bilanz darf so formuliert werden, daß es zwar sehr zeitig ein geschlechtsspezifisches Elternverhalten gibt, daß sich aber in vielen Fällen als Reaktion auf spezifische Verhaltensweisen von Jungen und Mädchen verstehen läßt. Zu betonen sind aus den Ergebnissen vielleicht die ausgeprägteren motorischen Reaktionen der Jungen, das stärkere Reagieren von Mädchen auf akustische Reize und die hohe Stabilität des Verhaltens von Mädchen im Entwicklungsverlauf, die auch prognostisch sicherere Vorhersagen erlaubt.

Konstitutionelle Faktoren im Entwicklungsverlauf

Als genetisch determiniert dürfen bei beiden Geschlechtern die quantitativen und qualitativen Veränderungen im Entwicklungsverlauf, also Wachstum und Reifung im weitesten Sinne, gelten. Sie sind zum Teil Korrelate der Konstitution, verstanden als mehr individuelle oder typische Reaktionspotentiale und Reaktionsstile, zum Teil unterliegen sie – wie andere zentralnervöse Steuerungsmechanismen – der Modifikation durch frühkindliche Umwelteinflüsse.

Uns sind zahlreiche psychische Korrelate des regelhaften physischen Entwicklungsverlaufs und seiner Varianten bekannt, die sich in psychischen Störungen auswirken können. Wir sind gewöhnt, die kindliche Entwicklung als kontinuierlich auf den Erwachsenenstatus zulaufenden Prozeß zu betrachten. Diesem vorherrschenden Verständnis entsprechend werden vorwiegend lineare Modelle für die Beurteilung von Entwicklungsverläufen herangezogen. In der Routine sind wir bisher nur bei der Beurteilung von Wachstumsdaten von diesem Konzept abgerückt, bei der Beurteilung des Entwicklungsstandes anhand von Funktionsniveaus noch kaum. Lenneberg hat aber beispielsweise für die Entwicklung der zentralnervösen Funktionen eine Verlaufskurve konstruiert, die der der Volumenzunahme des kindlichen Gehirns (die stärker durch Dendritenaussprossung als durch Zellvermehrung bedingt ist) sehr nahe kommt.

Solche und ähnliche Modelle müssen wir wahrscheinlich zugrundelegen, wenn wir die Einflüsse des sogenannten Zeitfaktors verstehen wollen. Alterstypische Färbungen im Sinne des Zeitfaktors kennen wir bei Manifestation chromosomaler Störungen oder in der Symptomwahl bei Verhaltensstörungen (das Vorschulkind zeigt mehr somatofunktionelle Symptome), aber auch in der Phänomenologie früh erworbener cerebraler Schädigungen.

Es scheint im übrigen so, als würden mit der zunehmenden Kenntnis der Entwicklung neurophysiologischer Gegebenheiten unsere entwicklungspsychologischen Modelle wirklichkeitsnäher. Es ist kein Zufall, daß sich Konzepte, wie Piaget, Wigotzky, Luria oder Kendler & Kendler sie vorgeschlagen haben, enger als bisherige an neurophysiologischen Entwicklungsbedingungen orientieren. Auch die sogenannten »sensiblen Phasen« lassen sich möglicherweise als Korrelate der in bestimmten Dimensionen zeitweilig beschleunigt verlaufenden physischen Entwicklung verstehen. Mehrfach ist versucht worden, Zeiten solcher intensiver körperlicher Veränderungen als Zeiten erhöhter psychischer Störbarkeit herauszustellen. Diese Korrelation beruht zum Teil darauf, daß wir bereits dann an Kinder einer definierten Altersstufe bestimmte Anforderungen stellen, wenn die Mehrzahl von ihnen – aber bei weitem nicht alle – die altersgebundenen Voraussetzungen dafür erreicht hat. Schon deswegen muß ein Teil dieser Kinder versagen oder kompensatorische Energie einsetzen, um unseren Erwartungen gerecht zu werden.

Als eine solche Zeit verstärkter somatischer Veränderungen und erhöhter psychischer Störanfälligkeit ist auch die des sogenannten ersten Gestaltwandels bezeichnet worden. Unter anderem haben Hellbrügge und Müller die mangelnde Trennschärfe dieses Kriteriums belegt, und Scholz konnte zeigen, daß die Periode des relativ stärksten Längenwachstums im Vorschulalter bereits im 4. / 5. Lebensjahr liegt und daß der statistische Zusammenhang anderer Entwicklungsphänomene mit der körperlichen Streckung relativ locker und darüberhinaus selbstverständlich ist. Neurophysiologsiche, neuropsychologische und entwicklungspsychologische Befunde lassen aber daran denken, daß die sogenannte Schulreife tatsächlich Folge eines Reifungsprozesses sein könnte, da sie das 6. und 7. Lebensjahr als die Zeit der einheitlichsten Veränderungen in der kindlichen Entwicklung überhaupt herausstellen. White hat in seiner seitens der Kinderpsychiatrie wenig beachteten Übersicht diese Veränderungen, die sich vorwiegend auf perzeptive und kognitive Funktionen beziehen, zusammengestellt und auf die gegenseitige Entsprechung des Übergangs von mehr assoziativen zum mehr kognitiven Denkstil nach Kagan, der Verinnerlichung der Sprache nach Wygotski, der Internalisierung von Über-Ich-Normen nach Freud, der Entwicklung von Intermediärprozessen im Reiz-Reaktionsmodell nach Kendler & Kendler und den Übergang von den vorbegrifflichen-semiotischen Funktionen zu den konkreten Denkoperationen nach Piaget hingewiesen; dieser Wandel entspricht ja auch der Ablösung des egozentrischen Weltbildes des Kindes und der Entwicklung bestimmter Abwehrmechanismen und Symptomformen. White macht darauf aufmerksam, daß dieser einheitlichen Tendenz zur Abkehr von der Generalisierung nach Luria neurophysiologisch die zunehmende Fähigkeit, Verhalten mittels hemmender neuronaler Impulse zu regulieren, entspreche. Ob auch die Wandlungen des Hirnstrombildes in diesem Alter als Korrelat solcher Veränderungen zu verstehen sind, muß vorerst dahingestellt bleiben. Die heute zunehmend diskutierte Deutung der Folgen leichter frühkindlicher Hirnschädigungen als Entwicklungsverzögerungen fügt sich in dieses Schema im übrigen mühelos ein, denn auch das leicht hirngeschädigte Kind läßt sich durch einen Mangel an Hemmungsfähigkeit charakterisieren.

Als eine Zeit ähnlich erhöhter Störbarkeit gilt die Pubertät. Ihre zeitliche Terminierung für ein Kind anhand allgemeiner Regeln vorauszusagen, ist schwierig. Tanner und Hagen haben unabhängig voneinander gezeigt, daß die Körperkonstitution relativ gute Aussagen über Eintrittstermin und Verlaufstempo der Pubertät erlaubt, etwa dergestalt, daß Kinder mit pyknischer, endomorpher Konstitution relativ früh, solche mit leptomorpher Wuchstendenz eher spät in die Pubertät eintreten, während solche mit einer athletisch-mesomorpher Konstitution – insbesondere Mädchen – zu zeitigen und sehr gerafften Pubertätsverläufen neigen. Früh einsetzende und mäßig rasche Pubertätsverläufe korrelieren dabei am besten – bei Jungen deutlicher als bei Mädchen – mit höherer Testintelligenz auch nach Abschluß der Reifungsperiode, frühe und sehr rasche sowie späte und langsame Verläufe eher umgekehrt. Wieweit dies auf Eigenheiten unserer Meßverfahren beruht, also letztlich auf psychischen Eigenheiten des einen oder anderen Typs, die mit der Intelligenz relativ wenig zu tun haben, muß dahingestellt bleiben. Das Streuungsmaximum der Intelligenz jedenfalls liegt bei Jungen und Mädchen im gleichen Alter und scheint damit von den körperlichen Veränderungen relativ unabhängig. Zwar kann auch dieses Streuungsmaximum ein Meßartefakt sein, seine zeitliche Plazierung verweist aber auf eine endogene Steuerung der kognitiven Entwicklung oder – weiter gefaßt – auf den Primat der cerebralen Steuerung im Sinne von Bennholdt-Thomsen.

Das Phänomen der individuellen Akzeleration oder Retardierung ist klinisch heute mehr wegen der Unterscheidung der Normvarianten von pathologischen Entwicklungsverläufen wichtig; Corboz hat am Beispiel der Spätreife und der bleibenden Unreife darauf hingewiesen. Ob die zahlreichen Ergebnisse der 50er und 60er Jahre zum psychischen Ungleichgewicht der wachstums- und reifungsakzelerierten Jugendlichen als Ausdruck einer Reifungsasynchronie im Sinne Kretschmers zu deuten sind oder als Ausdruck der säkularen Akzeleration, läßt sich nicht entscheiden, sondern nur vermuten. Die säkulare Akzeleration ist ja nicht auf die Erhöhung der Ausgangs- und Endgrößen und auf die vorverlegte und beschleunigte Entwicklung beschränkt, eine säkulare Akzeleration auch im Bereich der intellektuellen Entwicklung ist beispielsweise nicht auszuschließen (Sälzler). Wandlungen in der psychischen Entwicklung, angezeigt etwa durch die frühere Aufnahme heterosexueller Beziehungen und die zeitigere Trennung vom Elternhaus, unter diesem Aspekt zu betrachten, liegt nahe, wenn man sich eingreifenderer Folgen der säkularen Akzeleration wie der Verlängerung der generativen Phase der Frau um 8 Jahre bewußt wird. Mit diesem Hinweis auf die endogene Steuerung der psychischen Veränderungen in der Pubertät soll die erhebliche Durchflechtung mit exogenen Faktoren gerade in dieser Lebenszeit nicht bestritten werden, wenn auch die Annahme von Kossakowski, man könne alle psychischen Veränderungen in der Pubertät als Reaktion der Umwelt auf das sich wandelnde Äußere der Jugendlichen verstehen, entweder zu großzügig oder als Methodenartefakt erscheinen muß. So ließe sich zwar erklären, daß etwa spätpubertierende Jungen trotz hoher Intelligenz häufig Minderwertigkeitsgefühle zeigen, nicht aber daß Frühentwickelte unabhängig von ihrer Intelligenz im Verhalten mehr aggressive Züge aufweisen; dieser Befund erinnert eher an die häufiger mesomorphe Konstitution jugendlicher Delinquenten, wie sie Glueck & Glueck beschrieben haben.

Warum nicht auch im Bereich der psychischen Reaktionen konstitutionell bedingte Präferenzen oder Beschränkungen bestehen sollten, ist nicht einzusehen; Freud selbst hat das unterstellt. Aus kinderpsychiatrischen Ergebnissen sei nur an die Befunde von Gedda über Konstitution und Symptomwahl erinnert, die sich zwar bislang nicht befriedigend erklären lassen. Vielleicht ermöglicht der Untersuchungsansatz der Arbeitsgruppe um Witkin – falls sich ihre Resultate in größerem Stil reproduzieren lassen – auf diesem Gebiet eine gezieltere Hypothesenbildung.

Erkrankungen infolge cerebraler Beeinträchtiungen

Zu den psychischen Störungen infolge erworbener Beeinträchtigungen des Zentralnervensystems muß vorausgeschickt werden, daß diese biologischen Bedingungen zum Teil einen soziologischen Hintergrund haben, wenn wir etwa an die unterschiedliche Frühgeburtenrate im Zusammenhang mit sozialer Schicht oder Ehelichkeit bzw. Nichtehelichkeit denken; ähnliches gilt für den Einfluß der Schwangerenfürsorge auf Ernährung und Häufigkeit von Mangelgeborenen auf Grund der Potenzierung prä- und postnataler Mangelernährung in ihrer Entwicklung auf die Zahl der funktionsfähigen Neuronenzellen.

Die Lernfähigkeit schon des Gehirns des Säuglings gilt als anerkannt, seit er nicht mehr als ›Pallidumwesen‹ betrachtet wird; sowohl seitens der Neurologie (Peiper) als auch seitens der Psychologie (Papoušek) wurden dafür eindrückliche Belege geliefert. Auf die Abhängigkeit der Hirnreifung von Außenreizen hat Pechstein hingewiesen, indem er enge Korrelationen zwischen psychomotorischer Entwicklung und Parametern des kindlichen Hirnstrombildes demonstriert hat, von denen er auf die Abhängigkeit der Dendritenaussprossung von Außenreizen auch beim Menschen schließt. Ein auf physiologischen Vorgängen basierendes Modell ›sensibler Phasen‹ wurde bereits erwähnt. Optimale Umweltbedingungen können die Entwicklungsmöglichkeiten eines Menschen jedoch nur im Rahmen der genetischen und somatischen Bedingungen verändern; das demonstrieren die jüngst von Seligman & Hager gegebene Übersicht über die Artabhängigkeit der möglichen Lernprozesse und vielleicht auch die unterschiedlichen Typen des Verhaltens sensoriell depravierter Kinder, wie sie Matéjéek & Langmeier beschrieben haben.
Für den Kliniker erscheint angesichts dieser Forschungsergebnisse die Zurückhaltung gegenüber der Diagnose einer leichten frühkindlichen Hirnschädigung zugunsten der Diagnose einer Hirnfunktionsstörung nicht nur aus Gründen der Elternführung, sondern auch aus grundsätzlichen Erwägungen ratsam. Neben alimentären oder traumatischen Beeinträchtigungen des unreifen Gehirns im weitesten Sinne (und neben möglichen genetischen Varianten), muß eine sensorische Deprivation als Ursache einschlägiger Störungen erwogen werden. Daß es für Milieugenese cerebraler Dysfunktionen einer ausgeprägten Deprivation bedarf, die über die Wirkung schichtenspezifischen Erziehungsverhaltens hinausgeht, machen verschiedene Befunde über die realtive Schichtenunabhängigkeit der sensomotorsichen Intelligenzfunktionen (gegenüber den sprachlichen) deutlich.
Obwohl sich auch die Hypothesenbildung über die Auswirkungen der frühkindlichen Hirnschädigung im Sinne einer Hirnreifungsverzögerung in die angedeutete Richtung bewegen, wird das diagnostische Dilemma angesichts dessen, daß die Deprivationsgenese einer cerebralen Dysfunktion auch beim Vorliegen ›organischer‹ Symptome angenommen werden darf, nicht kleiner. Als Ausweg wird derzeit die pathogenetische Differenzierung anhand des Therapieerfolges versucht. Berücksichtigen muß man bei derartigen Versuchen die potenzierende Wirkung exogener Faktoren auf latente genetische Minusvarianten, worauf Zerbin-Rüdin neuderdings für die Intelligenz bei leicht frühkindlich hirngeschädigten Kindern aufmerksam gemacht hat.
Differentialdiagnostische Überlegungen über eine mögliche genetische Verursachung hirnorganischer Psychosyndrome haben in den letzten Jahren zur Bevorzugung des Begriffs der cerebralen Dysfunktion gegenüber dem der frühkindlichen Hirnschädigung beigetragen. Eine genetische Bedingtheit oder Mitbedingtheit wird besonders für hyperaktive oder hyperkinetische Syndrome diskutiert. Omenn hat die Argumente für solche Uberlegungen zusammengestellt und entsprechende Forschungsstrategien vorgeschlagen. Er stützt sich zum einen auf die Familienuntersuchungen von Morrison & Stewart sowie Cantwell, die Verlaufsbeobachtungen von Menkes, die Zwillingsstudie von Lopez und die von Safer durchgeführten Untersuchungen an Adoptivkindern, weiter auf die mit

7 : 1 ausgeprägte Knabenwendigkeit des Syndroms, die ja stärker ist als bei den ätiologisch klaren, leichten frühkindlichen Hirnschädigungen, zum anderen auf die neurophysiologischen Befunde verschiedener Autoren, die anhand der Stimulantienwirkung auf das Photodriving im EEG, unterschiedlicher Reaktionen auf evozierte Potentiale und der Ergebnisse der Pupillographie Untergruppen von hyperaktiven Kindern isolieren konnten.

Zwar ist nicht sicher, ob damit nicht nur die unterschiedliche Ausprägung der bei vielen cerebralen Dysfunktionen vorhandenen Teilleistungsschwächen gemessen werden. Die Versuche, von evozierten Potentialen auf hereditär bestimmte zentrale Funktionen zu schließen, haben erkennen lassen, wie aufgaben- und lernabhängig auch solche neurophysiologischen Parameter sein können. Doch ist trotz der angeführten Überlegungen an der Mitwirkung hirnorganischer Beeinträchtigung (die sich ja mit Anlagefaktoren potenzieren können) bei der Genese von Teilleistungsschwächen nicht zu zweifeln. Die Argumentation, daß man im Falle hirnorganisch verursachter (und nicht kongenitaler) Teilleistungsschwächen klassische Werkzeugstörungen vorfinden müsse – bei der hirnorganisch verursachten Legasthenie etwa das Bild einer Agraphie, – erscheint nämlich nicht stichhaltig; denn bei den zweifelsohne zahlreichen Teilleistungsschwächen im Bereich der Sprache handelt es sich ja ebenfalls nicht um klassische Aphasien. Die Genese der Teilleistungsschwäche ist eine andere als die der Werkzeugstörung nach einem Schädelhirntrauma und wohl auch eine andere als die nach einem kongenitalen Defekt.

Wieweit sich bei der Genese anderer Krankheitsbilder latente Anlagen durch eine zusätzliche exogene cerebrale Beeinträchtigung manifestieren können, kann man am Beispiel von Hospitalismus, Autismus und kindlichen Psychosen nur diskutieren. Für die ersteren hat Nissen einen ›Hospitalismusfaktor‹ und einen ›Autismusfaktor‹ als Grundlage für die Manifestierung der typischen Symptomatik postuliert, die jeweils auch cerebrale Funktionsschwächen umgreifen. Auch das von Lempp vorgelegte Konzept der Genese kindlicher Psychosen arbeitet die Bedeutung cerebraler Beeinträchtigungen heraus. Sicher wird ein Kind mit wenig belastbaren Hirnfunktionen leichter im Sinne eines Verlustes des Realitätsbezuges dekompensieren, umso mehr, je früher die Belastung auftritt. Die kindliche Psychose rückt unter diesem Funktionsaspekt in die Nähe der von Slavson beschriebenen primären Verhaltensstörung, die ja dem Psychosebegriff der amerikanischen Kinderpsychiatrie nähersteht als dem der europäischen. Wieweit sich solche pathogenetischen Modelle auch bei der sich im Jugend- und Erwachsenenalter manifestierenden Schizophrenie heranziehen lassen, kann hier nicht ausführlich diskutiert werden.

Ebenfalls nur erwähnt werden können Hirnschädigungen anderer Genese, unter denen das Schädelhirntrauma ursächlich an erster Stelle steht. Die unreife Bluthirnschranke kann dabei einerseits in sehr frühen Jahren zu sehr ungünstigen Verläufen führen, andererseits ist infolge der Plastizität des menschlichen Gehirns die Rehabilitationschance bei den unter 20jährigen etwa neunmal so hoch wie bei älteren Patienten (Peters & Klauske). Auch auf hirnorganische Psychosyndrome infolge anderer Erkrankungen (bei kongenitalen Vitien, Schlange; infolge wiederholter Hypoglykämien beim kindlichen Diabetes, Jochmus) sei nur hingewiesen.

Die Wichtigkeit der cerebralen Störungen resultiert aus ihrer prognostischen Bedeutung. Als prognostische Indices konkurrieren sie nur mit der Intelligenz und mit der Kontaktfähigkeit (Sundby & Kreyberg). Emotionale und soziale Fähigkeiten des Menschen mögen für seine Entwicklung bedeutsamer sein als intellektuelle; sie entwickeln sich aber in enger Abhängigkeit von diesen, denn auch die Steuerung menschlichen Verhaltens ist eine Leistung des Zentralnervensystems. So mag auch verständlich werden, warum sich diese Übersicht scheinbar mehr mit den Grundlagen der Leistung als mit denen der menschlichen Beziehungen befaßt. Die Leistungsfähigkeit und ihre Störungsmöglichkeiten berühren zwar die Grundlagen menschlichen Verhaltens, nicht aber seine eigentlichen Inhalte; erst der Erlebnisaspekt läßt spezifisch menschliche psychische Erkrankungen entstehen und macht gleichzeitig ihre Behandlung möglich. Therapeutische wie präventive Maßnahmen verlangen aber die Berücksichtigung biologischer Bedingungen. Vielleicht entspringt damit überhaupt die Renaissance, die die biologischen Grundlagen psychischer Störungen gegenwärtig – im anglo-amerikanischen Sprachraum weit mehr als in Europa – erleben, letztlich einem therapeutischen Interesse.

Literatur

Benedetti, G.: Psyche und Biologie, Hippokrates, Stuttgart 1973.

Bennholdt-Thomsen, C.: Über das Accelerationsproblem, Z. menschl. Vererb. Konstitutionslehre 30, 619–634, 1952.

Bochnik, H. J.: Sozialfaktoren in vieldimensionalen Strukturen, Nervenarzt 33, 349–358, 1962.

Corboz, R. J.: Spätreife und bleibende Unreife, Springer, Berlin / Heidelberg / New York 1967.

Degenhardt, K. H., Geisler, M.: Genom- und Chromosomenanomalien, in: Humangenetik, Hrsg. Degenhardt, K. H., Deutscher Ärzteverlag, Lövenich 1973.

Freud, S.: Ges. Werke, Bd. XI, Fischer, Frankfurt / M. 1969^{5}.

Gedda, E.: Nervous Behavior Disturbances in Childhood, Zschr. Kinderpsychiat, 20, 65–75, 1953.

Glueck, S., Glueck, E.: Physique and Delinquency, Harper & Row, New York 1955.

Hagen, W.: Wachstum und Entwicklung von Schulkindern, Barth, München 1964.

Heilbrügge, T.: Über den sogenannten ersten Gestaltwandel als Ausdruck der körperlichen Schulreife, Med.-Klinik 58, 501–507, 1963.

Jochmus, J.: Die psychische Entwicklung diabetischer Kinder und Jugendlicher, Beih. Arch. Kinderheilk, Enke, Stuttgart 1971.

Kretschmer, E.: Körperbau und Charakter, Springer, Berlin / Göttingen / Heidelberg $1961^{23/24}$.

Kossakowski, A.: Über die psychischen Veränderungen in der Pubertät, Volk und Wissen, Berlin 1967.

Lempp, R.: Psychosen im Kindes- und Jugendalter – Eine Störung des Realitätsbezugs, Huber, Bern / Stuttgart / Wien 1973.

Lenneberg, E. H.: Biological Foundations of Language, Wiley, New York 1967.
Matejcek, Z., Langmeier, J.: New Observations on Psychological Deprivation in Institutional Children in Czechoslovakia, Slow Learning Child 12, 20–28, 1965.
Müller, P.: Der »erste Gestaltwandel« (Zeller) findet nicht statt, Prax. Kinderpsychol. Kinderpsychiat., 21, 278–282, 1972.
Nissen, G.: Biologische Aspekte der Kinderpsychiatrie, in: Entwicklungstendenzen biologischer Psychiatrie, Hrsg.: Helmchen, H., Hippius, H., Thieme, Stuttgart 1975.
Omenn, G. S.: Genetic Issues in The Syndrome of Minimal Cerebral Dysfunction, in, Minimal cerebral dysfunction in children, Hrsg.: Walzer, S., Wolff, P. H., Grune & Stratton, New York / London 1973.
Papousek, H., Papousek, M.: Die Mutter-Kind-Beziehung und die kognitive Entwicklung des Kindes, in: Fehlentwicklung im Kindesalter und Gesellschaftsstruktur (Hrsg.: Nissen, G., Strunk, P.), Luchterhand, Neuwied / Berlin 1974.
Pechstein, J.: Umweltabhängigkeit der frühkindlichen zentralvernösen Entwicklung, Thieme, Stuttgart 1974.
Peiper, A.: Die Eigenart der kindlichen Hirntätigkeit, Thieme, Leipzig 1961[3].
Penrose, L. S.: The Biology of Mental Defect, Sidgwick & Jackson, London 1963.
Peters, G., Klauske, M.: Über kindliche Hirntraumen, in: Entwicklungstendenzen biologischer Psychiatrie, Hrsg.: Helmchen, H., Hippius, H., Thieme, Stuttgart 1975.
Sälzler, A., Ursachen und Erscheinungsformen der Akzeleration, Volk und Gesundheit, Berlin 1967.
Schepank, H.: Erb- und Umweltfaktoren bei Neurosen, Springer, Berlin / Heidelberg / New York 1974.
Schlange, H.: Die körperliche und geistige Entwicklung von Kindern mit angeborenen Herz- und Gefäßmißbildungen, Beih. Arch. Kinderheilk., Enke, Stuttgart 1962.
Schmidt, M. H.: Zur Bedeutung der Intelligenz für den Verlauf kinderpsychiatrischer Krankheitsbilder, Z. Kinder-Jugendpsychiat. 3, 235–242, 1975.
Scholz, E.: Die Dynamik des Wachstums, Barth, München 1963.
Seligman, M. E. P., Hager, J. Hrsg.: The Biological Boundaries of Learning, Appleton, New York 1972.
Sundbey, H. S., Kreyberg, P. C.: Prognosis in Child Psychiatry, Universitatsforlaget, Oslo 1968.
Stone, J. L., Smith, H. T., Murphy, L. B. Hrsg.: The Competent Infant, Tavistock Publ., London 1973.
Tanner, J. M.: Wachstum und Reifung des Menschen, Thieme, Stuttgart 1962.
Uschakow, G. K., Göllnitz, G., Eggers, H.: Hrsg.: Beiträge zur somatopsychischen Entwicklung im Kindesalter, Fischer, Jena 1973.
White, S. H.: Evidence for a Hierarchical Arrangement of Learning Processes, in: Advances in Child Development and Behavior, Hrsg.: Lipsitt, L. P. Spiker, C. C., Academic Press, New York / London 1965.
Witkin, H. A.: Psychologische Differenzierung und Formen der Pathologie, Psyche 27, 555–593, 1973.

Zerbin-Rüdin, E.: Vererbung und Umwelt bei der Entstehung psychischer Störungen, Wissensch. Buchges., Darmstadt 1974.

Heinz Schepank

Erb- und Umweltfaktoren bei der Entwicklung psychogener Störungen im Kindes- und Jugendalter*

Psychogene Erkrankungen können sich als psychoneurotische oder/und organneurotische, sprich: psychosomatische, oder/und charakterneurotische Störungen manifestieren. In ihrer Pathogenese und Ätiologie ist definitionsgemäß eine psychische Komponente wesentlich beteiligt. Über den umstrittenen Anteil von erblichen und von Umweltfaktoren am Zustandekommen dieser Störungen sagte Sigmund Freud schon 1912: »Die Psychoanalyse hat über die accidentellen Faktoren der Ätiologie viel, über die konstitutionellen wenig geäußert; – aber nur darum, weil sie zu den ersteren etwas Neues beibringen konnte, über die letzteren hingegen zunächst nicht mehr wußte, als man sonst weiß.« Mit diesem Zitat möchte ich das verbreitete Fehlurteil zurechtrücken, die Psychoanalyse respektiere ausschließlich Umweltfaktoren bei der Entwicklung der von ihr betrachteten und behandelten Störungen. Demgegenüber soll im folgenden von Untersuchungen berichtet werden, die Psychoanalytiker unter Anwendung einer humangenetischen Methode der Zwillingsforschung durchgeführt haben. Das Ziel dieser Forschungen ist es, sowohl die möglichen erblichen als auch die in Frage kommenden Umweltfaktoren mit einer empirisch fundierten wissenschaftlich korrekten Methode zu eruieren.

In der Laien- und Fachdiskussion sind die Begriffe »Erbfaktoren« wie auch »Umwelteinfluß« heute vorbelastet und teilweise sogar politisiert. Die einen lehnen die Diskussion von Erbfaktoren prinzipiell als biologistisch und für psychologische Fragestellungen inadäquat ab. Aus dem anderen Lager richtet sich Kritik gegen einen befürchteten Panpsychologismus. Bezeichnend ist bereits die verschiedene Verwendung des Adjektivs »genetisch«, das semantisch neutral nur auf Entstehungsgeschichte hinweist: Die Humangenetiker identifizieren sich mit ihrer Verwendung des Wortes »Gen« so sehr, daß sie es in ihre Berufsbezeichnung aufgenommen haben und darunter immer soviel wie erblich verstehen; Psychoanalytiker hingegen meinen mit den »genetischen« Faktoren einer Störung regelmäßig die Psychopathogenese.

Zweifellos ist alles seelische Erleben irgendwie an somatisches Funktionieren geknüpft. Daß die Frage nach einer biologischen Determinierung in Alternative zu einer ausschließlichen Umweltbedingtheit dennoch sinnvoll ist, zeigt das Beispiel der Sprachfunktion. Sie ist an bestimmte neurale und muskuläre anatomische Substrate gekoppelt. Dennoch wird es durch einen ausschließlich umweltbedingten Lernvorgang determiniert, welche Sprache und welchen Dialekt jemand als Muttersprache spricht. Die Wortflüssigkeit oder auch die Anzahl von Sprachen, die ein Mensch beherrscht, ist aber bereits Folge einerseits von Lern- und Übungsfaktoren, andererseits eine teilweise erblich determinierte Partialfunktion der Intelligenz. Schließlich gibt es nachweislich auch eindeutig

* Nach einem Vortrag bei der DVKJ, 5. Juni 1975 in Göttingen.

erbliche schwere Intelligenzdefekte, in deren Folge Sprachverständnis und Sprechen gar nicht mehr möglich sind.

Insofern schien uns die Beantwortung einer Frage sinnvoll, ob oder inwieweit die sogenannten psychogenen Störungen durch unklare konstitutionelle, sprich: erbliche, Komponenten mitdeterminiert sind, oder ob das nicht der Fall ist. – Bereits vor neun Jahren berichteten wir in Berlin über erste vorläufige Untersuchungsergebnisse. [16] Die damals statistisch noch nicht annähernd signifikanten Tendenzen in Richtung auf das Vorliegen von Erbfaktoren glaubten wir noch im Sinne der Nullhypothese verneinen zu können. Umfangreicheres Zahlenmaterial über Kinder und Erwachsene hat inzwischen jedoch gezeigt, daß Erbfaktoren mindestens bei einigen neurotischen Störungen sicher beteiligt sind. [17–19]

Es gibt eine Reihe typisch kindlicher, psychosomatischer Funktionsstörungen, die lange Zeit als ausschließlich umweltbedingt angesehen wurden. Hallgren wies nun für die **Enuresis** [10] auf Grund methodisch einwandfreier genealogischer Untersuchungen an größerem Patientengut nach, daß erbliche Komponenten hier beteiligt sein müßten. Mindestens gibt es eine Kernform von Enuresis nocturna, die ganz wesentlich erblich determiniert ist. Eine Mitwirkung von psychischen Faktoren bei der Manifestation ist damit ebensowenig ausgeschlossen wie die Möglichkeit, daß es daneben auch rein psychogene Formen der Enuresis gibt. Die Schwierigkeit besteht darin, es dem Symptom als solchem anzusehen, um welche der beiden Formen es sich handelt bzw. welches Gewicht Erb- oder Umweltfaktoren im individuellen Einzelfall haben. – Mit Recht wird eingewandt, daß familienstatistische / genealogische Untersuchungen im Bereich psychologischer Phänomene wenig Beweiskraft haben. Man weist auf Symptomtradition und familiäre Häufung durch bestimmte Erziehungsfaktoren hin. – Um so bedauerlicher ist es für die Grundlagenforschung, daß die einzigen uns bekannten umfangreicheren Zwillingsuntersuchungen über die Enuresis durch den Tod des Autors Hallgren nicht mehr ausgewertet werden konnten. [11]

Das **Stottern** tritt – epidemiologisch unbestritten – beim männlichen Geschlecht gehäuft auf. Das legt den Schluß auf eine erbliche Komponente sehr nahe, wenngleich man auch nicht allzu naiv einen geschlechtschromosomalen Erbgang unterstellen sollte. Zwillingsstudien belegen aber die hohe Wahrscheinlichkeit starker erblicher Einflüsse: Nelson, Hunter und Walter fanden bei zehn eineiigen Zwillingspaaren neun konkordante, während alle zwölf zweieiigen Paare diskordant waren. [15] Die Konkordanzraten der EZ betrugen 90, die der ZZ 0 %. Der Unterschied zwischen diesen beiden Konkordanzraten bei EZ und ZZ ist statistisch sehr hoch signifikant, was bekanntlich die Erbhypothese sichert, – vorausgesetzt beide Zwillinge je eines Paares seien in gleicher Umwelt aufgewachsen. Die außerordentlich hohe Konkordanzrate der EZ spricht sogar für einen sehr starken Grad an Erblichkeit, – wenngleich Humangenetiker mit solch einer interpretativen Aussage vorsichtig zu sein pflegen. – Die neueste Untersuchung von Tatarelli und Godai [23] an 31 Zwillingspaaren aus der römischen Sammlung des Gregor-Mendel-Institutes zeigt ähnliche Konkordanzraten: 83 % für die EZ, 10 % bei den ZZ.

Unausgelesene Serien von Zwillingen mit einem bestimmten Krankheitsbild sind nicht leicht für eine Untersuchung zu gewinnen. Einzelkasuistik hingegen hat wegen des Selektionsirrtums nur in Ausnahmefällen Beweiskraft (s. S. 49).

Einzelne Paare können unter heuristischem Gesichtspunkt Bedeutung gewinnen; so beschrieben u. a. Balla-Jaeger [2], D. Burlingham [4], A. Dührssen [5], H. Hartmann [12], G. Mora [14]und C. Weinschenk [25] verschiedene Krankheitsbilder bei kindlichen / jugendlichen Zwillingen unter psychoanalytischem oder kinderpsychiatrischem Aspekt. Die Psychologen Eysenck, Prell [7] und Gottesmann [9] belegten die Erblichkeit des sogenannten Neurotizismus bei Jugendlichen, – allerdings ohne klinisches Zwillingspatientengut.

Eigene Untersuchungen zur Erbfrage

Methodische Vorbemerkungen erspare ich mir aus Platzgründen und verweise auf ausführliche Darstellungen a. a. O. [19] Insbesondere wäre es erforderlich, die Problematik der Gewinnung auslesefreier Serien zu beschreiben sowie unsere spezielle Lösung des Problems der Abgrenzung bei der Merkmalsklassifikation für neurotische Erkrankungen.
Von unseren 18 Zwillingspaaren war jeweils mindestens ein Paarling wegen einer psychogenen Störung in einer ambulanten Psychotherapie-Institution vorgestellt und behandelt worden, dem Institut für Psychogene Erkrankungen der AOK Berlin. Die 18 Paare bilden mit weiteren 32 erwachsenen Paaren zusammen ein insgesamt 50 Zwillingspaare umfassendes Sample von neurotischen Zwillingen aus den zwei Dekaden von 1950 bis 1969. 6899 kindliche / jugendliche Patienten wurden in diesem Zeitabschnitt untersucht und bilden das Patientenkollektiv, aus dem die Zwillingsstichprobe gezogen wurde. Ausführliche Protokolle liegen jeweils auch von den explorierten Eltern der kindlichen Zwillinge vor. Alle Paare sind unter einheitlichem Aspekt nachuntersucht worden, und zwar nicht nur der Indexpatient, sondern auch immer dessen Zwillingspartner. Psychoanalytische Diagnostik, Verhaltensbeobachtung und testpsychologische Untersuchungen wurden erhoben, soweit erforderlich auch internistisch-neurologische, neurophysiologische und andere Befunde. Die anthropologische Eiigkeitsdiagnostik zur Differenzierung der EZ und der gleichgeschlechtigen ZZ führte der Humangenetiker unseres Teams, Herr Prof. P. E. Becker aus Göttingen, dankenswerterweise durch. Über die meisten Paare liegen kontinuierliche Katamnesen*, z. T. bis ins Erwachsenenalter, vor.
Die 36 kindlichen Zwillingsprobanden bestehen aus 21 männlichen und 15 weiblichen Individuen; das Alter zum Datum der Erstuntersuchung betrug im arithmetischen Mittel 8 J. 5 M. Es handelte sich um 6 eineiige Zwillingspaare, 5 gleichgeschlechtige zweieiige Zwillingspaare und 7 Pärchenzwillingspaare.

Unsere Ergebnisse hinsichtlich der Erbfaktoren bei psychogenen Störungen: Mit Hilfe des von uns entwickelten Neuroseschwerescore als Meßwert erwies sich die durchschnittliche Punktdifferenz der Neurosenschwere bei den eineiigen Zwillingspaaren als geringer, im Vergleich zu den zweieiigen. Die Unterschiede sind statistisch signifikant. – Auch nach der klassischen Methode, dem Konkordanzratenvergleich, ergaben sich signifikante Unterschiede zwischen den eineiigen Zwillingspaaren und den zweieiigen hinsichtlich des Merkmals der Manife-

* Für entsprechende Mithilfe danken wir an dieser Stelle Herrn Dr. V. Kansteiner.

station einzelner psychogener Symptome. Die folgende Tabelle zeigt die Übersicht über unser gesamtes Patientengut von 50 Paaren.

Tab.: 657 neurotische Symptome

	konk.	disk.	Konk.-Rate
die 21 EZ-Paare hatten	76	156	32,76 %
die 29 ZZ-Paare hatten	50	249	16,72 %

In dieser Darstellung sind die Symptome kumulativ, also über das Lebensganze, erfaßt; jedes Individuum hatte in der Regel mehrere Symptommanifestationen. Wichtig erscheint uns folgendes: Die Konkordanzraten der kindlichen eineiigen Zwillinge liegen mit 47 % deutlich höher als die der erwachsenen eineiigen mit nur 30 %. Die Konkordanzraten der zweieiigen Zwillinge dagegen sind bei der erwachsenen und der kindlichen Stichprobe annähernd gleich hoch. Eine Erklärung für diese Unterschiede zwischen Kindern und Erwachsenen leitet sich aus unseren Untersuchungen nicht direkt ab. Formal statistische Gründe sowie Irrtümer bei der Erfassung scheiden u. E. aus.
In jedem Fall zeigen die durchgeführten Untersuchungen, daß Erbfaktoren bei der Manifestation einer Neurose mit Sicherheit wirksam sind.
Außer diesem pauschalen Nachweis gelang es uns auch, für einzelne umschriebene Symptome die Beteiligung von Erbeinflüssen zu belegen: bei depressiven Störungen und bestimmten Kontaktstörungen (Distanzlosigkeit oder Hemmungen) sowie bei einer Gruppe aggressiver (Erziehungsschwierigkeiten, Wut- und Erregungsausbrüche) und schließlich oraler Fehlverhaltensweisen (Nägelknabbern, Daumenlutschen, Alkohol-, Nikotinabusus). – Für jedes einzelne neurotische Symptom reichte die Gesamtzahl von Zwillingen nicht aus, um jeweils Vier-Felder-Schemata nach Konkordanz und Diskordanz aufzustellen. Es ließ sich deshalb nur mit einer gewissen Wahrscheinlichkeit begründen, daß erbliche Faktoren auch bei Schul- und Berufsschwierigkeiten, bei Schlafstörungen und bei der Manifestation der Enuresis beteiligt sind; dagegen fanden sich bei einer Reihe von Symptomen in unserer Zwillingsserie überhaupt keine Anhaltspunkte für erbliche Mitverursachung. Das sind: funktionelle orale Symptome (Appetitmangel, Erbrechen, Hyperphagie), Hautmanifestationen, neurotische Herz- / Kreislaufsymptome, Kopfschmerzen, motorische Störungen und funktionelle sexuell-genitale Störungen,

Kasuistik I

Nicht als Beleg, lediglich zur Illustration dient die folgende **Fallskizze:** Die beiden eineiigen Zwillingsjungen waren bei der ersten Untersuchung 9 Jahre. Sie sind verblüffend ähnlich im Äußeren und in ihren neurotischen Verhaltensweisen. Bereits mehrfach umgeschult, kamen sie in getrennte Beobachtungsklassen. Aus dem städtischen Kinderhort wurden sie relegiert, was in Anbetracht der Häufung von Problemkindern dort relativ selten vorkommt. Die Eltern hatten sich gegen Wohnungsräumungsklagen und polizeiliche Anzeigen wegen angeblicher Kin-

desmißhandlung zur Wehr zu setzen. Schwere Verhaltensauffälligkeiten bestehen seit Jahren in der Schule, Elternhaus, Hort und beim Spielen: Beide stehlen in Warenhäusern, bei den Eltern und Kameraden. Geld, Fahrräder und anderes. Mehrfach sind sie bei Brandstiftungen ertappt worden. Manuelle und verbale Aggressionen gegen Kameraden sind ebenso an der Tagesordnung wie Sachbeschädigungen am häuslichen Mobiliar, am Betonmauerwerk oder eine absichtlich inszenierte Kellerüberschwemmung in Nachbarhäusern mit Hilfe eines durch eine Luke eingeführten Gartenschlauches. Schulschwänzen und mehrtägiges Fortlaufen. Regelmäßiges Bummeln auf dem Heimweg bis zu drei Stunden.
Bei mehreren Untersuchungen im Institut verhalten sich beide Zwillinge sehr wechselvoll: Während sie einmal das beaufsichtigende Personal durch Lärm und Verwüstung erheblich provozieren, benehmen sie sich ein andermal so geordnet, daß ein zweiter Untersucher die zweifellos begründeten Klagen von Lehrern, Eltern, Ärzten, Hortnerinnen, Betreuern und Nachbarn für maßlos übertrieben halten möchte. – Konkordant ist auch eine ausgeprägte Enuresis nocturna et diurna seit dem 3. Lj. Als einziger minimaler Unterschied war ein gelegentlicher Blinzeltic bei B. zu konstatieren. Bei meinem letzten katamnestischen Besuch waren sie 12 J. Die Eltern hatten sich gerade mit einer Regreßforderung von 40 000 DM auseinanderzusetzen wegen eines Brandschadens, den die beiden angestiftet hatten.
Zwischenzeitlich durchgeführte stationäre und ambulante Einzeltherapie haben beide ein wenig stabilisiert, so daß sie trotz ungewöhnlicher Schwierigkeiten in der häuslichen Umgebung tragbar blieben. – Überflüssig hinzuzufügen, daß EEG-Untersuchungen, pädiatrische, kinderpsychiatrische und weitere organmedizinische Fachuntersuchungen keinen pathologischen Befund ergeben hatten. – Die emotionale und soziale Konstellation der Zwillinge in ihren ersten Lebensjahren war so problematisch, daß die jetzt bestehenden Erziehungsschwierigkeiten von daher tiefenpsychologisch evident ableitbar gewesen wären, – hätte man es nicht mit eineiigen Zwillingen zu tun.
Diese Einzelkasuistik als solche kann und soll nichts über die Erblichkeit psychischer Anomalitäten beweisen. Dagegen sind wissenschaftliche Konkordanz-Aussagen auf Grund der Zwillings**serien**, wie oben berichtet, durchaus möglich, wenn die Zahlenverteilung statistische Signifikanz ergibt.

Ergebnisse zu den Umweltfaktoren

Die absolute Höhe der Konkordanzraten bei den eineiigen Zwillingen ist nach Meinung vieler Humangenetiker nicht verläßlich interpretierbar in bezug auf den Anteil von Erbe und Umwelt. Umgekehrt kann man jedoch schlußfolgern: Wenn eine Konkordanzziffer bei den eineiigen Zwillingen von 100 weit entfernt ist, zeigt das einen entsprechend großen Spielraum für den Einfluß von Umweltfaktoren beim Zustandekommen des Merkmals an. Bei einer Konkordanzrate von nur 30 bzw. 50 %, wie wir sie für Erwachsene bzw. Kinder fanden, gilt das als sicher. Damit kommen wir zur Beantwortung der Frage nach den relevanten neurosepathogenen **Umwelt**faktoren. Wir wählten hier methodisch zwei Ansätze, einen statistischen und einen einzelkasuistischen.

Ergebnisse mit Hilfe statistischer Analysen:

a) Eine Korrelation der frühkindlichen Belastung mit der späteren Neurosenschwere nach entsprechender Skalierung und Gewichtung ergab, daß die frühkindlich stärker belasteten Probanden – statistisch signifikant – später im Durchschnitt schwerer neurotisch werden.
b) Neurosepathogene Umweltfaktoren ließen sich zahlreich nachweisen. Wir teilen sie ein in solche, die emotionale Ablehnung beinhalten (ungewollte Schwangerschaft, Alter der Mutter bei der Geburt etc.); das Fehlen wesentlicher Beziehungspersonen in der Frühkindheit und schließlich eine Reihe zusätzlicher Frustrationen (Nicht-gestillt-worden-sein, Anwesenheit zusätzlicher problematischer Beziehungspersonen, Existenz weiterer Geschwister).
c) Die Wirkungsrichtung der Belastungsfaktoren waren: Schwerere Neurose, höhere Anzahl neurotischer Symptome sowie die Prägung spezieller neurotischer Charakterstrukturen. Ferner; schlechtere Schulleistungen, niedrigeres Niveau des erreichten Schulabschlusses, niedrigere erreichte Sozialschicht, geringeres Berufsabschlußniveau, geringere Intelligenz etc.

Exkurs: Vor der Darstellung der Ergebnisse zu dem zweitgenannten einzelkasuistischen Ansatz zur Erhellung der Umweltfaktoren bedarf es einer Erläuterung, inwieweit Schlußfolgerungen aus Zwillingsuntersuchungen an Einzelkasuistik überhaupt erlaubt sind: Es gibt bekanntlich vier mögliche Kombinationen, indem nämlich eineiige oder zweieiige Zwillingspaare jeweils für eine bestimmte Störung / bzw. für ein Merkmal konkordant sind, also übereinstimmen, oder diskordant sind. Gleiche Umwelteinflüsse bei beiden Partnern eines Paares vorausgesetzt, folgt daraus:

(1) Tritt ein Merkmal bei erbgleichen eineiigen Zwillingen konkordant auf, so kann das auf eine erbliche Störung hinweisen. Es kann aber auch mit der übereinstimmenden Umwelt zusammenhängen. Es besagt also nichts.
(2) Konkordantes Auftreten eines Merkmals bei zweieiigen Zwillingen kann ebenso auf die gleiche Umwelt wie auf Erbeinflüsse zurückgehen; denn die zweieiigen Zwillinge sind durchschnittlich zur Hälfte auch mit den gleichen Genen ausgestattet.
(3) Diskordanz bei zweieiigen Zwillingen legt nahe, daß erbliche Unterschiede oder aber noch nicht bekannte unterschiedliche Umwelteinflüsse die Ursache der Diskordanz sind. Sie sagt also für den Einzelfall auch nichts aus.
(4) Bedeutsam ist lediglich die vierte Variante, das diskordante Vorkommen eines Merkmals oder einer Krankheit bei einem nachgewiesenen eineiigen Zwillingspaar. [24] Diese Konstellation ist interpretierbar: Da Eineiige definitionsgemäß erbgleich sind, **müssen** Unterschiede auf Umweltfaktoren zurückführbar sein. Der Begriff Umwelt schließt selbstverständlich die psychosoziale ebenso ein wie etwa ein biologisch-physikalisches Ereignis, das vielleicht nur einen Zwillingspartner betraf und den anderen verschont ließ.

Wir kommen damit zu dem **zweiten methodischen Ansatz** für die Erhellung pathogenetisch relevanter **Umweltfaktoren,** die **Einzelkasuistik:** Diskordante eineiige Zwillingspaare bieten eine einmalige Gelegenheit, bestimmte wissenschaftliche Fragen zu klären. Leider sind sie eine Rarität. Ergebnisse von mehreren Paaren haben wir kürzlich zusammengestellt. [20] **Zusammengefaßt** gilt für **männliche**

Probanden, daß eine Identifikation des einen Zwillingspartners mit dem expansiveren dominierenden Elternteil offenbar günstige Wirkungen bezüglich späterer psychischer Gesundheit hat. Dabei war es egal, ob es sich bei diesem dominierenden Elternpart um die Mutter oder den Vater handelte. Für die Entwicklung eines Jungen bzw. eines Mannes scheint es förderlich zu sein, wenn er der Risikofreudigere ist und ihm in der Kindheit zum Risiko ausreichend Gelegenheit gegeben wird. Unter dem Vorwand übermäßiger Besorgnis eingeengt zu werden, bekommt einem Jungen nicht. Seine Objektbeziehungen können dabei oberflächlicher bleiben, wenn sie nur überhaupt vorhanden sind. – Ganz anders konstellieren sich die Verhältnisse bei den **weiblichen** eineiigen Zwillingen. Das entspricht der weniger geradlinig verlaufenden Entwicklung libidinöser Objektbeziehungen in der Frühkindheit eines Mädchens. Bei den weiblichen diskordanten Paaren fiel uns zuerst auf, daß jeweils die Eltern geschieden bzw. getrennt sind. Eine betont expansive »phallische« Personlichkeitsstrukturentwicklung mit ausgeprägter Kontaktfreudigkeit und einer weniger stetigen zwischenmenschlichen Beziehung korreliert offenbar mit stärkerer Neurose.
Unabhängig vom Geschlecht der Zwillinge schließlich wirkte es sich positiv für einen Probanden aus, wenn er das Vorzugskind des in der Elternehe stärkeren Elternteils war. – Von ganz besonderer neurosepathogener Bedeutung scheint die **Vornamensgebung** zu sein, ein Detail, das uns auch schon früher bei Kinderanalysen aufgefallen war. Wenn sich eine sehr diskordante Entwicklung von eineiigen Zwillingen abzeichnete, war es mehrfach nachweisbar, daß der günstiger entwickelte Zwilling jeweils den Vornamen erhalten hatte, der für die Eltern mit einer bestimmten positiven Gefühlsvalenz vorgeprägt war. Sei es, daß die Mutter eine positive Übertragung von einem früher geliebten Kind mitbrachte oder daß der Vater seinen Bruder und damit ein Stück männlicher Familienrepräsentanz in den gesünderen Zwilling hineinprojizierte. Der andere, später kränkere Zwilling, hat dann jeweils einen relativ banalen zufällig gewählten Namen bekommen. Die elterlichen Erwartungen bestätigten sich in self-fullfilling-prophecy.

Kasuistik II

Auch hier eine kurze illustrierende **Fallskizze:**
6jährig wurde das EZ-Mädchen Annette wegen einer schweren permanenten Enuresis nocturna vorgestellt. Das Symptom trat fast jede Nacht zu einer bestimmten Zeit auf. Die Zwillingsschwester Birgit hat keine Enuresis, steht lediglich zur Blasenentleerung nachts spontan einmal auf. Unter Leistungsstreß, z. B. beim Intelligenztest, luscht B. am Daumen, Annette gestattet sich diese Regression nicht. – Der IQ stimmt mit 103 bzw. 100 Punkten fast überein. – Genealogie: Ein Bruder des Vaters der Zwillinge und dessen Sohn hatten ebenfalls eine Enuresis. – **Diskordanzanalyse:** Wegen einer Ernährungsstörung war Annette mit 5 Monaten für einige Monate in stationäre Therapie gekommen, blieb in der Folgezeit bezüglich ihrer statomotorischen Funktionen gegenüber der Zwillingsschwester jeweils ein wenig im Rückstand. Die Versorgung der beiden wurde in eindeutiger und konstanter Funktionsteilung so geregelt, daß der Vater ausschließlich die stabilere, in ihrer Entwicklung etwas fortgeschrittenere Birgit

pflegte und fütterte. In einer deutlich ödipalen Bindung avancierte sie frühzeitig zum Liebling des Vaters. Noch 12jährig wird sie in der Familie als »der General« bezeichnet wegen ihrer Kommandorolle in der Zwillingsdyade. – Annette, von der Mutter versorgt, geriet in eine etwas unterlegene Position als Vorzugskind der Mutter, die ihrerseits eine unterprivilegierte Stellung in der Familie einnahm: Frau X. war selbst uneheliches Kind in einer Legitimationsehe und hatte nacheinander zwei Stiefväter erlebt. Außerdem lastete auf ihr eine unverarbeitete Konkurrenzproblematik gegenüber einer jüngeren Stiefschwester. Durch besondere Zuverlässigkeit und volle Berufstätigkeit versuchte sie, ihr Selbstwertgefühl zu kompensieren, gestattete sich in der Ehe mit drei Kindern nie Regression und Entspannung. Ihr Vorzugskind, Annette, reagiert in mütterlicher Identifikation analog, indem auch sie sich im Intelligenztest deutlich disziplinierter und stärker leistungsbezogen gibt als Birgit. Lediglich im Schlaf kann sie sich mit Hilfe ihrer Symptomatik regressiv verströmen lassen. Ihr Spitzname »Professor« signalisiert die extrem hohen Leistungserwartungen der Mutter an Annette. – Der Vater ist von Beruf Polizist und blieb stark mutterfixiert, dabei in seinen Partnerbeziehungen sehr ambivalent. Bei der Katamnese der Zwillinge (12- und 15jährig) hat er die Familie wegen einer anderen Frau verlassen. Die Eltern sind jetzt geschieden. Die Enuresis bei Annette besteht nicht mehr. Die weitere Entwicklung verfolgen wir mit großem Interesse und wagen die Prognose, daß nunmehr Birgit eine problematischere Entwicklung nehmen wird, insbesondere wenn die Partnerwahl auf sie zukommt.

Beziehung zwischen Erb- und Umweltfaktoren

Die Zwillingsmethode allgemein sowie auch die Beziehung von Erb- zu Umweltfaktoren verdient noch eine Überlegung: Den Erbgang eines bestimmten Gens zu verfolgen, gestattet uns die Zwillingsmethode ausdrücklich nicht. Es ist aber auch gar nicht damit zu rechnen, daß nur ein einziges Gen im dominanten oder rezessivmendelnden Erbgang, autosomal oder geschlechtschromosomal, in der üblichen Form genetisch codierte Information überträgt, wenn eine neurotische Symptommanifestation die Folge ist. Der besondere Wert der Zwillingsmethode liegt gerade in ihrer Eignung, Erblichkeit dort noch nachzuweisen, wo es sich um ein multifaktorielles und polygenes Geschehen handelt, das nur auf der phänotypischen Untersuchungsebene feststellbar ist. – Kritiker unterschätzen gelegentlich die wissenschaftliche Aussagekraft derartiger Befunde, weil sie nicht den Unterschied zwischen interindividuellen Varianzen und artspezifischer Erblichkeit beachten: Soweit wir eine genetisch erbliche Mitbeteiligung bei bestimmten neurotischen Störungen gefunden haben, ist damit nämlich ausdrücklich nicht gemeint, daß der Mensch allgemein – also als Spezies – die erblichen Voraussetzungen mitbringt, um eine Neurose unter bestimmten Umständen zu entwickeln. Solch ein Untersuchungsergebnis wäre eine Banalität. Ziel der Zwillingsforschung ist es vielmehr herauszubekommen, ob und in welchem Ausmaß Erbfaktoren an der **interindividuellen Varianz,** also an den Unterschieden zwischen den Menschen, beteiligt sind. Mit anderen Worten: Ob es erbliche Faktoren sind, die darauf Einfluß nehmen, daß der eine Mensch in einer bestimmen Situation neurotisch wird und der andere nicht, daß der eine Mensch zwangsneurotisch reagiert und der andere mit einer hysterischen Konversionssymptomatik, – oder ob diese Unterschiede zwischen den Menschen ausschließlich durch Umweltfaktoren bedingt sind. Auch das wäre ja denkbar (s. obiges Beispiel mit der Muttersprache).

Kinderneurose und Erwachsenenneurose

Zum Schluß möchten wir die Frage des Verhältnisses von psychogenen Störungen im Kindesalter und den Erwachsenenneurosen zur Diskussion stellen. Verschiedene Gründe geben uns nämlich Anlaß zu fragen, ob es denn überhaupt genau dieselben Menschen sind, die als Kind und als Erwachsener mit neurotischen Symptomen reagieren. Wir hatten bei den eineiigen Zwillingen signifikant höhere Konkordanzwerte für die neurotischen Symptome gefunden als bei der Erwachsenenklientel. Die Schlußfolgerung einer stärkeren erblichen Determinierung neurotischer Symptome bei Kindern im Vergleich zu Erwachsenen liegt nahe. Nachdenklich stimmt uns auch, daß die Neurosentheorien bisher nicht in der Lage sind, ohne die Annahme geschlechtsspezifischer Anlagefaktoren zwei Phänomene zu erklären: (1) die Alters- und Geschlechtsspezifität bestimmter Symptome und (2) die epidemiologisch gesicherte Tatsache der erheblich höheren Neuroseprävalenz von Jungen gegenüber Mädchen, während bei den Erwachsenen eine annähernd gleiche Geschlechterverteilung, in höheren Altersstufen sogar eine gegenläufige höhere Inzidenzrate der Frauen beobachtet wird. – Stottern tritt z. B. um ein Vielfaches häufiger bei Jungen als bei Mädchen auf. Der Übergang von Jungen bei neurotischen Verhaltensauffälligkeiten und neurotischer Schulleistungsschwäche bedarf einer Erklärung. Auch die größere motorisch-expansive Bedürftigkeit des Jungen halten wir für anlagebedingt. Zu dem Risiko stärker expansiv-aggressiver Vitalität beim männlichen Geschlecht tritt verstärkend eine psychosozial-peristatische Komponente hinzu: Eltern und Lehrer tragen wahrscheinlich an Jungen generell höhere Leistungsansprüche heran, nachdem bereits der konformistisch starke Schulleistungszwang und die damit verbundenen disziplinarischen Dressate vom durchschnittlichen Jungen schlechter vertragen werden als vom Mädchen. Kulminationspunkt der Anpassungsschwierigkeiten wird insbesondere für den Jungen die Pubertät mit ihrem erneut verstärkten Triebdruck. Neben die Motorik tritt in dieser Altersstufe die besondere Dynamik sexueller Aktivität hinzu. Verschiedene Autoren, wie Adam [1], Biermann [3], Dührssen [6], Schwidder [21], Schultz-Hencke [22] u. a., haben die Problematik in ähnlicher Weise diskutiert. – Das eindeutig höhere Risiko des männlichen Geschlechtes, die kulturellen Anpassungsleistungen nicht zu bewältigen, findet seinen Ausdruck auch in der erheblich höheren Zahl männlicher Fürsorgezöglinge unter Jugendlichen und Adoleszenten. Das signifikante Überwiegen männlicher Vorbestrafter und Gefängnisinsassen bei Erwachsenen (Geschlechtsrelation männlich:weiblich wie 5:1 bzw. 15:1) muß uns um so nachdenklicher stimmen, als Gesetze fast ausschließlich von Männern geschaffen und angewandt werden. Unseres Erachtens findet sich ein wesentlicher Teil des kindlich-männlichen Neurotikerüberhanges später im Erwachsenenalter unter der Gruppe der Verwahrlosten und Kriminellen und vermutlich auch bei den Alkoholikern wieder. Ein anderer Teil der männlichen Kinderneurotiker-Population

dürfte dagegen aus folgendem Grund spontan remittieren: Der erwachsene Mann hat im Gegensatz zum Jungen eher die Möglichkeit, seinen Triebdruck, seinen geschlechtsspezifischen Antriebsüberschuß in den von Männern eindeutig bevorzugten Aktivitäten zu sublimieren und gesellschaftskonform zu entladen, wie Sport, Politik, Vereine, Hobbies und nicht zuletzt im beruflichen Sektor. Hier können neben Konkurrenz- und Rivalitätskämpfen um Prestige und Macht nach Belieben auch Fortlaufimpulse, einige Formen von sexueller Betätigung, Zärtlichkeit, Oralität, Sadismus und Analität und vieles andere ausagiert werden. Entscheidend ist, daß nach einer Zeit stereotyp-konformistischen Schulleistungsdruckes in der Kindheit unsere traditionelle Sozialordnung einen vergleichsweise höheren Freiheitsgrad für den erwachsenen Mann eröffnet: Der männliche Jugendliche kann sich differenzieren, seine spezifischen Interessen und Fähigkeiten anwenden; es steht aber auch weitgehend in seinem Belieben, die Entfaltung seiner geistigen und physischen Kräfte zu vernachlässigen und hedonistisch seinen individuellen Genußmöglichkeiten nachzugehen. Im Gegensatz zum Schulalter muß er als Erwachsener keine Sanktionen befürchten, solange er nur minimalen Anforderungen kollektiver Leistungspflicht nachkommt.
Ein Nebenbefund unserer Zwillingsuntersuchungen sei hier erwähnt: Die Intrapaardifferenz der Neurosenschwere lag bei unseren kindlichen Paarzwillingen mit 5,4 Punkten deutlich über der für die erwachsenen Paarzwillinge und über der für die kindlichen zweieiigen Zwillinge insgesamt. Wir haben Grund für die Annahme, daß ein geschlechtsspezifischer Faktor beim Jungen gerade die Manifestation kindlicher neurotischer Symptome fördert. Ob hierbei das Schwergewicht auf erblichen oder auf sozial-kulturell neurosefördernden Faktoren liegt, ist aus diesen Zahlen nicht ablesbar. Ich möchte vermuten, daß beide Komponenten beteiligt sind.

Zusammenfassung

Die Befunde zwingen uns zu der Annahme, daß generell auch für psychogene Störungen erbliche Determinanten maßgeblich sind. Für einige spezielle Störungen gilt das besonders, bei anderen waren Erbfaktoren weniger deutlich nachweisbar. Stottern, einige Formen der Enuresis, eine Reihe von Verhaltsauffälligkeiten im Kontakt-, oralen und aggressiven Antriebsbereich sind erblich mitdeterminiert. – Diese Aussagen gelten für kindliche und erwachsene neurotische Störungen, für die bei Kindern wahrscheinlich noch in stärkerem Maße. – Auch insoweit erbliche Faktoren ätiologisch beteiligt sind, berechtigt das niemand zu therapeutischer Resignation, zumal es Krankheitsbilder mit einer eindeutigen und viel stärkeren Heredität gibt, die sich therapeutisch dennoch sehr gut beeinflussen lassen. Das primäre Ziel unserer Untersuchung war jedoch ein grundlagenwissenschaftliches. Handlungsanweisungen und weitergehende Konsequenzen für eine therapeutische Strategie hatten wir nicht beabsichtigt, zumal der quantitative Anteil erblicher Komponenten bei den meisten psychogenen Störungen vergleichsweise nicht einmal sehr stark ausgeprägt ist. Im Einzelfall könnte man aber vielleicht folgern, daß eine ätiologische, sprich: aufdeckend analytische, Psychotherapie weniger effektiv ist als vielleicht spezielle übende Verfahren. – Umgekehrt rechtfertigen die positiven Belege für neurosepathogenetische Umweltfaktoren einen sehr viel größeren therapeutischen und psychohygienisch-prophylaktischen Aufwand als er bisher hierzulande getrieben wird. – Aber: Wem sage ich das?

Literatur

1 Adam, R.: 10 Jahre Erziehungsberatungsstelle Göttingen, Prax. Kinderpsychol. 18, 152–156 (1969).

2 Balla-Jaeger, W.: Mutismus bei eineiigen Zwillingen – ein katamnestischer Bericht, Acta paedopsychiat. 38, 17–21 (1971).

3 Biermann, G. u. a.: Die Tätigkeit der psychosomatischen Beratungsstelle für Kinder bei der Universitäts-Kinderpoliklinik München, Prax. Kinderpsychol. 12, 193–204 und 246–256 (1963).

4 Burlingham, D.: Twins. A Study of Three Pairs of Identical Twins, Imago Publ. London 1952.

5 Dührssen, A.: Zum Problem der psychogenen Eßstörung. – Ein kasuistischer Bericht über die gemeinsame Erkrankung eines weiblichen Zwillingspaares an sog. psychogener Magersucht, Psyche 4, 56–72, Heidelberg 1950/51.

6 dies.: Psychogene Erkrankungen bei Kindern und Jugendlichen, Verl. Med. Psychol., Göttingen 1958.

7 Eysenck, H. J., Prell, D. B.: The Inheritance of Neuroticism: An experimental Study. J. ment. Sci. 97, 441–465 (1951).

8 Freud, S.: Gesammelte Werke, S. Fischer, Frankfurt 1961. Zitat aus Bd. VIII: S. 364. Ferner Bd. I: S. 407–422, 484, 486 ff.; Bd. V: 178; Bd. VIII: 453; Bd. XI: 375 f., 377 ff., 423 ff.; Bd. XII: 286; Bd. XVI: 64.

9 Gottesmann, I. I.: Heritability of Personality. A Demonstration, Psychol. Monogr. 77, 1–21 (1963).

10 Hallgren, B.: Enuresis. A Clinical and Genetic Study, Acta psychiat. scand. 32, 114, Suppl. (1957).

11 ders.: Nocturnal Enuresis in Twins, Acta psychiat. scand. 35, 73–90 (1960).

12 Hartmann, H.: Psychiatrische Zwillingsstudien, Jb. Psychiat. Neurol. 50, 195–242 (1933).

13 Luchsinger, R., Arnold, G. E.: Lehrbuch der Stimm- und Sprachheilkunde, 2. Aufl., Springer, Wien 1959.

14 Mora, G., de Vault, S., Schopler: Dynamics and Psychotherapy of Identical Twins with Elective Mutism, J. Child Psychol. 3, 41–52 (1962).

15 Nelson, Hunter, Walter: 1945; zit. nach Luchsinger, R., Arnold, G.: Lehrbuch der Stimm- und Sprachheilkunde, Springer, Wien 1959.

16 Schepank, Heinz: Neurotische Symptomatik bei kindlichen und jugendlichen Zwillingen. In: Jb. f. Jugendpsychiatrie u. ihre Grenzgebiete, Bd. VI, 59–70, Huber, Berlin-Stuttgart 1967.

17 ders.: Erb- und Umwelteinflüsse bei 50 neurotischen Zwillingspaaren. Z. Psychother. med. Psychol. 21, 41–50 (1971).

18 ders.: Erb- und Umweltfaktoren bei Neurosen. Ergebnisse der Zwillingsforschung und anderer Methoden, Nervenarzt 44, 449–459 (1973).

19 ders.: Erb- und Umweltfaktoren bei Neurosen. Tiefenpsychologische Untersuchungen an 50 Zwillingspaaren. Springer, Berlin-Heidelberg-New York 1974.

20 ders.: Diskordanzanalyse eineiiger Zwillingspaare. Kasuistischer Beitrag zur Psychogenese. Z. Psychosomat. Med. u. Psychoanalyse, 21, 215–242 (1975).

21 Schwidder, W.: Klinik der Neurosen. In: Psychiatrie der Gegenwart, Bd. II/1, Klinische Psychiatrie 1, 351–476, Springer, Berlin-Heidelberg-New York 1972.

22 Schultz-Hencke, H.: Lehrbuch der analytischen Psychotherapie. Thieme, Stuttgart 1951.

23 Tatarelli, R., Godai, U.: Stuttering and Tics: Twin study, Acta genet. med. 1975 (Int. Congr. of twin studies Rome 1974).

24 Vogel, F.: Lehrbuch der allgemeinen Humangenetik, Springer, Berlin-Göttingen-Heidelberg 1961.

25 Weinschenk, C.: Die erbliche Lese-Rechtschreibschwäche und ihre sozialpsychiatrischen Auswirkungen, Huber, Bern und Stuttgart 1962.

Horst Petri

Über eine Untersuchung zur sozialen Schicht und psychischen Erkrankung an einer kinder- und jugendpsychiatrischen Population

Die vorliegende Untersuchung ist thematisch im Bereich epidemiologischer Forschung angesiedelt. Dieser Forschungsansatz ist noch im wesentlichen auf den anglo-amerikanischen Bereich beschränkt und muß in Deutschland erst stärker entwickelt werden.
Es wird über eine Untersuchung an 1040 Patienten einer großstädtischen kinder- und jugendpsychiatrischen Poliklinik (Freie Universität Berlin) berichtet. Diagnostisch handelt es sich ausschließlich um psychische Erkrankungen, ohne zusätzliche komplizierende Diagnosen. Erfaßt wurden alle entsprechenden Patienten der Jahrgänge 1966–1971 im Alter zwischen 3 und 18 Jahren. Der Begriff psychische Erkrankung umfaßt alle psychischen Störungen, die als psychogen verursacht angesehen werden können und differenziert im Hinblick auf die Fragestellung, nämlich nach der Mitverursachung durch soziale Faktoren, nicht nach einzelnen Diagnosen der psychischen Störungen.
Die statistische Auswertung erfolgte nach der von Ockel (1964) eingeführten Dokumentationskarte, wobei einzelne Bereiche aus Gründen der besseren Auswertbarkeit modifiziert werden mußten. Das Sample wurde nach dem Beruf des Hauptverdieners in 3 soziale Schichten unterteilt: Oberschicht, Mittelschicht, Unterschicht (Abb. 1).

		N	%
Arbeiter	US	354	34
untere, mittlere Angestellte und Beamte kleine, mittlere Gewerbetreibende	MS	528	51
höhere Angestellte und Beamte größere Gewerbetreibende freie akademische Berufe	OS	158	15
	Σ	1040	100

Abb. 1: Schichteneinteilung des Samples

Die statistische Auswertung bezieht sich auf den sozialen Bereich, auf den Krankheitsbereich und auf einen Untergruppenvergleich, der beide Bereiche in Beziehung setzt.

I. Der soziale Bereich

Dieser wurde nach verschiedenen Kategorien ausgewertet.

1. Kindschaftsverhältnis und soziale Schicht (Abb. 2)

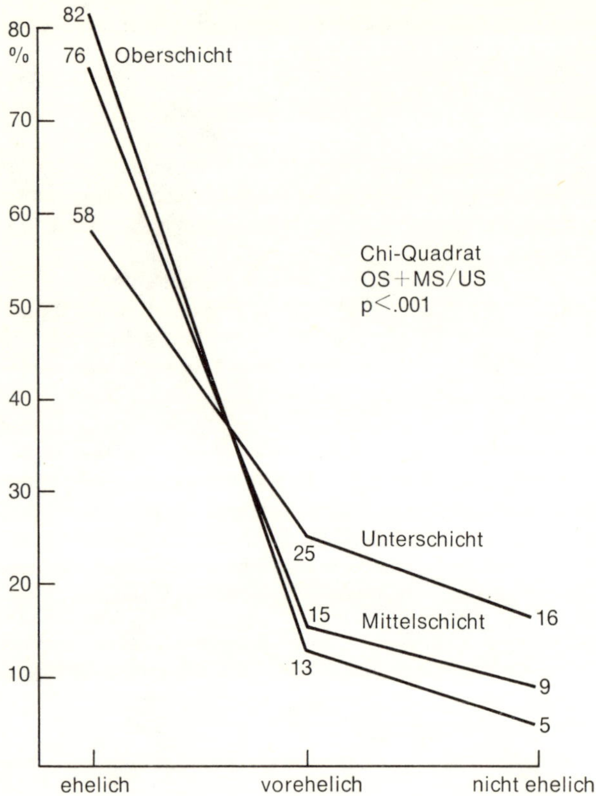

Abb. 2: Kindschaftsverhältnis und soziale Schicht, Gruppe B. N = 1040

In der Unterschicht finden sich gegenüber der Mittel- und Oberschicht statistisch signifikant mehr vorehelich gezeugte und nicht ehelich geborene kinder.

2. Familienverhältnisse und soziale Schicht (Abb. 3)

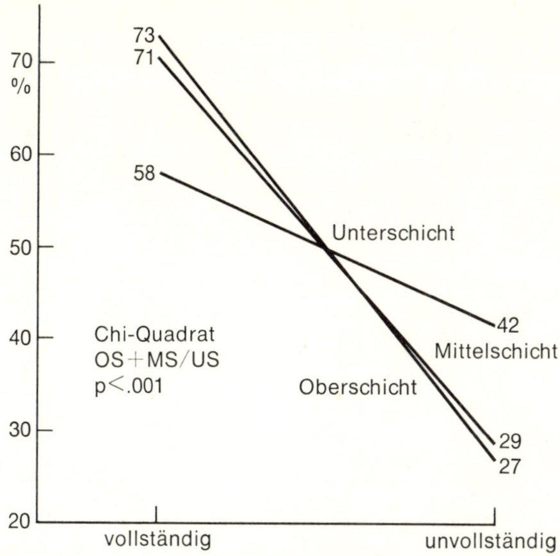

Abb. 3: Familienverhältnisse und soziale Schicht, Gruppe B. N=1040

Die Familienverhältnisse wurden nach den Kategorien vollständig und unvollständig differenziert. Dabei zeigt sich, daß bei Angehörigen der Unterschicht die unvollständigen Familienverhältnisse statistisch signifikant höher repräsentiert sind, als in der Mittel- und Oberschicht.

3. Wohnverhältnisse und soziale Schicht (Abb. 4)

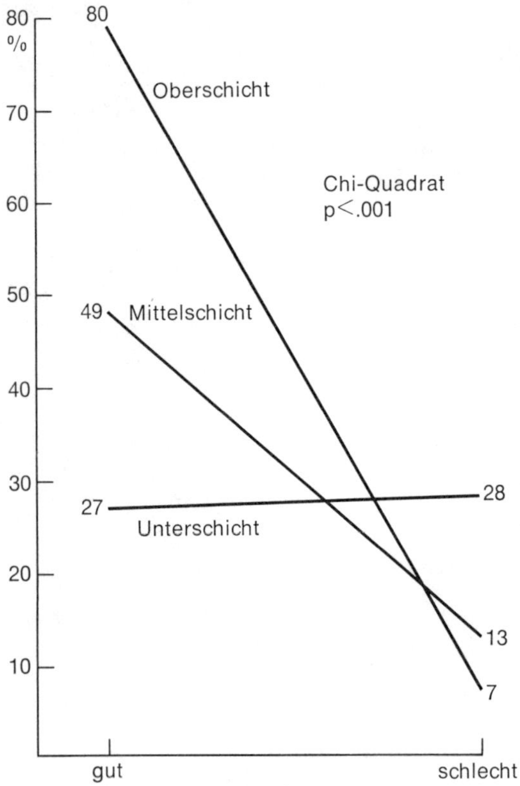

Abb. 4: Wohnverhältnisse und soziale Schicht Gruppe B. N = 1040

Für die Wohnverhältnisse sind in der Dokumentationskarte 3 Kategorien erfaßt: gut, ausreichend und schlecht. Diese Kategorien sind nicht streng definiert und erlauben daher nur eine relativ grobe Orientierung. Zur besseren Veranschaulichung wurden in Abb. 4 nur die guten und schlechten Wohnverhältnisse dargestellt. Die Ergebnisse zeigen, daß in der Unterschicht statistisch mehr schlechte Wohnverhältnisse bestehen als in den beiden höheren sozialen Schichten, und daß insgesamt mit steigender sozialer Schicht die guten Wohnverhältnisse zunehmen.

4. Wirtschaftliche Verhältnisse und soziale Schicht (Abb. 5)

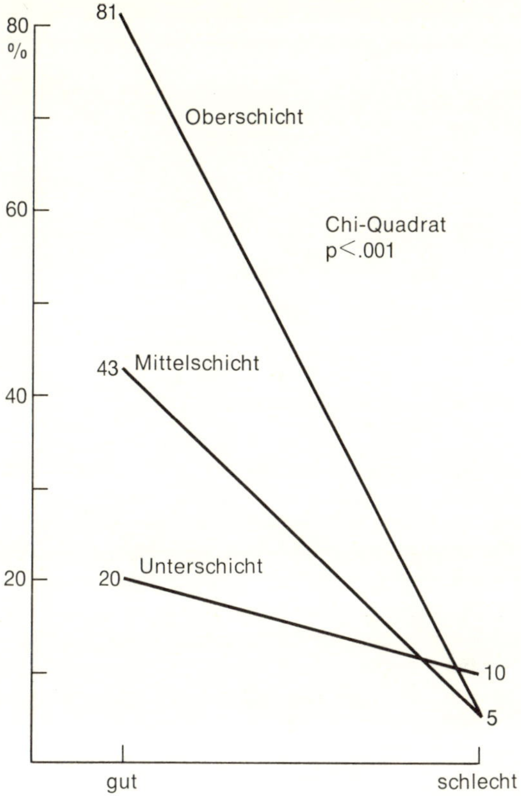

Abb. 5: Wirtschaftliche Verhältnisse und soziale Schicht, Gruppe B. N=1040

Bei den wirtschaftlichen Verhältnissen gilt in bezug auf die Kategorien das gleiche wie bei den Wohnverhältnissen. In Abb. 5 sind auch nur die guten und schlechten wirtschaftlichen Verhältnisse erfaßt; auch hier zeigt sich wieder eine deutliche Zunahme der guten wirtschaftlichen Verhältnisse mit steigender sozialer Schicht. In der Unterschicht sind doppelt so viele schlechte wirtschaftliche Verhältnisse wie in den beiden anderen Schichten anzutreffen.

5. Berufstätigkeit der Mutter und soziale Schicht (Abb. 6)

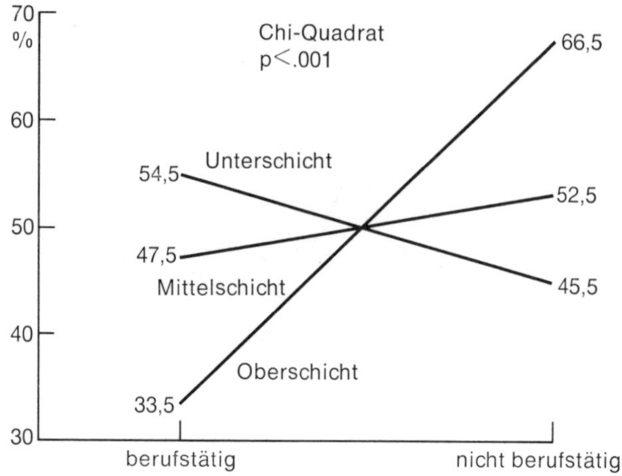

Abb. 6: Berufstätigkeit der Mutter und soziale Schicht Gruppe B. N=1040

Die Ergebnisse zeigen das statistisch hochsignifikante Ergebnis, nach dem die Berufstätigkeit der Mutter mit sinkender sozialer Schicht zunimmt; in der Unterschicht sind mehr Frauen berufstätig als nicht berufstätig, während in den beiden höheren sozialen Schichten ein umgekehrtes Verhältnis vorliegt.
Zusammenfassend läßt sich für den sozialen Bereich sagen, daß in allen 5 untersuchten Kategorien hochsignifikante Schichtunterschiede bestehen, wobei die ungünstigere Situation der Angehörigen der Unterschicht deutlich erkennbar wird.

II. Der Krankheitsbereich

Auch dieser Bereich wurde nach verschiedenen Kategorien ausgewertet.

1. Anzahl der Symptome im Schichtenvergleich (Abb. 7)

	Jungen	Mädchen
US	$\bar{X} = 6{,}87$	$\bar{X} = 6{,}23$
MS	$\bar{X} = 6{,}16$	$\bar{X} = 6{,}10$
OS	$\bar{X} = 6{,}09$	$\bar{X} = 7{,}1$
	F –Test $p < .05$ US/MS + OS $p < .01$	F – Test n. s. OS/MS + US n. s.

Abb. 7: Anzahl der Symptome und soziale Schicht der Gruppe B. N=1040

Die Anzahl der Symptome pro Patient kann keine gültigen Aussagen über den Schweregrad der psychischen Erkrankung machen; sie kann bestenfalls als ein Indikator in dieser Richtung gewertet werden. Mit dieser Einschränkung wurde die Anzahl der Symptome pro Patient im Schichtenvergleich untersucht. Dabei ergab sich für die Jungen der Unterschicht eine statistisch signifikant höhere Anzahl an Symptomen als bei Jungen der Mittel- und Oberschicht. Bei den Mädchen zeigten sich keine signifikanten Unterschiede.

2. Ausprägungsgrad der psychischen Erkrankung (Abb. 8)

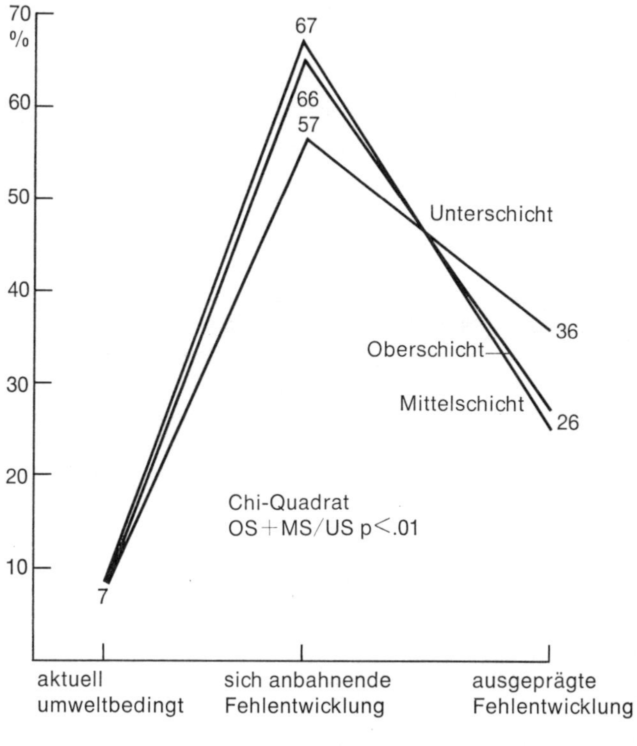

Abb. 8: Ausprägungsgrad der psychischen Erkrankung und soziale Schicht, Gruppe B. N=1040

Die komplexe Problematik der Einschätzung des Ausprägungsgrades einer psychischen Erkrankung läßt sich hier leider nicht verfolgen. Es sei in diesem Zusammenhang auf die gründliche epidemiologische Untersuchung von Thalmann (1971) verwiesen. Die Dokumentationskarte unterscheidet bei der Diagnose »Psychogene Störungen« 3 Kategorien: »Aktuell umweltbedingt«, »sich anbahnende Fehlentwicklung« und »Ausgeprägte Fehlentwicklung«. Diese Kategorien lassen sich als Abstufungen hinsichtlich des Schweregrades der psychischen Störungen interpretieren und werden in der diagnostischen Praxis entsprechend gehandhabt. Ihre Auswertung erlaubt zumindest grob orientierende Aussagen über den Ausprägungsgrad der psychischen Erkrankung. Nur in diesem Sinne können die hier dargestellten Ergebnisse verstanden werden. Wie diese zeigen, unterscheiden sich alle 3 Schichten nicht bei der ersten Kategorie (»Aktuell umweltbedingt«); Mittel- und Oberschicht unterscheiden sich auch nicht bei den beiden anderen Kategorien, während die Unterschicht signifikant mehr ausgeprägte Fehlentwicklungen zeigt als die beiden anderen Schichten.

3. Alter und soziale Schicht (Abb. 9)

	Jungen	Mädchen	Diff.
US	9;1	10;1	1;0
MS	10;1	11;3	1;2
OS	11;2	12;6	1;4

Abb. 9: Medianwerte aller Altersstufen bei Jungen und Mädchen der 3 sozialen Schichten der Gruppe B.

Eine Hypothese der Untersuchung lautete, daß auf Grund unterschiedlicher sozialer Belastungen und unterschiedlicher Sozialisationsbedingungen in den verschiedenen Sozialschichten die Kinder um so früher psychisch erkranken, je niedriger ihre soziale Schichtzugehörigkeit ist. Es wurde deshalb das durchschnittliche Alter der Kinder bei der Vorstellung im Schichtenvergleich untersucht; dieses gibt nicht das Manifestationsalter der psychischen Erkrankung an; das Alter bei der Erstvorstellung dürfte jedoch diesbezüglich indirekte Aussagen zulassen.
Wie die Ergebnisse zeigen, korreliert entsprechend der Hypothese ein jüngeres Alter mit der jeweils niedrigeren sozialen Schicht. Der Medianwert aller Altersstufen ist für die Angehörigen der Unterschicht am niedrigsten. In allen Schichten werden die Jungen jeweils früher vorgestellt als die Mädchen.

4. Art der Symptomatik und soziale Schicht (Abb. 10)

US	MS	OS
Kontaktstörungen	Überanpassung	Leistungsversagen
Einordnungsstörung	Zwangsmechanismen	Depressive Verstimmung
Nägelknabbern		Allg. Stimmungsstörung
Hypermotorik		Darmfunktionsstörung
Allg. Ängstlichkeit		Magenbeschwerden
Schwindeln – Lügen		Hautaffektionen
Wegnehmen – Stehlen		
Verwahrlosungsgefährdung		
Gesteigerte Aggressivität		
Herumbummeln – Weglaufen		
Stottern		

Abb. 10: Einzelsymptome mit signifikant unterschiedener Häufigkeit bei den sozialen Schichten der Gruppe B.

Die Symptomliste der Dokumentationskarte umfaßt 56 psychogene Symptome, deren prozentuale Häufigkeitsverteilung einem Schichtenvergleich unterzogen wurde. Dabei zeigen für die Gesamtgruppe 19 Symptome signifikant unterschiedliche Häufigkeiten, jeweils gegenüber den beiden anderen sozialen Schichten (11 in der US, 2 in der MS und 6 in der OS). Sie alle lassen ein annähernd charakteristisches Verteilungsmuster erkennen: In der Unterschicht sind Verwahrlosungssymptome, Kontaktstörungen und Symptome, die für eine gestaute bzw. diffus agierte Aggression sprechen, überrepräsentiert; in der Mittelschicht dominieren Symptome, die für eine zwangsneurotische Charakterhaltung charakteristisch sind und in der Oberschicht findet sich eine besondere Häufung von psychosomatischen Störungen und affektiven Beschwerden. Diese Verteilungsmuster weisen Parallelen zur entsprechenden – meist angloamerikanischen – Untersuchungsergebnissen an Erwachsenen auf. An späterer Stelle wird auf dieses Verteilungsmuster noch einmal eingegangen.

5. Psychische Struktur und soziale Schicht (Abb. 11)

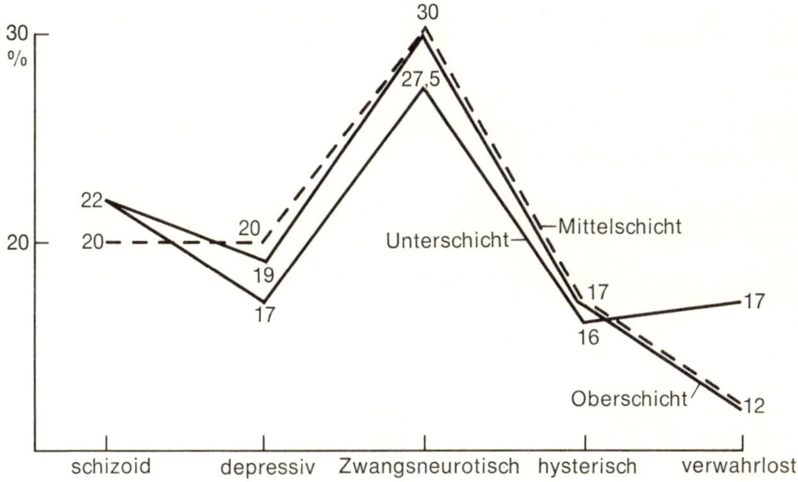

Abb. 11: Psychische Strukturen und soziale Schicht bei Gruppe B. N = 1040

Eine Hypothese der Untersuchung lautete, daß durch unterschiedliche soziale Belastungen und Sozialisationsbedingungen die Festlegung einer neurotischen Charakterstruktur um so früher erfolgt, je niedriger die soziale Schichtzugehörigkeit ist; nach ihr müßten in der Unterschicht schizoide, depressive und Verwahrlosungsstrukturen häufiger und zwangsneurotische und hysterische Strukturen seltener auftreten als in den höheren Sozialschichten. (Näheres zur psychoanalytischen Strukturtheorie, zum komplexen Problem der diagnostischen Erfassung einer Struktur und zur näheren Begründung der Hypothese siehe Petri, 1975.) Auf einer experimentellen Ebene wurde die Strukturanalyse methodisch so vorgenommen, daß alle Einzelsymptome durch 7 analytisch ausgebildete Therapeuten einem rating nach den 5 Strukturen (schizoid, depres-

siv, zwangsneurotisch, hysterisch, verwahrlost) unterzogen wurden. Dabei erwiesen sich 16 Symptome (28 %) als unspezifisch. Von den restlichen Symptomen wurden entsprechend ihrer Strukturzugehörigkeit Summen gebildet und ihre prozentuale Häufigkeitsverteilung im Schichtvergleich untersucht. Dieser methodische Ansatz lehnt sich an eine Untersuchung von Hau (1968) über die Häufigkeit schizoider und depressiver Strukturen von im 2. Weltkrieg geborenen Patienten an.
Wie die Ergebnisse in Abb. 11 zeigen, konnte die Hypothese nur für die Verwahrlosungsstruktur bestätigt werden, die in der Unterschicht signifikant häufiger auftritt als in den beiden anderen Sozialschichten. Mittel- und Oberschicht unterscheiden sich in keinem Strukturbereich. An späterer Stelle wird noch einmal auf dieses Ergebnis eingegangen.
Faßt man die Ergebnisse zu den 5 Kategorien des Krankheitsbereichs zusammen, so zeigt sich, daß die Angehörigen der Unterschicht sich durch ein jüngeres Vorstellungsalter, durch eine höhere Anzahl von Symptomen, durch stärker ausgeprägte psychische Störungen, durch eine größere Häufigkeit von Verwahrlosungsstrukturen und ein charakteristisches Verteilungsmuster psychischer Symptome von der Mittel- und Oberschicht unterscheiden. Die beiden höheren Sozialschichten unterscheiden sich lediglich hinsichtlich des Verteilungsmusters psychischer Symptome.

III. Untergruppenvergleich

Nach den geschilderten Ergebnissen zum sozialen und zum Krankheitsbereich sollte untersucht werden, welche Beziehung zwischen beiden Bereichen besteht, d. h., ob und wie sich unterschiedliche soziale Bedingungen auf den Krankheitsprozeß auswirken. Dazu wurde das Gesamtsample in 2 Untergruppen unterteilt (Gruppe C und Gruppe D). Alle Patienten, die einen oder mehrere ungünstige soziale Faktoren in den sozialen Kategorien aufwiesen, wurden der Gruppe D zugeordnet. Als ungünstige soziale Faktoren galten: Schlechte wirtschaftliche Verhältnisse, schlechte Wohnverhältnisse, ganztägige Berufstätigkeit der Mutter, vorehelich gezeugt, nicht ehelich geboren und unvollständige Familienverhältnisse. Diese Gruppe umfaßt 662 Patienten (64 % oder $^2/_3$). Die Gruppe C (387 Patienten) enthält demgegenüber alle Patienten, bei denen keine ungünstigen Faktoren vorlagen; sie ist also die Gruppe mit den vergleichsweise günstigen sozialen Bedingungen. Beide Gruppen wurden im Schichtenvergleich untersucht.

1. Die Zusammensetzung der Gruppen (Abb. 12)

Untersucht man zunächst die Verteilung der 3 sozialen Schichten auf die beiden Untergruppen, so zeigen sich erhebliche Unterschiede: Je niedriger die soziale Schicht, um so größer ist die Zugehörigkeit zu der Gruppe mit den sozial ungünstigen Bedingungen (Gruppe D). Diese Unterschiede entsprechen nach den oben mitgeteilten Untersuchungsergebnissen zum sozialen Bereich den Erwartungen.

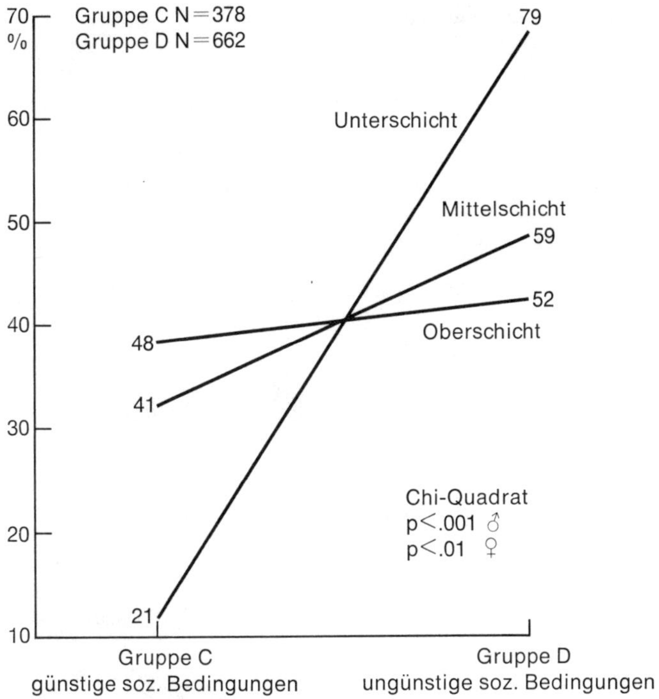

Abb. 12: Soziale Schicht bei Gruppe C und Gruppe D

2. Symptomatik im Untergruppenvergleich (Abb. 13)

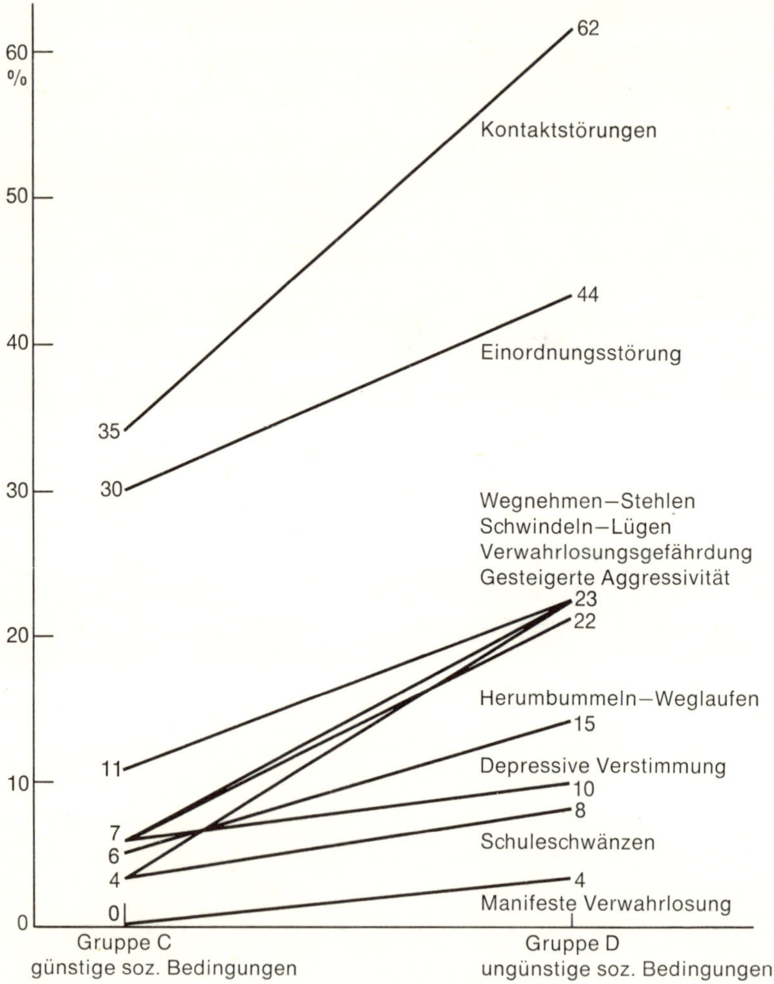

Abb. 13: Einzelsymptome mit signifikant unterschiedener Häufigkeit der Gruppe C und Gruppe D. Unterschicht Jungen (ohne Zwangsmechanismen)

Bei der Untersuchung der Symptomatik im Untergruppenvergleich besteht für 10 Symptome eine signifikante Abhängigkeit von Sozialfaktoren im Sinne einer Zunahme unter sozial ungünstigen Bedingungen. Am deutlichsten ausgeprägt ist diese Abhängigkeit bei Jungen der Unterschicht (s. Abb. 13). Bei den 10 Symptomen handelt es sich neben Kontaktstörungen und depressiven Verstimmungen überwiegend um Verwahrlosungssymptome. Nur 1 der 56 Symptome (Zwangsmechanismen) ist in der Gruppe der sozial günstigen Bedingungen (Gruppe C) gegenüber Gruppe D, erhöht (es wurde nicht mit in die Abb. 13 aufgenommen).

3. Symptomatik in Gruppe C (Abb. 14)

US	MS	OS
Allg. Ängstlichkeit Ohnmachten	Überanpassung	Leistungsversagen Konzentrationsstörung Situationsangst

Abb. 14: Einzelsymptome mit signifikant unterschiedener Häufigkeit bei den sozialen Schichten der Gruppe C.

Nachdem die Häufigkeitsverteilung der Einzelsymptome der Gesamtpopulation ein annähernd charakteristisches Verteilungsmuster auf die einzelnen sozialen Schichten gezeigt hatte (vgl. Abb. 10), interessierte die Frage, wie sich dieses Verteilungsmuster nach Ausschluß aller sozial ungünstigen Faktoren verhalten würde. Es wurde daher für Gruppe C die Gesamtsymptomatik einem Schichtenvergleich unterzogen. Wie Abb. 14 zeigt, kommt es unter sozial günstigen Bedingungen nicht nur zu einer deutlichen Abnahme der sich signifikant unterscheidenden Symptome (6 statt 19), sondern auch zu einer Auflösung des charakteristischen Verteilungsmusters. Dieses Ergebnis erlaubt für die untersuchte Population die Aussage, daß die charakteristischen Verteilungsmuster psychischer Symptome nicht primär die charakteristischen Merkmale einer sozialen Schicht sind, sondern wesentlich der Ausdruck für die unterschiedlichen sozialen Bedingungen in den einzelnen Schichten. Mit anderen Worten: Unter konstanten und vergleichbaren sozialen Bedingungen gibt es keine wesentlichen Unterschiede in der Art und Ausprägung psychischer Erkrankungen zwischen den einzelnen sozialen Schichten. Mit dieser Aussage werden bereits die folgenden Ergebnisse vorweggenommen, die der Untergruppenvergleich erbracht hat. Sie sollen noch kurz dargestellt werden.

4. Ausprägungsgrad der psychischen Erkrankung im Schichten- und Untergruppenvergleich (Abb. 15)

In Abb. 15 ist nur der schwerste der 3 Ausprägungsgrade der psychischen Erkrankungen, die »ausgeprägte Fehlentwicklung«, im Schichten- und Untergruppenvergleich dargestellt. Die Abbildung macht deutlich, daß unter sozial günstigen Bedingungen (Gruppe C) keine wesentlichen Unterschiede mehr zwischen den sozialen Schichten hinsichtlich der Schwere der psychischen Erkrankung bestehen. In der Gesamtgruppe hatte die Unterschicht signifikant mehr ausgeprägte Störungen. Unter sozial ungünstigen Bedingungen steigen für alle Schichten die ausgeprägten Störungen an, am meisten in der Unterschicht. Dieser stärkere Anstieg der Unterschicht mag dadurch bedingt sein, daß im Durchschnitt die Anzahl der sozial ungünstigen Faktoren bei Angehörigen der Unterschicht höher liegt, als in den beiden anderen Schichten. (Mittelwerte: US = 1,94; MS = 1,67; OS = 1,45.)

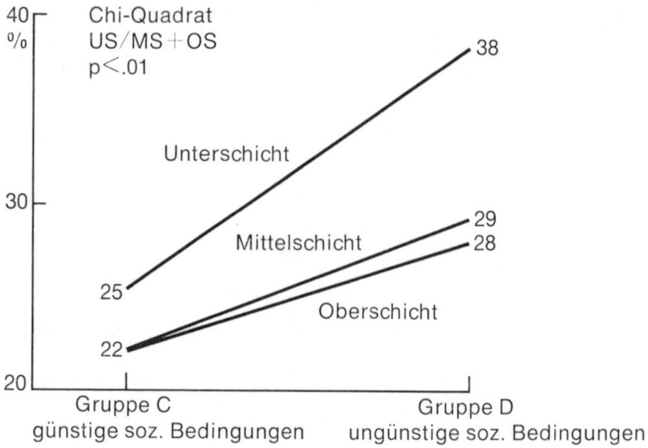

Abb. 15: Ausgeprägte Fehlentwicklung und soziale Schicht bei Gruppe C und Gruppe D

5. Anzahl der Symptome im Schichten- und Untergruppenvergleich (Abb. 16)

Wie die Ergebnisse in Abb. 16 zeigen, entfallen unter sozial günstigen Bedingungen (Gruppe C) bei Jungen die in dem Gesamtsample festgestellten Unterschiede in der Anzahl der Symptome zwischen den 3 sozialen Schichten, während die Symptomanzahl nach Gruppe D hin allgemein, jedoch nur in der Unterschicht statistisch signifikant, zunimmt. Die höhere Anzahl der Symptome in Gruppe D für die Unterschicht mag wiederum durch die durchschnittlich höhere Belastung mit sozial ungünstigen Faktoren in dieser Schicht bedingt sein.

	Gruppe D	Gruppe C	
US	$\bar{X} = 7{,}13$	$\bar{X} = 5{,}96$	F – Test $p < .01$
MS	$\bar{X} = 6{,}29$	$\bar{X} = 5{,}99$	n. s.
OS	$\bar{X} = 6{,}13$	$\bar{X} = 6{,}07$	n. s.
	F – Test US/MS + OS $p < .01$	F – Test n. s.	

Abb. 16: Anzahl der Symptome und soziale Schicht bei Gruppe C u. Gruppe D. Jungen

6. Psychische Strukturen im Schichten- und Untergruppenvergleich (Abb. 17)

Bei der Strukturanalyse im Untergruppenvergleich ergaben sich unter sozial günstigen Bedingungen (Gruppe C) keine Unterschiede mehr zwischen den

	US		MS		OS	
	C	D	C	D	C	D
früher Strukturbereich schizoid, depressiv verwahrlost	47	59	48,5	56	47	58
später Strukturbereich zwangsneurotisch hysterisch	53	41	51,5	44	53	42
	Chi-Quadrat $p < .05$ ♂ $p < .01$ ♀		Chi-Quadrat n. s. ♂ $p < .01$ ♀		Chi-Quadrat $p < .01$ ♂ n. s. ♀	

Abb. 17: Früher und später Strukturbereich im Schichtenvergleich bei Gruppe C und Gruppe D. Angaben in %

sozialen Schichten. In der Gesamtgruppe hatte die Unterschicht mehr Verwahrlosungsstrukturen gezeigt. In Gruppe D zeigt die Unterschicht wieder signifikant mehr Verwahrlosungsstrukturen als die beiden übrigen Schichten.
Um die o. g. Hypothese, nach der unter sozial ungünstigen Bedingungen vermehrt frühe neurotische Charakterstrukturen auftreten, in globalerer Form zu überprüfen, wurden die schizoide, die depressive und die Verwahrlosungsstruktur zu einem frühen Strukturbereich und die zwangsneurotische und die hysterische Struktur zu einem späten Strukturbereich zusammengefaßt und im Untergruppenvergleich nach Schichten untersucht. Wie Abb. 17 zeigt, nimmt der frühe Strukturbereich in allen Schichten in Gruppe D, also unter sozial ungünstigen Bedingungen, zu und der späte Strukturbereich entsprechend ab. Dieses Ergebnis ist für alle Schichten signifikant. Damit konnte der Einfluß konkreter sozialer Bedingungen auf die Entstehung spezifischer Strukturen wahrscheinlich gemacht werden.
Die dargestellten Ergebnisse können zusammenfassend die Annahme bestätigen, daß konkrete soziale Bedingungen einen maßgeblichen Einfluß auf Art und Schwere der psychischen Erkrankung haben. Dabei dürfte es sich jedoch nicht um einen direkten, sondern um einen indirekten – über die komplexe psychosoziale Struktur der Familie vermittelten – Zusammenhang handeln. Die empirischen Ergebnisse haben eine praxisanleitende Funktion insofern, als sie verdeutlichen, daß neben dem Ausbau therapeutischer Verfahren verstärkte präventive Maßnahmen notwendig sind, die eine Verbesserung der sozialen Struktur und der Sozialisationsbedingungen der Familie – und besonders der unterprivilegierten Schichten der Bevölkerung – zum Ziel haben. Dafür einzutreten gehört in den Aufgabenbereich der Wissenschaft und derer, die diese Wissenschaft gegenüber gesellschaftlich verantwortlichen Institutionen vertreten.

Literatur

Hau, Th. F.: Frühkindliches Schicksal und Neurose, Verlag für med. Psychologie, Göttingen 1968.

Ockel, H. H.: Entwurf zu einem Diagnosenschema für Erziehungsberatungsstellen, Praxis Kinderpsychol. 13, 272–283, 1964.

Petri, H.: Soziale Schicht und psychische Erkrankung im Kindes- und Jugendalter. Eine empirisch-statistische Untersuchung einer kinder- und jugendpsychiatrischen Population, Habil-Schrift, Berlin 1975.

Thalmann, H.-Ch.: Verhaltensstörungen bei Kindern im Grundschulalter, Klett, Stuttgart 1971.

Gerhardt Nissen

Das verhaltensgestörte Kind und seine Probleme in der Schule

»Als verhaltensgestört gilt, wer auf Grund organischer, vor allem hirnorganischer Schädigungen oder eines negativen Erziehungsmilieus in seinem psychosozialen Verhalten gestört ist und in sozialen Situationen unangemessen reagiert und selbst geringfügige Konflikte nicht bewältigt . . .«. Zu einer ähnlichen Definition, wie sie der »Deutsche Bildungsrat« in der »Empfehlung zur pädagogischen Forderung Behinderter und von Behinderung bedrohter Kinder und Jugendlicher (3. Entwurf)« unter 3. 4. 9. vorschlägt, gelangte die Kommission für Nomenklaturen im Rahmen der Sektion Kinderpsychiatrie auf dem 1. Weltkongreß für Psychiatrie: »Wir werden den Ausdruck Verhaltensstörungen gebrauchen, um die Gesamtheit der Schwierigkeiten zu bezeichnen, die das Erscheinen der Eltern auf einer Beratungsstelle motivieren.« Hierzu gehören auch Funktionsstörungen innerhalb und abnorme Gewohnheiten im Bereich der Körpersphäre, Störungen der Ich-Gefühle und Grundstimmungen, Störungen im Tätigkeits- und Leistungsbereich und soziale Störungen.
Aber weder diese Definition wie der **Begriff der Verhaltensstörung** schlechthin ist so wertneutral, wie es zunächst den Anschein hat. Das betroffene Kind leidet

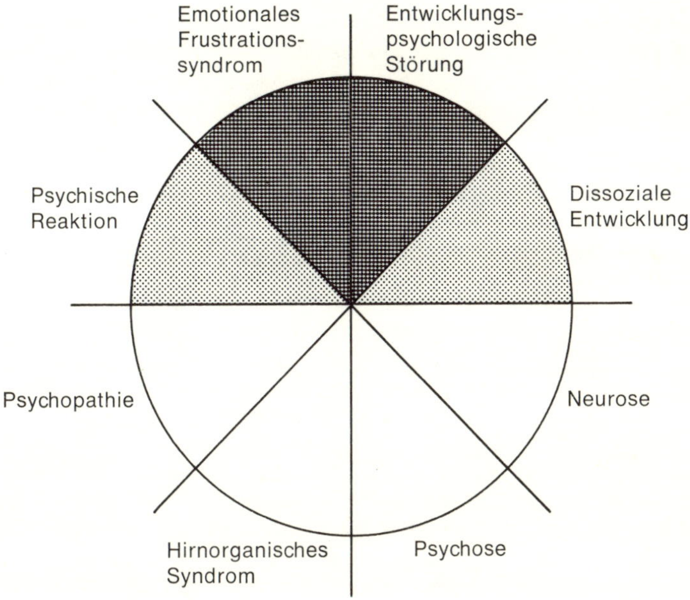

Abb. 1: Verhaltensstörungen bei Kindern im allgemeinen und Verhaltensstörungen im speziellen Sinne.

oft viel weniger unter seinen Verhaltensstörungen als seine nächste Umgebung: seine Eltern und Lehrer, Geschwister und Mitschüler. Für das verhaltensgestörte Kind setzt eine subjektive Beeinträchtigung des Befindens oft erst dann ein, wenn stärkere emotionale, intellektuelle oder pädagogische Forderungen gestellt werden, wie dies in der Schule der Fall ist. Aus kinderpsychiatrischer Sicht umschließt der Begriff der Verhaltensstörungen andererseits fast die gesamte Psychopathologie dieses Lebensabschnittes und ist deshalb nur als deskriptive Diagnose ursächlich ungeklärter psychischer und psychosomatischer Störungen brauchbar, die eine sorgfältige Diagnostik erfordern, um eine gezielte Therapie einleiten zu können. In Übereinstimmung damit steht die Feststellung, daß als Grund einer stationären Einweisung häufig eine Verhaltensstörung angegeben wird, während sie als Entlassungsdiagnose nur für frustrations- oder entwicklungsbedingte psychische Störungen verwendet wird, nicht jedoch für neurotische, hirnorganische oder endogene psychopathologische Syndrome.
Vom Standpunkt des Kinderpsychiaters ist z. B. die phänomenologisch einheitliche **Schulverweigerung** ein pathogenetisch, therapeutisch und prognostisch außerordentlich differentes Syndrom. Das krisenhafte Ausweichen vor der Schul- und Unterrichtssituation, das auch in Ländern mit einer traditionell relativ straffen Schuldisziplin erheblich zugenommen hat, läßt bei psychodynamischer Betrachtung vier unterschiedlich motivierte Formen der Lern- und Schulverweigerung (Nissen) erkennen, die von unterschiedlich akzentuierten Lust- und Unlustgefühlen begleitet sind.
Bei der **Lernverweigerung,** einer Art »innerer Emigration« in der Klasse anwesender, wenn auch häufig zu spät kommender Kinder, handelt es sich meistens um Folgen einer verwöhnenden bzw. gleichgültigen oder vernachlässigenden Erziehung. Diese Kinder bringen bei der Einschulung bereits die Erfahrung mit, daß man im Prinzip alles bekommt, was man haben will, wenn man es nur lange und konsequent genug fordert. Sie akzeptieren weder die Funktion des Lehrers noch die aufgestellten Lernziele, können sich nicht in die Gemeinschaft integrieren und sind in diesem Sinne trotz durchschnittlicher oder überdurchschnittlicher Intelligenz noch nicht schulreif.
Beim **Schulschwänzen** wird die unlustgetönte schulische Leistungssituation durch Überwechseln in lustbetonte Verhaltensweisen (Warenhaus, Bahnhof, Zuhause) vermieden, Schulschwänzer sind sozialisationsgefährdet oder bereits

Formen der Schulverweigerung

Schulphobie	Schulangst	Schulschwänzen
Angst vor der Trennung von der Mutter (Verlustangst)	Angst vor Leistungsversagen und Demütigungen (Kränkungsangst)	lustbetonte Leistungsabstinenz (Strafangst)

Abb. 2: Aus nosologischer Sicht läßt sich die Schulverweigerung aufgliedern in Schulphobie, Schulangst und Schulschwänzen; das ist im Hinblick auf die Therapie und Prognose auch von praktischer Bedeutung.

dissozial; zum Streunen und Bummeln während der Schulzeit treten häufig delinquente Verhaltensweisen hinzu. Im Gegensatz zur lustbetonten Lernverweigerung und zum Schulschwänzen stehen zwei andere Formen der Schulverweigerung, die regelmäßig mit starker Angstentwicklung einhergehen und günstige Ansatzpunkte für eine psychotherapeutische Behandlung zeigen.
Das Kind mit einer **Schulfurcht** meidet aus subjektiv verständlichen Gründen die Schulsituation und die Konfrontation mit Lehrern und Schülern aus Furcht vor Demütigungen und Kränkungen. Meistens handelt es sich um Kinder, die sich intellektuell überfordert (universelle oder partielle Lernschwäche, z. B. Teilleistungsschwäche) oder um solche, die eine erhebliche emotionale Störung (neurotische Entwicklung, z. B. depressive Verstimmung mit Selbstisolierungstendenzen) aufweisen bzw. um Kinder mit körperlichen Gebrechen (Mißbildungen, Anfallsleiden, Lähmungen). Diese Kinder verspüren durch ihr Ausweichen zunächst eine gewisse Erleichterung, sie leben jedoch in ständiger Furcht vor dem Entdecktwerden und vor einem Kontaktabbruch mit den Eltern, die für sie nicht selten die einzigen Beziehungspersonen darstellen. Die **Schulphobie** stellt demgegenüber ein besonders komplexes, bereits bei Kleinkindern präformiertes Phänomen dar, das durch eine Verdrängung von starken Ansprüchen auf die Mutter charakterisiert ist, die auf fremde Objekte, hier die Schule, verschoben wird, die an deren Stelle die Angstinhalte übernimmt. Dahinter steht die Furcht vor einer Trennung von der Mutter. Solche phobischen Fragmente finden sich häufig auch in der Schulangst und im Schulschwänzen eingebettet. Diese Separationsängste werden regelmäßig durch infantil-ängstliche Mütter erzeugt und durch ein »double-bind«-Verhalten gefördert: Sie rügen pädagogisierend das kindliche Fehlverhalten, geben aber durch mimische, gestische und emotionale Signale unbewußt zu erkennen, daß sie die Einstellung ihrer Kinder billigen. In solchen »symbiotischen Syndromen« steigern sich die Unruhe- und Erregungszustände manchmal bis zu Katastrophenreaktionen und führen manchmal zu Erschöpfungs- und Versagenszuständen bei Mutter und Kind.
Die **Häufigkeit von Verhaltensstörungen** bei Kindern schwankt je nachdem, ob man nur schwere bzw. sehr schwere (Kluge, Scholz) oder sämtliche Verhaltensanomalien (Falk, v. Harnack) berücksichtigt, zwischen 1 bis 30 %. Diese überwiegend auf das Verhalten bzw. Fehlverhalten von Kindern in der Schule abgestellten Häufigkeitsfrequenzen zeigen, wie notwendig für Lehrer, Psychologen und Ärzte eine Differenzierung der verschiedenen pathologischen Verhaltenstypen bei Kindern ist.

1. Primäre Verhaltensstörungen

Kinder mit einer **konstitutionellen Nervenschwäche** (Neuropathie, Neurasthenie) reagieren infolge einer angeborenen herabgesetzten Reizschwelle vorzeitig, überschießend und nachhaltig auf seelische und körperliche Belastungen. Diese »vegetativ-labilen«, »nervösen«, »konstitutionell aufgeregten« Kinder neigen bereits als Säuglinge zu Störungen des Schlaf-Wach-Rhythmus, sie sind trinkscheu, erbrechen häufig, verweigern später breiige oder feste Nahrung, neigen zu Durchfällen oder Verstopfungen und zeigen eine starke motorische Unruhe.

Im Kleinkinderalter entwickeln sie respiratorische Affektkrämpfe mit »Wegbleiben«, ferner Nabelkoliken, Hyperventilationssyndrome und eine Fülle anderer psychischer oder somatischer Symptome.
Das nervöse, vegetativ labile Schulkind ist infolge der konstitutionellen Nervenschwäche extrem leicht ermüdbar, konzentrationsschwach und motorisch unruhig, es tendiert zu Angst- und Panikreaktionen. Solche Kinder sind geruchs- und geräuschempfindlich, schlafen schlecht ein und neigen zu Kopfschmerzen, Schwindel und Ohnmachtsanfällen. Diese zarten und schwächlichen »asthenischen« Kinder werden leicht unterschätzt: Sie verfügen über einen »sthenischen« Kern, sie sind sachorientiert und ehrgeizig, können jedoch durch eine willensbestimmte Selbstüberforderung in Erschöpfungssituationen geraten.

2. Alters- und entwicklungsbedingte Verhaltensstörungen

Schulkinder mit einem **emotionalen Frustrationssyndrom** (psychischer Hospitalismus) sind in ihrer psychischen, manchmal auch in ihrer psychomotorischen Entwicklung durch die in der Säuglings- und Kleinkindzeit erworbenen intellektuellen und emotionalen Defizite beeinträchtigt. Mit den Fortschritten der Medizin ging die Zahl der Infektionskrankheiten und der Todesfälle zwar rapide zurück, an ihre Stelle traten jedoch Störungen der Persönlichkeitsentwicklung, die sich einerseits in einer mangelhaften Sozialisation, andererseits in einer reduzierten Lernfähigkeit ausdrücken. Emotional frustrierte Kinder verhalten sich kontaktschwach, egozentrisch und mißtrauisch, sie geraten leicht in Außenseiterpositionen und reagieren in Leistungs- wie in Versagenssituationen mit aggressiven Durchbrüchen oder depressiven Verstimmungen. – In der Schule steht der Pädagoge vor der schwierigen Aufgabe, als Entwicklungsgrundlage eine ausreichende emotionale Beziehung zu Kindern zu errichten, deren Bindungs- und Kontaktschwäche das Resultat einer liebe- und zuwendungsarmen Säuglings- und Kleinkinderzeit ist, damit Vertrauen und Selbstvertrauen anstelle von Mißtrauen treten können. Triebverdrängung und Verzicht auf sofortige Lustbefriedigung sind aus tiefenpsychologischer Sicht unbedingte Voraussetzungen für eine gelungene Sozialisation und für die Lernfähigkeit.
Dissoziale und verwahrloste Kinder mit einem a- oder antisozialen Über-Ich haben häufig entweder ein »herostratisches« Ich-Ideal oder ein schwaches bzw. partiell defektes Ich.
Sie wuchsen in einer liebearmen, vernachlässigenden Familie oder in Heimen mit häufig wechselnden Pflege- und Erziehungspersonen auf; das Schlüsselerlebnis einer befriedigenden zwischenmenschlichen Dauerbeziehung blieb ihnen versagt. Andere Kinder erlebten eine zwischen materieller Verwöhnung und emotionaler Versagung pendelnde Erziehungsform, die in einem sozioökonomisch ungünstigen Milieu mit Berufstätigkeit beider Eltern ebenso vorkommt, wie als »Luxusverwahrlosung« in sozial bessergestellten, aber emotional armen Familien. – Dissoziale Kinder mit fehlender oder konträrer Gewissensbildung sind zu einer ihren tatsächlichen Bedürfnissen entsprechenden »Selbststeuerung« nicht imstande: Das Lustprinzip hat einen permanenten Vorrang vor dem Realitätsprinzip. Die heilpädagogische oder psychotherapeutische Behandlung solcher Kinder ist problematisch, weil ein Leidensgefühl nicht besteht und Er-

satzobjekte zur Triebbefriedigung meistens deshalb nicht akzeptiert werden, weil »Durststrecken« als Voraussetzung für den Lernerfolg nicht ertragen werden.

3. Entwicklungspsychologische Verhaltensstörungen

Alters- und entwicklungsgebundene **passagere Verhaltensänderungen** im Klein- und Schulkindalter, etwa Trotz- und Bockperioden des Kleinkindes, zunehmende psychomotorische Unruhe in der Vorpubertät und puberale Verhaltensänderungen benötigen keine, allenfalls eine vorübergehende Veränderung in der Haltung der Beziehungspersonen, das durch Ignorieren und Tolerieren gekennzeichnet sein sollte, damit das passagere Fehlverhalten nicht durch Auseinandersetzungen verstärkt und fixiert wird.
Motorische Stereotypien wie Daumenlutschen, Nägelknabbern und Haarausreißen lassen sich ebenso wie Einnässen und Einkoten oft als direkte Reaktionen auf ein fehlerhaftes, meist überforderndes Verhalten durch die Umgebung einstufen. Manchmal finden sich direkte Entsprechungen zwischen dem Grad der Belastung und der Symptomintensität. Das Daumenlutschen wird z. B. vor oder während der Trennung von der Mutter stärker, (vor dem Einschlafen, in der Schule). Das Nägelknabbern nimmt etwa in einer subjektiv überfordernden Atmosphäre zu, z. B. unter dem Integrations- und Leistungszwang in der Klasse, aber auch im Nachvollzug aggressiver Handlungen, etwa dem Kriminal- oder Wildwest-Film vor dem Fernsehschirm. – Diese und andere motorische Stereotypien, zu denen bei Kleinkindern auch die genitalen Manipulationen gehören, sind als Kompensationsmechanismen für nichtgelungene oder nichtgewagte Denk- oder Handlungsvollzüge anzusehen. Sie bedürfen kinderpsychiatrisch-psychotherapeutischer Behandlung, wenn die Persönlichkeitsentwicklung des Kindes gefährdet erscheint.
Bereits die **normale Pubertät** mit ihren physiologischen Spannungszuständen und Stimmungsschwankungen ist durch zahlreiche aggressive und depressive, opportunistische und kritische Tendenzen charakterisiert. Die Jugendlichen stehen in dieser Periode vor der Aufgabe, einerseits die hormonal ausgelöste und unterhaltene genitale Sexualität zu integrieren, sich andererseits von den Autoritäten der Kindheit, Eltern und Lehrern, zu lösen und sich realitätsgerecht mit ihnen zu arrangieren und schließlich ihre individuelle, intellektuelle, emotionale und körperliche Existenz so zu akzeptieren, daß sie sich damit identifizieren können. Dieser Akt der **»Selbstadoption«** bzw. der »Rollendiffusion« (Erikson) geht fast regelmäßig mit schweren intrapsychischen Kämpfen und Auseinandersetzungen einher, die sich auch in einer ansteigenden Manifestationsrate von mißglückten oder gelungenen Suiziden, von Neurosen und Psychosen ausdrückt. – Die **intellektuelle Leistungsfähigkeit** geht in diesem Lebensabschnitt extremer Eigen- und Fremdbelastung vorübergehend deutlich zurück. Sie steigt erst wieder an, wenn eine gewisse intrapsychische Harmonisierung und Stabilisierung eingetreten ist. Die in den vergangenen Jahrzehnten oft zitierten **»Schülerselbstmorde«** lassen sich nur sehr bedingt aus der aktuellen Schul- und Lehrersituation ableiten; diese stellen meistens nur den letzten Anlaß, den prinzipiell austauschbaren Auslöser dar, der am Ende einer langfristigen psychischen Fehlentwicklung steht. Eltern und Lehrer stehen Jugendlichen in der

Pubertät auch dann, wenn es ihnen nicht an psychologischem Einführungsvermögen und partnerschaftlicher Toleranz fehlt, im Hinblick auf ihre polaren Stimmungsschwankungen und extremen Einstellungsänderungen oft ratlos und insuffizient gegenüber. Besonders dann, wenn sie Gruppen von Jugendlichen gegenüberstehen, in denen sie, wie Lehrer in der Klasse, individuelle Nachsicht üben wollen, ohne darüber jedoch ihr pädagogisches Ziel aus den Augen verlieren zu dürfen. Starke, **»persönlichkeitsfremde« Verhaltensstörungen**, die einen scharf abgrenzbaren schub- oder phasenhaften Verlauf nehmen, sind verdächtig auf das Vorliegen einer beginnenden schizophrenen oder manisch-depressiven Erkrankung.

4. Neurotische Verhaltensstörungen

Strukturierte Neurosen sind bei Kindern selten, dagegen finden sich im Kleinkind- und Schulalter neurotische Entwicklungen, die Ansätze zu einer gerichteten Neurosestruktur aufweisen.

Die Lernfähigkeit **angstneurotischer** und **phobischer** Kinder wird dadurch beeinträchtigt, daß sie psychische Energien für die Angstabwehr benötigen, die dem Bewußtsein, dem »Ich« als »Stätte der Angst« entzogen werden, wodurch besonders der emotionale Anteil der Leistungsfähigkeit betroffen wird. – Schwer angstneurotische oder phobische Kinder wachsen nur selten in einer angstfreien oder angstindifferenten Umgebung auf, meistens sind Mütter oder Väter, manchmal beide Eltern ebenfalls sehr bzw. extrem ängstlich. Bei phobischen Erkrankungen spielen seit jeher heilpädagogische Behandlungsmaßnahmen eine maßgebliche Rolle, wie sie jetzt methodisch exakter in der Verhaltenstherapie angeboten werden. Extrem ängstliche, scheue, selbstunsichere Kinder benötigen eine kinderpsychotherapeutische Behandlung, weil sich die primäre Spiel- oder Lernschwäche sonst als chronische Leistungsbeeinträchtigung im Erwachsenenalter manifestiert.

Die Lernleistungen **depressiver** Kinder sind je nachdem, ob es sich um gehemmte oder agitierte Syndrome handelt, ebenfalls durch ein energetisches Potentialdefizit beeinträchtigt. Während gehemmte Kinder zu demütiger Unterordnung tendieren und auch Überforderungen bis zur psychischen Erschöpfung oder mit **psychosomatischen Symptomen** (Migräne, Magengeschwüre, Suizidversuche) akzeptieren, weisen die agitiert-depressiven Kinder Belastungen nachdrücklich zurück und geraten mit ihrer expansiven Pseudovitalität leicht in delinquente Verhaltensweisen. Depressive Kinder setzen sich überwiegend noch nicht mit ihren psychischen Konflikten auseinander, wie ein depressiver Erwachsener, sondern mit ihren personifizierten Über-Ich-Figuren, den anwesenden Eltern, Erziehern und Lehrern. – Manifest depressive Kinder bedürfen schon im Hinblick auf das immer vorhandene **Suizidrisiko** unbedingt einer kinderpsychiatrischen (psychopharmakologischen oder psychotherapeutischen) Behandlung.

Zwanghafte bzw. **zwangsneurotische** Kinder verhalten sich auch in der Lern- und Leistungssituation überkorrekt und extrem ehrgeizig, sie sind ebenso wie die depressiv-gehemmten Kinder zur passiven Überforderung bis zur Erschöpfung prädisponiert.

Diese Kinder entwickeln eine pedantische Korrektheit in der Erledigung ihrer Schul- und Hausarbeiten, die oft durch umständliche und unnötig weitschweifige Lösungsansätze gekennzeichnet sind. Wo jedoch ein ökonomischer zwanghafter Denk- und Handlungsablauf möglich ist, kann dadurch sogar eine partielle Lernerleichterung eintreten, die allerdings durch die schwere psychische Belastung durch Denk- und Handlungszwänge meistens aufgehoben wird. Auch der stille, bescheidene und korrekte Musterschüler ist trotz guter oder sehr guter Schulleistungen ein krankes Kind, wenn eine beginnende zwangsneurotische Entwicklung vorliegt. – Zwangsneurotische Kinder erfordern deshalb die rechtzeitige Einleitung einer psychotherapeutischen Behandlung, weil Zwangsneurosen zu den therapieresistentesten Neurosen überhaupt gehören.
Verwöhnte, geltungssüchtige, **hysterische** Kinder sind nicht primär an der Bewältigung von Aufgaben, sondern am Leistungserfolg und den dadurch erzielten Vergünstigungen interessiert. Im Grunde liegt ihnen nur an der Bewunderung durch die Eltern oder durch Kinder oder Erwachsene, die ihnen eine Vorzugsstellung einräumen. Solche Kinder reagieren auf Lernanforderungen entweder überhaupt nicht, oder sie neigen zu »großzügigen« Lösungen, sie haben phantasiereiche Einfälle und Ideen, sie vermeiden aber die Anstrengungen detaillierter Arbeit, die sie am liebsten »delegieren«, ohne dadurch merklich an Selbstbewußtsein zu verlieren. – »Hysterische« bzw. konversionsneurotische Kinder sind heilpädagogischen und pädagogischen Maßnahmen gegenüber zugänglich, soweit sie frühzeitig und behutsam erfolgen und das labile, an der Bestätigung durch die nächsten Beziehungspersonen abhängige Selbstbewußtsein nicht verletzen. In Situationen, die subjektiv als ausweglos empfunden werden, weil sie etwa eine intensive Mitarbeit oder Anstrengung erfordern, reagieren solche Kinder mit manchmal schwer ableitbaren (konversionsneurotischen) Symptomen, durch die die Umwelt zur Nachsicht angehalten werden soll.

5. Hirnorganische Verhaltensstörungen

Nach international übereinstimmenden statistischen Erhebungen lassen sich bei etwa 20 bis 30 % der Kinder, die wegen einer Lernstörung in einer kinderpsychiatrischen Ambulanz vorgestellt werden, deutliche diagnostische Merkmale für eine **minimale cerebrale Dysfunktion** nachweisen.
Die meistens antriebsüberschüssigen »hyperkinetischen« Kinder, die einen großen Teil der »Klassenstörer« und »Pausenclowns« stellen, bilden damit ein Problem für jeden Kindergarten und jede Schulklasse.
Die **Intelligenz** ist bei diesen Kindern meistens nicht oder doch nur leicht beeinträchtigt. Sie weisen jedoch im Bereich der »Vorbedingungen der Intelligenz« wesentliche Störungen auf. So ist die Konzentrationsfähigkeit herabgesetzt; kombiniert damit ist eine mehr oder minder starke Reizüberempfindlichkeit, die sich einerseits in einer verstärkten Ablenkbarkeit, andererseits in überschießenden Reaktionen auf nur schwache Außenreize äußert. In der Schule gelingt es diesen reizoffenen Kindern nur schwer, sich willkürlich auf Denk- und Handlungsziele einzustellen. Sie bilden mit ihrer zappelnden Bewegungsunruhe und leichten Ablenkbarkeit einen ständigen Störungsherd im Klassenverband und

werden wegen ihres abnormen Verhaltens von den Lehrern und Mitschülern oft abgelehnt. Das leicht hirngeschädigte Kind selbst ist von den Reaktionen seiner Umgebung wohl tief betroffen, aber unfähig, sein Verhalten auf eine dauerhafte Grundlage zu stellen, weil es immer wieder aus der projektierten Bahn geworfen wird.

Die hirnorganische Bedingtheit dieses Syndroms wird von der Umgebung meistens **nicht erkannt**. Die permanente Unruhe, die Sprunghaftigkeit und Unberechenbarkeit geben jedoch Anlaß zu ständigen Kollisionen mit der Umgebung, die sich durch diese Kinder gestört und enttäuscht fühlt. Die Eltern deshalb, weil ihnen durch das vermeintlich gesunde Kind Kränkungen zugefügt werden; die Lehrer, weil sie bei dem Kind eine mangelhafte Bereitschaft zur Mitarbeit vermuten. Daraus erklärt sich, daß diese Kinder fälschlicherweise nicht selten als Neurotiker oder Psychopathen eingestuft werden. Das integrationsbehinderte Kind erregt jedoch seinerseits durch sein auffälliges und störendes Verhalten »Verfremdungseffekte« bei den Eltern und bei der Umwelt, die sich wiederum ungünstig auf das Kind auswirken. Daraus und aus der gesteigerten Vulnerabilität dieser hirnfunktionsgestörten Kinder erklärt sich, daß sie häufig eine zusätzliche Neurose akquirieren. Kinder, die Symptome aufweisen, die für eine leichte hirnorganische Funktionsstörung sprechen, sollten der zuständigen Erziehungsberatungsstelle oder dem schulpsychologischen Dienst vorgestellt werden, damit sie eine kinderpsychiatrische Behandlung erhalten, die im wesentlichen heilpädagogisch und psychopharmakologisch ausgerichtet ist.

Literatur

Falk, W.: Versuch einer Analyse der Schulreife auf Grund ärztlicher Untersuchungsergebnisse eines Hamburger Einschulungsjahrganges, Gesundh. Fürs. 8, 187–193, 199–205 (1959).

Harnack, G. A. von: Nervöse Verhaltensstörungen beim Schulkind. Eine medizinisch-soziologische Untersuchung, Thieme, Stuttgart 1958.

Kluge, K. J.: Verhaltensauffälligkeiten in Grundschulen. Heilpäd. Forsch. V, 1, 1–36 (1973).

Mierke, K.: Konzentrationsfähigkeit und Konzentrationsschwäche, Huber und Klett, Bern und Stuttgart 1966.

Nissen, G.: Depressive Syndrome im Kindes- und Jugendalter, Springer, Berlin, Heidelberg, New York 1971.

Nissen, G.: Schulverweigerung und Lernprotest im Kindesalter, Z. Psychotherap. 5, 183 (1972.

Nissen, G.: Organisches Psychosyndrom und sekundäre Neurose bei Kindern mit einer leichten frühinfantilen Hirnschädigung, Pädiat. Pädolog. 7, 353 (1972).

Nissen, G.: Psychische und körperliche Belastbarkeit bei verhaltensgestörten Kindern und Jugendlichen, in Kluge, K.-J., (Hrsg.): Bundesbericht über die Situation behinderter Kinder und Jugendlicher, (im Druck).

Scholz, D.: Ergebnisse der Einschulungsuntersuchungen 1969 in Berlin (West), Sonderdruck, Berlin 1972.

Steuber, H.: Zur Häufigkeit von Verhaltensstörungen im Grundschulalter, Prax. Kinderpsychol. Kinderpsychiat. 7, 246 (1973).
Thalmann, H. Ch.: Verhaltensstörungen bei Kindern im Grundschulalter, Klett, Stuttgart 1971.

Johannes Meinhardt

Alltägliche Schulprobleme des leicht behinderten Kindes

Daß der Schulalltag für das leicht behinderte Kind zum Problem werden kann, ist nicht zuletzt Folge des rasanten Panoramawechsels im Schulwesen. Lempp (1974) hat z. B. darauf hingewiesen, daß sich durch die sog. Aktivierung der Bildungsreserven »der Anteil derjenigen (Schüler), die mit einer ... Teilleistungsschwäche weit über das 14. Lebensjahr hinaus in einer einseitigen, sprachlich orientierten Schulbildung gefangen sind, wesentlich größer« geworden ist. Hellbrügge (1974) lastet mit nicht geringem Recht der inneren und äußeren Umstrukturierung der Schule das Anwachsen sozialer Auffälligkeiten an. Weitere Untersuchungen konstatieren die Vermehrung der Zahl vorübergehend oder chronisch kranker Schüler (z. B. mit Asthma, Diabetes, Hör- und Sehfehlern) wohlgemerkt innerhalb des normalen, also nicht des Sonderschulwesens (Hertl 1968, Meinhardt 1968). Während das öffentliche Interesse, wie es sich z. B. in der einschlägigen Empfehlung des Deutschen Bildungsrates (1973) dokumentiert, seit geraumer Zeit intensiv dem Problem der Integration resp. Rehabilitation des im Sinne des §‹39 BSHG wesentlich behinderten Schüler gewidmet ist, ist das Schulproblem des leicht behinderten Kindes in seiner Gewichtigkeit noch nicht erfaßt. Die noch weithin anzutreffende Meinung, daß ein eingestellter Diabetes, ein korrigierter Seh- oder Hörfehler oder eine durch Training kompensierbare Teilleistungsschwäche keine oder nur geringfügige Relevanz hat, bedarf der Korrektur. Es ist geradezu als Kardinalproblem des leicht behinderten Kindes anzusehen, daß seine Behinderung nicht erkannt resp. anerkannt wird und infolgedessen aus dem minimalen Behinderungsproblem ein maximales Schulproblem werden kann. Einige Beispiele sollen dies verdeutlichen:

Die Schulrelevanz der minimalen Behinderung wird bereits bei der Aufgabe evident, den täglichen Unterrichtsablauf zu bewältigen. Auf die erhebliche physische Belastung sei hier nur kurz verwiesen; ihre Bedeutung als Risikofaktor ist von uns andernorts ausführlicher dargestellt worden (Meinhardt 1974). Größer noch ist die psychische Belastung des leicht behinderten Schülers, insbesondere durch den Zeitdruck, den Leistungsdruck, die Arbeit des Schreibens und den Zwang zu schneller mündlicher Antwort. Man vergegenwärtige sich – Weber (1972) hat dies gezeigt –, daß in einer 40minütigen Unterrichtsstunde durchschnittlich rund 240mal der Rededialog zwischen Lehrer und Schüler wechselt, pro Minute also sechs Statements abgegeben werden – eine Situation, wie sie namentlich bei einem durch hohe Klassenfrequenzen erzwungenen Frontalunterricht gegeben ist. Der Schüler hat kaum Zeit zum Nachdenken und Mitschreiben, und er kann es sich noch weniger leisten, Fehler zu machen; es herrscht eine ständige gespannte Prüfungsatmosphäre. Leidet nun ein Schüler auch nur an einer geringgradigen Dysphasie oder Dyslexie, hat er schon bedeutende, sich in schlechten Zensuren niederschlagende Schwierigkeiten, dem Unterricht zu folgen. Der Schüler, welcher infolge von Koordinationsstörungen an einer Schreibschwäche leidet, ist kaum imstande,

das anfallende Schreibvolumen zu bewältigen, geschweige, daß er der Forderung des Lehrers nach einem sauberen Schriftbild gerecht werden kann. Berücksichtigt man ferner, daß, wie McPherson (1967) dargetan hat, der Zeitdruck außerdem das Leistungsvermögen eklatant herabsetzt, wird deutlich, in welchen circulus vitiosus der leicht behinderte Schüler sich befindet, zumal wenn seine Behinderung mit einer raschen Ermüdbarkeit und Konzentrationsschwäche verbunden ist. Da sich nach Geisslers Untersuchungen (1972) der Akzent der Lehrer-Schüler-Interaktion (Zuwendung-Herausforderung-Ermunterung) etwa ab der zweiten Unterrichtsstunde zunehmend auf die leistungsstärkeren Schüler verlagert, sind die leicht behinderten Schüler als die leistungsschwächeren die ersten, die an den Rand des Unterrichtsgeschehens geraten und gehäuft Tadel ernten. Die Entmutigung im Sinne einer permanent negativen Lernsituation wird total, wenn der Lehrer in Verkennung des Sachverhaltes den leicht Behinderten als faul oder geistesschwach einstuft, seine schlechte Schreibleistung als ein Nicht-Wollen, seine Langsamkeit im Antworten als Dummheit oder Unaufmerksamkeit mißdeutet.
Daß Klassenarbeiten die Situation dieser Kinder ins Krisenhafte bis hin zu folgenschweren Depressionen (Nissen 1974) steigern können, dies bedarf nur des Hinweises. Oft übersehen wird hingegen, daß die geschilderte konfliktbehaftete Lernsituation sich mittels der Hausaufgaben in den familiären Bereich fortsetzt. Erkennen auch die Eltern den Grund der Leistungsschwäche ihres Kindes nicht oder verdrängen sie die Tatsache seiner Behinderung, so kann, vor allem bei falschem Prestigedenken, durch ständige Überforderung die Lage des Kindes ausweglos werden.
Die Praxis hat gezeigt, daß der Konflikt zunächst in einzelnen Schulfächern aufbricht, nach unseren Beobachtungen vorab im Lesen, Schreiben, Rechnen und im Sportunterricht. In letzterem haben es die Kinder mit motorischen Störungen besonders schwer; sie werden oft wegen ihrer Ungeschicklichkeit und Leistungsschwäche ausgelacht und von Wettkämpfen und Spielen ausgeschlossen. Der solchermaßen auffällig gewordene Behinderte steht – so Rick (1961) – »beim Spielen abseits, versucht sich auf- und vorzudrängen, spielt gern mit kleineren Kindern, hat Angst vor der Schule, will nicht mehr allein auf die Straße, weil er Angst vor anderen Kindern hat«.
Die Konsequenz ist, daß der tägliche Schulweg, die Pausen und die Freistunden zum Martyrium für den leicht behinderten Schüler werden. Seine Außenseiterrolle, sein physisches und psychisches Anderssein stempeln ihn zum Prügelknaben. Weil er z. B. als Diabetiker bei den Konsumgewohnheiten (gesteigerter Süßigkeitenverbrauch, Nikotin- und Alkoholgenuß) nicht mithalten kann oder etwa als motorisch Gestörter bei jeder Rauferei von vornherein unterlegen ist, wird er sehr bald die Zielscheibe des Spottes und der Gegenstand unzähliger Angriffe seitens seiner Mitschüler. Er wagt sich kaum noch auf die Toilette aus Furcht, eingeschlossen zu werden und erwartet das Ende der Pause als Erlösung. Sein Ungeschick reizt dazu, ihm beim Packen der Schultasche nach dem Unterricht oder beim Ankleiden nach der Sportstunde Kleidungsstücke oder Bücher zu entwenden oder zu verstecken. Auf dem Schulweg lauern ihm ganze Gruppen auf, denen er selbst bei Inkaufnahme großer Umwege nicht entfliehen kann. Wendet er sich an seine Lehrer, Eltern oder andere Erwach-

sene, gilt er als Angeber – abgesehen davon, daß er infolge seiner Verhaltensauffälligkeiten nicht eben selten fälschlich als Verursacher der Störungen angesehen und unverdient bestraft wird. Auch hier bildet sich wie im Unterricht wieder ein Teufelskreis, der nach unseren Erfahrungen auch in Jahren nicht durchbrochen werden kann. Die minimale Behinderung kann so nicht selten zu maximalen Sekundärsymptomen führen. Es kommt zu Kontaktarmut, Minderwertigkeitskomplexen, Versagensangst, Gehemmtheit, Aggressivität, Isoliertheit, Depression. An psychogenen Organreaktionen können migräneartige Kopfschmerzen (Schulkopfschmerz), Störungen im Magen-Darm-Bereich (Schulerbrechen), im Respirationstrakt (Schulasthma) u. a. m. beobachtet werden. Die Entwicklung der geschilderten Problematik hängt zum wesentlichen Teil vom Lehrer ab; er bildet die Schlüsselfigur im schulischen Alltag des leicht behinderten Kindes. Mitleid und Liebe reichen keineswegs aus, um der besonderen pädagogischen Aufgabe gerecht zu werden. Dies ist nur möglich, wenn jeder Lehrer, gleich welcher Schulart und Schulform, über ein Basiswissen verfügt, welches ihn instand setzt, larvierte, weil leichte, Behinderungen bei seinen Schülern rechtzeitig zu erkennen, die Begleitsymptomatik richtig einzuschätzen und die Weichen für die notwendigen Hilfsmaßnahmen zu stellen (Meinhardt 1972; 1974). Dieses Basiswissen kann allerdings nur dann für die Integration des behinderten Kindes in die Normalschule nutzbar gemacht werden, wenn der Lehrer darüber hinaus über die erforderliche pädagogische Qualifikation verfügt, d. h. er muß sein Fach beherrschen ohne es überzubewerten, er muß fähig sein, selbst Lernender zu bleiben, und er muß es vor allem verstehen, gesunde und warmherzige Beziehungen zwischen sich und seinen Schülern herzustellen. Notwendig sind »freundliche Begegnung statt autoritärer Distanz, persönliches Verständnis statt unpersönlichem Anspruch, Ermutigung statt deprimierender Zurückweisung. Kritik, notfalls auch Tadel, müssen als Versuch zur Hilfe erkennbar sein« (Lehrerbildung 1971). Nur wenn es dem Lehrer gelingt, innerhalb seines Unterrichtes bei den gesunden Schülern, die ja den Großteil der Klasse bilden, eine dem Lernen und der Erziehung dienliche Atmosphäre zu schaffen – was in der Praxis vor allem eine nichthostile, soziale Atmosphäre bedeutet –, wird es möglich sein, die Minorität der leicht behinderten Schüler dauerhaft zu integrieren. Der mit der Schulwirklichkeit Vertraute wird Blackham (1971) allerdings darin recht geben müssen, daß der Erfolg der Bemühungen des einzelnen Lehrers in dieser Hinsicht ganz wesentlich von der Einstellung des Schulleiters und dessen Verständnis für die speziellen Erfordernisse des behinderten Kindes abhängt.

Vor allem muß der Lehrer darum wissen, welch entscheidende Bedeutung das Mitschülerproblem für den leicht behinderten Schüler haben kann. In der Klasse gewinnen in der Regel sehr rasch die körperlich stärkeren, sportlich gewandteren und auch leistungsstärkeren Schüler die Oberhand, was nicht eben selten zur Drangsalierung der stilleren, zurückhaltenderen und auch der leistungsschwächeren Mitschüler führt. Der Stellenwert der Zensur im schulischen Leben trägt zur zusätzlichen Verschärfung des Rivalitätsdenkens bei. Im Schulalltag erweist es sich leider immer wieder, daß die Durchsetzung des Prinzips des sozialen Lernens auf nicht geringe Schwierigkeiten stößt, sei es, daß die Schüler – übrigens oft auf das negative Beispiel der Erwachsenen hin – dafür nicht zu gewinnen sind, sei es, daß ihnen die Kraft und das Standvermögen fehlen, diesen Grundsatz durchzuhalten. Was Höhn (1967) für den leistungsschwächeren Schüler feststellt, gilt gleichermaßen vom leicht behinderten Schüler: »Das Schulversagen (führt) in der Regel zum Rangverlust in der Klasse und häufig sogar zur völligen Isolierung als Außenseiter«; Sanktionen wie Klassenprügel liegen dann durchaus im Bereich des Möglichen. Deshalb ist es von allergrößter Wichtigkeit, daß der Lehrer durch Setzung bestimmter Ordnungsmaßstäbe, die den Verkehr der Schüler untereinander regeln, dafür sorgt, daß jeder Schüler, ganz besonders der leicht behinderte Schüler, ein bestimmtes Maß an Führung, Freiheit und Sicherheit erfährt, ohne die eine gedeihliche Gruppenarbeit nicht möglich ist. Ferner kommt es darauf an, daß er dem behinderten Kind möglichst unmerklich und mit dem hier sehr notwendigen pädagogischen Takt bei der Integration Hilfestellung leistet, etwa durch eine bewußt gestaltete Sitzordnung, durch Übertragung von Klassenämtern oder durch Einsetzen vertrauenswürdiger Schüler als Tutoren u. a. m.

Strasser et al. (1968) haben darauf hingewiesen, daß eine Integration in die Gruppe um so leichter gelingt, wenn das behinderte Kind über genügend Integrationswilligkeit, Eigenaktivität und Frustrationstoleranz verfügt. Die Herausbildung dieser Eigenschaften ist Sache des Elternhauses. Dessen Bedeutung unterstreicht Zulliger (1958), indem er auf die Neigung des Kindes hinweist, »aus der Schule ein Abbild oder einen Abklatsch seiner familiären Verhältnisse zu machen, etwa den Lehrer für den Vater und die Mitschüler als Geschwister zu nehmen und zu behandeln«. Für das behinderte Kind kommt erschwerend hinzu, daß es durch seine Behinderung nicht nur selbst zum Sonderkind (exceptional child; Ross 1964), sondern auch seine Familie zur Sonderfamilie wird. Beim minimal behinderten Kind ist eine zusätzliche Ambivalenz in der Hinsicht zu beobachten, daß die Eltern zwischen den Extremen schwanken, die Behinderung ihres Kindes unangemessen zu aggravieren oder es als nicht behindertes Kind zu behandeln. Im Schulalltag wird dies besonders dadurch deutlich, daß die ›overprotection‹ der Eltern zu einem übersteigerten Anspruch hinsichtlich der Sonderbehandlung des Kindes, vor allem auch bei der Zensurengebung führt, der, bei Nichterfüllung, bis zum Aufbau eines Lehrer-Feindbildes führen kann. Im umgekehrten Falle gibt die Verdrängung der Behinderung des Kindes den Eltern Anlaß zum Versteckspiel gegenüber dem Lehrer, welches meist erst beim schulischen Mißerfolg aufgegeben wird und dann recht schnell ins Gegenteil, wie beschrieben, umschlagen kann. Gerade bei leicht behinderten Kindern wird es daher für den Lehrer wichtig sein zu wissen, daß Verhaltensauffälligkeiten des Kindes vom Elternhaus induziert sein können und sich folglich auch über die Eltern therapieren lassen; er sollte ihnen ungekränkt seine Hilfe nicht versagen (Meinhardt 1973). Es soll schließlich nicht unerwähnt bleiben, daß auch der Zusammenschluß in Elternvereinen außerordentlich hilfreich sein kann.

Die ärztliche Hilfeleistung bei den Schulproblemen des leicht behinderten Kindes ist besonders diffizil; sie fällt aber – in Anlehnung an eine Formulierung Harbauers (1973) – entscheidend in die ärztliche Verantwortung, »die uns z. B. vom Psychologen und dessen erwünschter, meist notwendiger Mitarbeit nicht abgenommen werden kann«. Ebenso wie die Schulprobleme Folgen der Behinderung sind, handelt es sich bei den daraus resultierenden somatischen und psychischen Störungen um eine Sekundärsymptomatik. Diese kann nicht – hierin liegt eine der Schwierigkeiten – allein von der Dimension Ursache-Wirkung her gesehen werden, sondern es gilt diese als »Angebot von Symptomen« (Balint 1975) in ihrer Zweck- und Bedeutungsrelation zu sehen. Für den behandelnden Arzt kommt es m. a. W. entschieden darauf an, über die erste Diagnose und Therapie mit den üblichen medizinischen Mitteln, welche unverzichtbar bleibt, sozusagen zur »zweiten Diagnose« (Yudkin 1961) und Therapie vorzustoßen, welche die Motivation der Symptomatik und damit ihre Schul-Spezifität zu erfassen sucht. Hier kommt es zu einer zweiten, sehr wesentlichen Schwierigkeit: bei der diagnostischen Auslotung der Frage, wo, in welcher Weise und in welchem Umfange sich der Konflikt zwischen der Behinderung des Kindes und seinem Schulalltag vollzieht, ist der Arzt auf Informationen aus zweiter Hand durch Eltern, Lehrer oder die Schüler selbst angewiesen. Da ihm somit die unmittelbare schulpraktische Erfahrung des Lehrers nicht zur Verfügung steht, bleibt die Projektion der Symptomatik auf den Schulalltag, vor allem im Hinblick auf den Stellenwert der geklagten Beschwerden, für ihn diffizil. Die Erfahrung zeigt, daß dementsprechend auch die therapeutischen Maßnahmen die Gezieltheit nicht selten vermissen lassen, z. B. was die Atteste oder auch die Medikation angeht. Neben einem konsequenteren Ausbau des schulärztlichen Dienstes scheint uns eine Abhilfe nur möglich zu sein einmal durch Basisinformationen über die Schulpraxis (nicht nur über die pädagogische Theorie!) innerhalb der ärztlichen Aus- und Weiterbildung, und zweitens durch eine engere Kooperation zwischen Ärzten und Lehrern. Letztere ist trotz mancherlei Euphorie unzweifelhaft der schwierigste Weg – auf die Komplikationen der Team-Arbeit haben besonders Clyne (1961) und Maier (1975) hingewiesen –, er ist aber auch am erfolgversprechendsten. Es ist die Not nicht zuletzt des so oft verkannten leicht behinderten Schülerpatienten, die zu einer verstärkten interfakultativen Arbeit auf dem Grenzgebiet zwischen Medizin und Pädagogik zwingt.

Literatur

Balint, M.: The Doctor, his Patient and The Illness, London, New York 1957; dtsch. Übers.: Der Arzt, sein Patient und die Krankheit, Stuttg. 1974.

Blackham, G. J.: The Deviant Child in the Classroom, Belmont, Calif. 1967; dtsch. Übers.: Der auffällige Schüler, Päd. Zentr. Veröff., Reihe C, Berichte Bd. 22, Weinheim / Berlin / Basel 1971.

Bundessozialhilfegesetz: Komm. Gottschick, H./Giese, D., Köln, Berlin, Bonn, München. 4–1970; vgl. dazu: Meinhardt, J., Art. »Rehabilitation«, in: Ipfling, H. J. (Hrsg.), Grundbegriffe der pädagog. Fachsprache, München 1974.

Clyne, M. B.: Almoners in General Practice, Almoner 14 (1961) 401.

Cohn, R. C.: Zur Humanisierung der Schulen, Schlesw.-Holst. Ärzteblatt, H. 10, 1973, 497.

Deutscher Bildungsrat: Empfehlungen der Bildungskommission, Zur pädagogischen Förderung behinderter und von Behinderung bedrohter Kinder, Bonn 1973.

Geißler, E. E.: Die Rückwirkung von Unterrichtssituationen auf die Lernleistungen der Schüler, in: Roth, L., Effektiver Unterricht, München 1972, 158.

Harbauer, H.: Kinder- und jugendpsychiatrische Gesichtspunkte bei der Diagnose von Schulschwierigkeiten, in: Pache, H. D. (Hrsg.), Schulschwierigkeiten, Bücherei d. Pädiaters, H. 71, Stuttg. 1973.

Hellbrügge, Th.: Macht Schule aggressiv? Dt. Zeitg. 14, (5. 4. 1974), 9.

Hertl, M.: Das chronisch-kranke Kind in der Schule, Schriftenreihe aus dem Gebiete des öffentl. Gesundheitswesens, Stuttg. 1968, H. 26.

Höhn, E.: Der schlechte Schüler, München 1967.

Lehrerbildung und Lehrerbild: Ein Beitrag der Hochschulkommission des Bayr. Lehrer- und Lehrerinnenverbandes, München 1971.

Lempp, R.: Die Schule als pathogener Faktor, Vortrag a. d. XXII. Jahrestagg. d. europ. Liga f. psych. Hygiene, 1974.

Maier, E.: Problematik in der Zusammenarbeit i. d. Hilfe für das behinderte Kind, 1975.

McPherson, E. D.: Some Correlates of Anxiety in Learning Programmed Mathematics, Diss. Abstr., 1967, 27, 2948.

Meinhardt, H.: Schulische Probleme des Sonderkindes aus der Sicht der Mutter. Zeitschr. »bildung konkret« 1, Bonn 1973.

Meinhardt, J.: Medizinische Erfahrungen und pädagogische Konsequenzen, Göttingen 1968.

Meinhardt, J.: Das Lehramt für schulische Rehabilitation, in: Deutsch. Lehrerverband (Hrsg.), Behinderten Schülern helfen, Bonn 1973.

Meinhardt, J.: Risikofaktor Schule, in: Dt. Arzt, Ausg. Schlesw.-Holst. H. 6 (1974) 1 und H. 9 (1974) 1.

Meinhardt, J.: Special Education for Handicapped Children in Normal Classes and Schools or in Special Classes and Schools, Report WCOTP-Seminar: The Education of Handicapped Children, Dublin/Morgues 1974, 18.

Nissen, G.: Die Depression beim Schulkind, Symptomatik, Genese, Prognose, in: Sandorama, Mai 1974, 11.

Rick, G.: Die soziale Stellung entwicklungsgehemmter Kinder in Volksschulklassen und ihre soziale Stellung nach der Überweisung in die Hilfsschule, Zeitschr. f. Heilpäd., H. 12, 1961, 6.

Ross, A. O.: The Exceptional Child in the Family – Helping Parents of Exceptional Children, New York 1964; dtsch. Übers.: Das Sonderkind, Problemkinder in ihrer Umgebung, Stuttg. 1967.

Strasser, H. – Sievert, G. – Munk, K.: Das körperbehinderte Kind, Berlin 1968.

Weber, Al.: Verbale Aktivitäten im Unterrichtsgespräch, Vergleich zweier Lehrergruppen mit unterschiedlich langer Berufspraxis, Päd. Rundschau 26, 1972, H. 8, 661.

Yudkin, S.: Six Children with Coughs: The Second Diagnosis, Lancet II, 1961, 561.

Zulliger, H., Schwierige Kinder, Bern/Stuttgart [4]1958,

Joest Martinius

Untersuchungen zur zentralen Aktivierung bei leistungsschwachen und gesunden Kindern

Eine biologische Denk- und Arbeitsrichtung, die sich seit langem in vielen Bereichen der Psychiatrie etabliert hat, ist die Neuropsychologie. Sie soll die kausalen Zusammenhänge zwischen Hirnprozessen und bewußtem Erleben untersuchen und verfolgt dieses Ziel, indem sie bestimmte Reaktionen auf experimentell erzeugte, kontrollierte Umweltbedingungen prüft. Sie hat ihren Standort an der Nahtstelle zwischen Neurologie, Neurophysiologie, Psychologie und Psychiatrie und findet auch in der Kinderpsychiatrie zunehmend Beachtung. Dort sind es die Leistungsstörungen, die nach wie vor große diagnostische Probleme aufwerfen und sich in besonderer Weise der Neuropsychologie als Betätigungsfeld anbieten.

»Hirnprozesse« implizieren Aktivität im Zentralnervensystem, treibende Kräfte, die die Neurophysiologie als Exzitation und Inhibition kennt. Sie können lokal oder auf das ganze System wirken, letzteres unter dem Einfluß neuronaler Subsysteme, vorzugsweise der aufsteigenden Formatio reticularis, die dieser Funktion wegen auch als Aktivierungssystem bezeichnet wird. Zentrale Aktivierungsvorgänge sind dem Untersucher – außer im Tierexperiment – nicht direkt zugänglich, sondern lediglich ihre Wirkung auf andere Strukturen oder Systeme, sei es der Cortex oder mittelbar die Muskulatur und das sog. Vegetativum. Der Begriff Aktivierung ist deshalb in der Neuropsychologie allgemein gefaßt; er besagt, daß ein physiologisches Grundgeschehen sich ändert, erkennbar am Verhalten physiologischer Meßgrößen (Abb. 1).

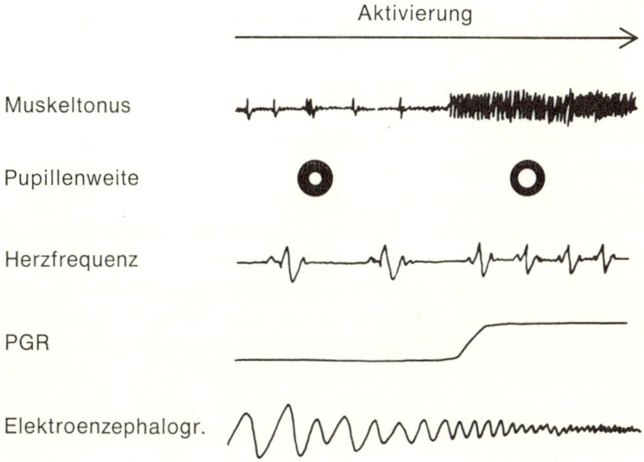

Abb. 1: Einige Parameter der Aktivierung und ihre Änderung bei Zunahme.

Im Zusammenhang mit der Aktivierung werden drei Begriffe häufig genannt, leider gelegentlich mit unterschiedlicher Konnotation. Es sind: Aufmerksamkeit, Leistung und Vigilanz. Wegen der definitorischen Schwierigkeiten soll kurz auf sie eingegangen werden.

Folgt man der Auffassung Berlynes (1969), dann ist Aufmerksamkeit gleich Informationsfluß/sek, also ein Vorgang, der sich zwischen Wahrnehmung und Reaktion ereignet und der eine Kette kognitiver Funktionen beinhaltet. Die physiologischen Mechanismen dieses Vorganges sind noch keineswegs gut bekannt, sicher ist jedoch, daß zwischen Informationsfluß und Aktivierung eine Abhängigkeit besteht, d. h. daß der Fluß von Information bei geringer wie bei hoher Aktivierung klein, und nur auf einem mittleren, optimalen Aktivierungsniveau groß sein kann (Duffy 1962).

Leistung ist das beobachtbare Produkt eines solchen Prozesses der Informationsverarbeitung. Sie steht naturgemäß im gleichen Verhältnis zur Aktivierung wie die Aufmerksamkeit.

Um den Begriff »Vigilanz« ist es, was die Verständigung der mit ihm operierenden Disziplinen miteinander betrifft, etwas kritisch bestellt. Denn Psychologen und Physiologen benennen Unterschiedliches mit diesem Wort. Die Psychologie meint Leistung über längere Zeitabschnitte, wenn sie den Begriff Vigilanz benutzt, und die Physiologie meint Aktivierung. Beides sind aber, wie wir gesehen haben, voneinander abhängige Größen; sie sind nicht austauschbar. Und daraus ergibt sich, daß Leistung oder auch ganz allgemein Verhalten, vollständiger und interpretierbarer beschrieben wird, wenn man gleichzeitig die Aktivierung kennt und beschreibt. An dieser Stelle liegt eine der wesentlichen Aufgaben der Neuropsychologie. Will sie die kausalen Zusammenhänge zwischen Hirnprozessen und bewußtem Erleben untersuchen, muß sie in ihre experimentelle Arbeit die Aktivierung als einen unabdinglichen Teil von Hirnprozessen einbeziehen.

Die Kinderpsychiatrie ist reich an Beispielen, die diese Notwendigkeit belegen. Es sei an den frühkindlichen Autismus erinnert, der im Gegensatz zum äußeren Anschein von einer hohen zentralen Aktivierung begleitet wird (Martinius 1974). Ein alltägliches Beispiel sind Schulleistungsstörungen im Rahmen einer »Minimalen zerebralen Dysfunktion«. Die betroffenen Kinder sind im Verhalten unruhig, motorisch hyperaktiv, in den physiologischen Parametern aber, wie neuere Untersuchungen zeigen, eher unteraktiviert (Satterfield u. Dawson 1971).

Um die genauere Kenntnis dieses Zusammenhanges ging es auch in unseren eigenen Untersuchungen an Kindern mit und ohne Leistungsstörungen. Als Aktivierungsparameter wurde in erster Linie das Elektroenzephalogramm eingesetzt, das für seine Korrelation mit Verhaltens- bzw. Aktivierungszuständen hinlänglich bekannt ist. Die EEG-Grundaktivität scheint darüber hinaus selbst kleine Aktivierungsunterschiede verläßlich wiederzugeben, wenn sie quantitativ erfaßt und mit hohem Auflösungsvermögen analysiert wird, eine Voraussetzung, die allerdings an den Einsatz automatisch-maschineller Analysemethoden geknüpft ist. Die Analyse selbst geschieht nach mehreren möglichen, zur Wahl stehenden statistischen Verfahren. Hervorzuheben sind die Intervall-Amplituden-Analyse und die Spektralanalyse (Dumermuth 1971). Sie sind aus der klinisch-neurophysiologischen Arbeit nicht mehr wegzudenken.

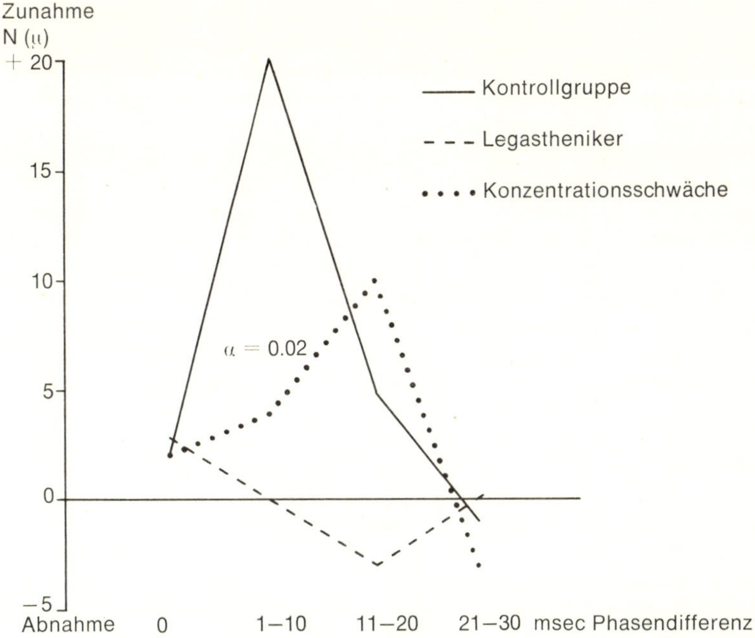

Abb. 2: Verhalten der interokzipitalen Synchronie unter einer Aktivierungsbedingung (akustische Diskriminationsaufgabe) im Vergleich zur Ruheableitung bei 3 Gruppen von Kindern. Als Maß für Synchronie gilt der Abstand von Alphawellen über zwei Ableitepunkten in msek.

In einer ersten Untersuchung wurden bei drei Gruppen von Schulkindern (Gesunde, Konzentrationsschwache, Legastheniker) in experimentell festgelegten Leistungs- bzw. Ruhesituationen aus den gleichzeitig abgeleiteten Elektroenzephalogrammen Intervalle von Alphawellen und deren zeitliches Verhältnis über beiden Okzipitalregionen (Interhemisphärische Synchronie) bestimmt und verglichen (Martinius u. Hoovey 1972). Gesunde Kinder unterschieden sich verläßlich von solchen mit Leistungsstörungen (Abb. 2). Aus den Testergebnissen war erkennbar, daß die Konzentrationsschwachen die schlechteste Leistung erbrachten. Da diese Kinder gegenüber der Ruhesituation die geringste Änderung des EEG-Merkmals Synchronie zeigten, läßt sich bei ihnen auf eine mangelhafte, das Optimum nicht erreichende Aktivierung als begünstigender Faktor für ihr Leistungsdefizit schließen. Bei den Legasthenikern hingegen läßt die Abnahme der Synchronie (Desynchronisation) bei ebenfalls mäßiger Leistung an eine Überaktivierung denken. Diese Überlegungen werden gestützt durch die Ergebnisse einer ähnlich angelegten Untersuchung von Grünewald-Zuberbier u. Mitarb. (1975).

In einer zweiten Untersuchung wurden ebenfalls gesunde und leistungsschwache (Legastheniker) Schulkinder unter spezifischen Bedingungen miteinander verglichen. Diesmal ging es um das Verhalten der EEG-Grundaktivität vor dem

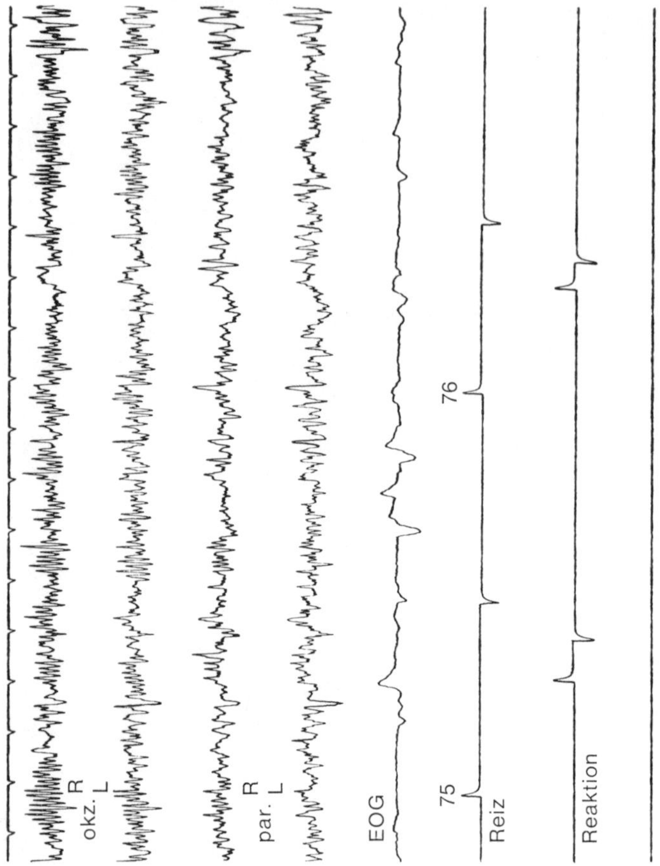

Abb. 3: Ausschnitt aus einem Polygramm. Die nach oben zeigenden Trigger markieren den Beginn eines verbalen Signals (Kanal 6) und der Antwort (Kanal 7).

und bei dem Verarbeiten verbaler Signale. Über Kopfhörer in Serien dargebotene sinnvolle und sinnlose Worte mußten wiedergegeben werden. Der Versuch hatte 6 Abschnitte, von denen zwei als sog. dichotische Hörprüfung zur Feststellung der Ohrpräferenz angelegt waren. Eine besondere Versuchsanordnung gestattete die genaue Trennung der zwischen Signalanfang und Antwort liegenden EEG-Stücke von den Pausen zwischen Antwort und nachfolgendem Signal (Abb. 3). In dieser Untersuchung wurde die Spektralanalyse eingesetzt (Abb. 4). Sie erbrachte eine Reihe von Befunden: Die spektrale Intensität im Alphabereich (»Power«) änderte sich in Abhängigkeit von der Art des verbalen Stimulus, d. h. von einem Versuchsabschnitt zum anderen. Der Vergleich beider Hemisphären zeigte bei den Gesunden grundsätzlich höhere Werte über der rechten und niedrigere Werte über der linken Hemisphäre, unabhängig von Sprach- oder Handdominanz, sowohl vor Reizbeginn (Erwartung) als auch

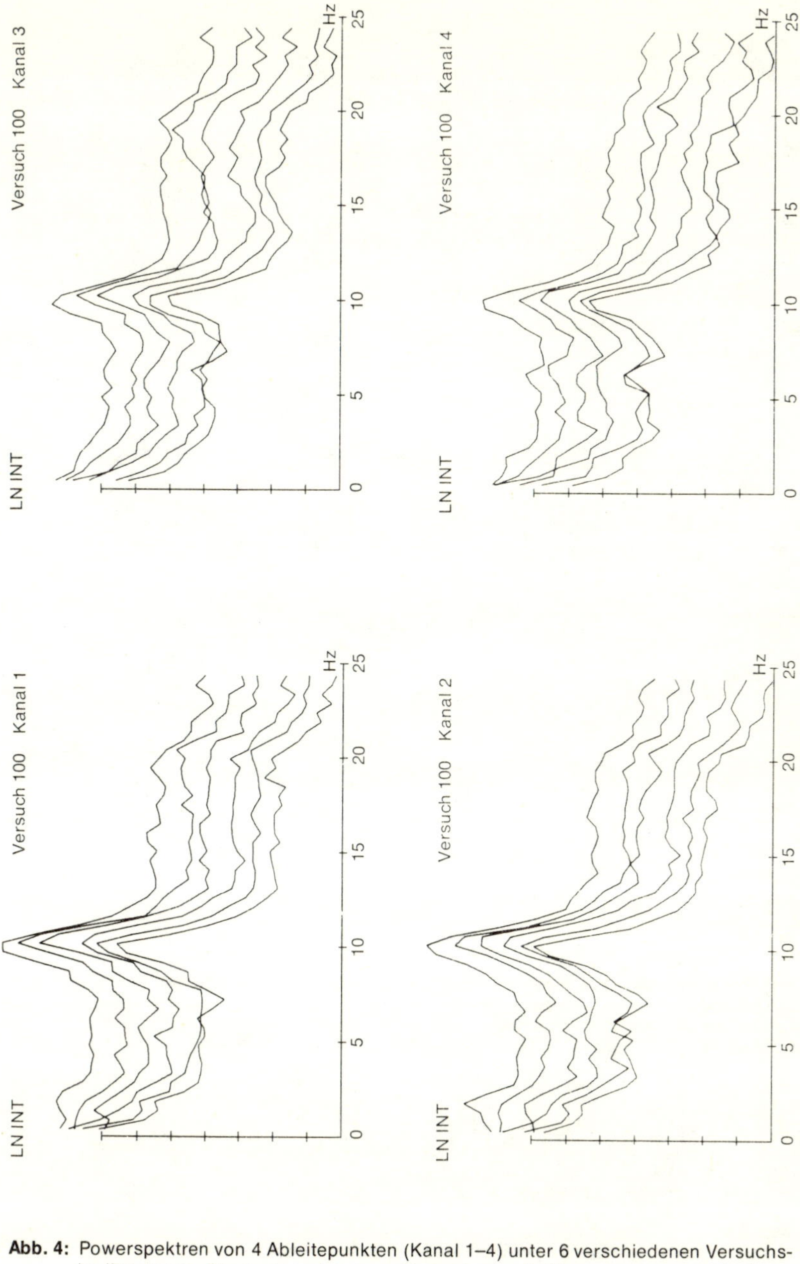

Abb. 4: Powerspektren von 4 Ableitepunkten (Kanal 1–4) unter 6 verschiedenen Versuchsbedingungen. Die in den einzelnen Versuchsabschnitten gewonnenen Spektren sind untereinander gezeichnet. Entsprechend dem Polygramm (Abb. 3) liegt die Hauptintensität im Alphaband (7.5–12.5 Hz).

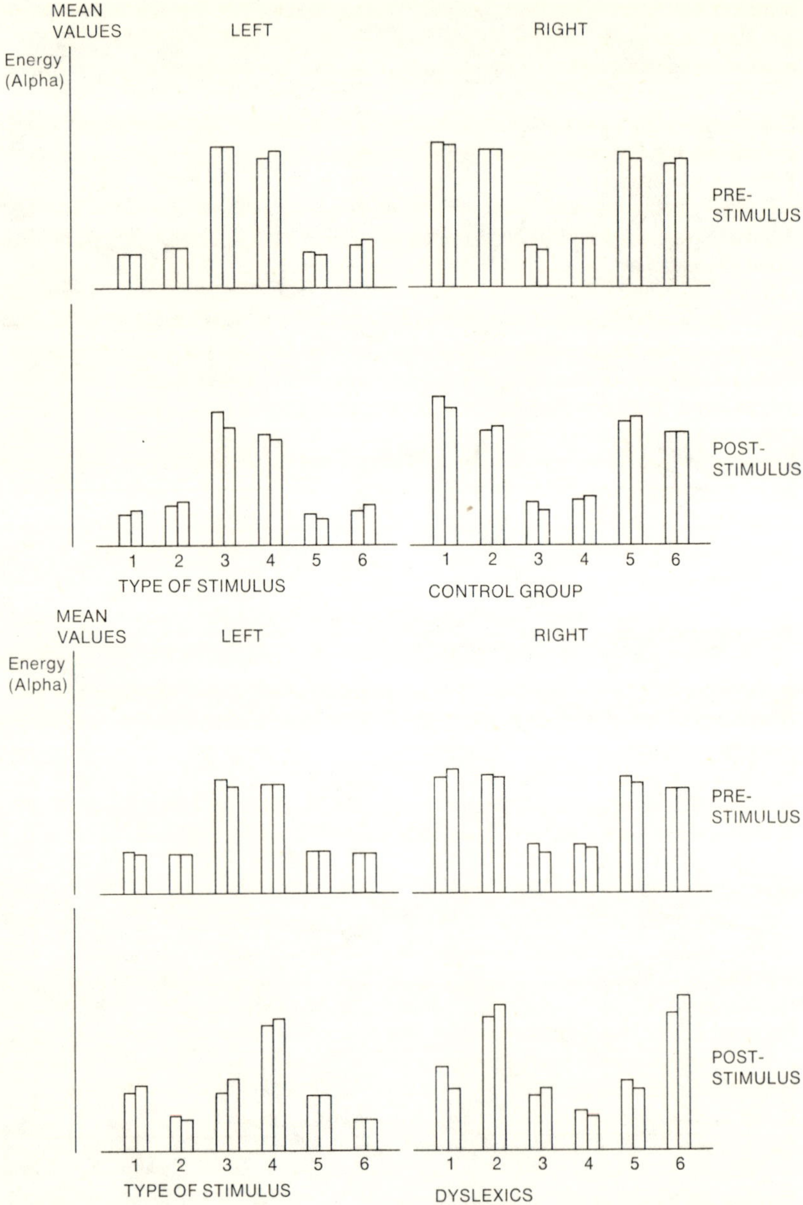

Abb. 5 a und b: Darstellung der Gruppenmittelwerte (Gesunde) der Intensitäten im Alphaband in den einzelnen Versuchsabschnitten. Die Werte für vor und nach Reiz stimmen überein. Bei den Legasthenikern (b) fehlt die Übereinstimmung weitgehend. Vorhandene Unterschiede sind signifikant (Wilcoxon-matched-pair-test).

während der Informationsverarbeitung. Waren unbekannte Signale zu verarbeiten, kam es zu einer Umkehr dieser Relation; die spektrale Intensität im Alphaband wurde links größer als rechts (Abb. 5 a). Bei den Legasthenikern war dies nicht in gleicher Weise der Fall. Sie zeigten kaum Übereinstimmungen zwischen Erwartungs- und Verarbeitungssituationen und reagierten auf bekannte Signale z. T. so wie die Gesunden auf unbekannte (Abb. 5 b).
Befunde wie diese bedürfen der Bestätigung durch wiederholte Untersuchungen, bevor aus ihnen weitreichende Interpretationen abgeleitet werden. Immerhin dürfen sie als weiterer Hinweis darauf gelten, daß Leistungsstörungen mit Abweichungen in der znetralen Aktivierung einhergehen. Für das EEG lassen sich weitere spektrale Deskriptoren berechnen, z. B. Kreuzspektren, Kohärenz und Phasenwinkel zwischen je zwei Ableitepunkten, auf Grund deren präzisere Aussagen über lokale Aktivierungsvorgänge möglich sind. Die Erweiterung von Untersuchungen lokaler Aktivierungsvorgänge scheint angebracht, da unser Wissen über die physiologischen Grundlagen kognitiver Funktionen und ihrer Entwicklung noch lückenhaft ist. Kolzowa (1975) hat in Untersuchungen über Sprachwahrnehmung und zentrale Aktivierung bei Säuglingen und Kleinkindern neue Einsatzmöglichkeiten neuropsychologischer Verfahren dieser Art aufgezeigt. Man darf hoffen, daß sie sich für die Erforschung von Entwicklungsagnosien und damit nicht zuletzt auch für die Therapie als fruchtbar erweisen.

Zusammenfassung

In der Erforschung der kausalen Zusammenhänge zwischen Hirnprozessen und bewußtem Erleben nehmen zentrale Aktivierungsvorgänge einen wichtigen Platz ein. Am Beispiel von Aufmerksamkeit und Leistung werden die theoretischen Grundlagen beleuchtet und die Ergebnisse von Untersuchungen zur zentralen Aktivierung bei Schulkindern dargestellt. Unter Einsatz des Elektroenzephalogramms als Aktivierungsparameter konnte gezeigt werden, daß Kinder mit Leistungsschwächen im Vergleich zu Gesunden über- bzw. unteraktiviert waren oder hirnlokale Aktivierungsunterschiede aufwiesen.

Literatur

Berlyne, D. E.: The Development of the Concept of Attention in Psychology, in: Attention in Neurophysiology, C. R. Evans and T. B. Mulholland (Eds.), Butterworths, London 1969.

Duffy: Activation and Behavior, Wiley, New York – London 1962.

Dumermuth, G.: Electronic Data Processing in Pediatric EEG Research, Neuropädiatrie, 2; 349–374, 1971.

Grünewald-Zuberbier, E., Grünewald, G. and A. Rasche: Hyperactive Behavior and EEG Arousal Reactions in Children, Electroenceph. clin. Neurophysiol., 38: 149–159, 1975.

Kolzowa, M. M.: Das Wort wird Signal, der Kinderarzt, 6: 563–564, 1975.

Martinius, J. and Hoovey, Z. B.: Bilateral Synchrony of Occipital Alpha Waves,

Oculomotor Activity and »Attention« in Children, Electroenceph. clin. Neurophysiol., 32: 349–356, 1972.
Martinius, J.: Der neuropsychologische Ansatz zum Verständnis des frühkindlichen Autismus. Zeitschr., Kinder u. Jugendpsychiat., 2: 187–199, 1974.
Satterfield, J. H. and Dawson, M. E.: Electrodermal. Correlates of Hyperactivity in Children, Psychophysiology, 8: 191–197, 1971.

Johannes Graichen

Teilleistungsschwächen in der hierarchisch-sequentiellen Regulation von Sprachproduktion und Motorik

Bereits vor zwei Jahren in Freiburg habe ich angekündigt, daß ich erneut über die hierarchisch-sequentielle Regulation von Sprachproduktion und Motorik berichten werden. Ich tue dies heute nicht im Sinne einer lästigen Pflichtübung, sondern weil ich von den Störungen dieser psychischen Funktionsbereiche seither eher noch stärker als weniger fasziniert bin. Und diese Faszination gilt vornehmlich der Tatsache, daß es sich bei diesen Regulationen eben **nicht** um ein nur sprachspezifisches Funktionsgefüge, und damit für die Kinder- und Jugendpsychiatrie um ein Randgebiet zu handeln scheint, das vielleicht mehr die Sprachheilkunde interessieren sollte. Vielmehr scheint dieses sehr hoch integrierte Funktionsgefüge der zeitlichen Regulation mit seinen Störungen auch weite Bereiche der komplexen Steuerung der Motorik, insbesondere aber auch der Steuerung des allgemeinen Handelns mit einzubeziehen.

Trotz der gebotenen Kürze meiner Darstellung muß ich versuchen, heute ganz wenige der theoretischen Grundannahmen zu diesem Forschungsbereich ins Gedächtnis zurückzurufen, wenn ein tieferes Verständnis für die Demonstration von ausgewählten Untersuchungsbeispielen hergestellt werden soll. Ich muß dabei aus didaktischen Gründen von sprachtheoretischen Überlegungen ausgehen. Bitte vergessen Sie darüber nicht, für sich selbst einen Zusammenhang mit allgemeinen Handlungsstrukturen auch dort zu suchen, wo ich dies aus Zeitgründen nur andeutungsweise oder gar nicht tun kann.

Jegliche Produktion menschlicher Sprache einschließlich ihrer motorischen Komponenten ist sequentiell organisiert. Selbst wenn eine Äußerung nur aus einem einzigen Wort besteht, enthält dies eine Sequenz von Phonemen; und selbst wenn eine sprachliche Äußerung nur aus einem einzigen Phonem besteht – etwa aus dem erstaunten kindlichen aaah im Kasperle-Theater – ist zu dessen Produktion ein zeitlich sehr präzise geregeltes Impulspattern innerhalb des Zentralnervensystems zur pünktlichen Innervation der vielen beteiligten Muskeln erforderlich.

In einer Zeit, als die westliche Psychologie noch fast ausschließlich vom Behaviorismus beherrscht wurde, erkannte Karl Lashley (1951) die komplizierte Problematik dieser serialen oder sequentiellen Organisation der Sprachproduktion und weiter Bereiche des nichtsprachlichen Verhaltens. Das lerntheoretische Reflex-Ketten-Modell fand schon er zur Erklärung dieser sequentiellen Organisation als unzulänglich, mindestens im Hinblick auf das hohe Sprechtempo. Bei einer durchschnittlichen Produktion von etwa 14 Phonemen pro Sekunde, an deren Bildung nach Lenneberg (1967) über 100 verschiedene Muskeln mit unterschiedlicher Aktivierungslatenz beteiligt sind, wäre die Annahme der Produktionsauslösung eines sprachlichen Elementes nur durch den Abschluß des vorangegangenen kaum mehr denkbar.

Als relevanter für die Erklärung des sequentiellen Geschehens bei der Sprachbenutzung – wenn auch für sich allein sicherlich noch nicht ausreichend –

erwies sich das informationstheoretische Markoff-Modell. George Miller, der der Sprachforschung an mehreren wichtigen Angelpunkten fruchtbare Anstöße gegeben hat, hatte zeigen können, daß künstliche Sprachgebilde desto schneller gelernt und desto flüssiger produziert werden, je enger sie sich an die sogenannten Übergangswahrscheinlichkeiten der Muttersprache eines Individuums anlehnen. Das Erlernen dieser Übergangswahrscheinlichkeiten und damit das Ausnutzen von Redundanz stellt sicherlich einen wesentlichen Teilfaktor der menschlichen Fähigkeit zur Sprachbenutzung dar; und bereits hierin gibt es charakteristische Teilleistungsschwächen kindlicher Organismen innerhalb des Spracherwerbs. Wir denken an die enormen Schwierigkeiten mancher Kinder beim Erlernen der richtigen Reihenfolge z. B. der Zahlbegriffe trotz hundertfachem Vorsprechen. Wir werden diese Schwächen berücksichtigen müssen und an späterer Stelle kurz darauf zurückkommen.
Die wesentlichsten Einwände gegen die Erklärung der Sprachbenutzung allein durch diese Übergangswahrscheinlichkeiten treffen die damit noch immer konzipierte Abfolgeanordnung sprachlicher Elemente auf eindimensionalen Ketten und von links nach rechts verlaufend. Die Wahrscheinlichkeit des Auftretens von sprachlichen Elementen resultiert hier noch immer ausschließlich aus den vorangegangenen Ereignissen auf der gleichen Ordnungsebene. Daraus mögen für den Hörer wichtige Erleichterungen entstehen, etwa beim richtigen Ergänzen eines im Ablauf akustisch verdeckten Elementes. Aber der Sprecher weiß ja doch im voraus, welche Information er in Sprache kleiden und somit einem Hörer übermitteln möchte. Es muß also auch **Antizipation** geben.
Zudem wird der Nutzen für die Sprachbenutzung durch die Beachtung dieser Übergangswahrscheinlichkeiten immer nur dann offenbar, wenn eine einzelne Ordnungsebene sprachlichen Geschehens künstlich isoliert wird. Z. B. ist im Deutschen das Auftreten eines ›X‹ nach einem vorausgegangenen ›Z‹ sehr unwahrscheinlich; und zwar nicht nur weil das ›X‹ bei uns überhaupt selten vorkommt, sondern weil es darüber hinaus auch noch in der Nachfolge eines ›Z‹ extrem selten auftritt. Dementsprechend haben wir auf der isolierten Phonemebene einige Mühe mit der flüssigen Artikulation einer Phonemfolge wie »azxub«. Aber eingebettet in Sprachgebilde einer höheren Ordnungsebene, nämlich eingebettet in ganze sinnvolle Wörter kann die Phonemfolge ›ZX‹ sehr wohl auftreten und wird dann als wesentlich weniger zungenbrecherisch empfunden; denken Sie an die Vornamen-Folge »Franz Xaver sowieso«. Und es scheint insbesondere für die Sprachproduktion essentiell zu sein, daß stets die Simultanbeachtung einer Vielzahl von Codierebenen erforderlich ist. Besonders überzeugend zeigt Lenneberg das Ineinandergreifen von motorischen Ereignissen, die zu verschiedenen Phonemen gehören, oder von Phonemen, die nur unter Kenntnis der angestrebten Morpheme – also mit Antizipation – richtig gebildet werden können. Dieses Integrationsprinzip können wir verfolgen bis hinauf in die höchsten Ebenen der Anordnung von Satzteilen im Satz und auch von Sätzen innerhalb übergreifender Darstellungen und in noch komplexeren kommunikativen Systemen.
Sowohl die simultane Beachtung dieser Vielzahl von Codierebenen als auch die notwendige Antizipation später auftretender Elemente werden möglich in den theoretischen Erklärungen durch ein **Planmodell** mit **hierarchisch** organi-

sierten Ordnungsebenen und einer Codierung nicht von links nach rechts, sondern quasi von oben nach unten. Von der linguistischen Seite kam die Blickwende hierzu durch Chomskys Theorie einer generativen Grammatik mit ihren bekannten Regelbäumen. Auf der psychologischen Seite entstand das ebenso geniale Konzept der Strukturierung der Sprachproduktion und des menschlichen Handelns überhaupt unter einem übergeordneten Plan mit verschiedenen, hierarchisch organisierten Ablaufebenen durch Miller, Galanter und Pribram. Von dort aus gelingt auch endlich der Anschluß an die östliche Neuropsychologie, von deren Vertretern wir die Namen Leontjew und Luria wenigstens erwähnen wollen. Und endlich wurde das Grundmodell von Miller, Galanter und Pribram weiter ausgebaut und präzisiert durch den Dresdner Psychologen Hacker (1973).

Grundbaustein in diesem Konzept ist bekanntlich die sogenannte TOTE-Einheit – eine Abkürzung von test-operate-test-exit – also eine Prüfeinheit im Sinne des kybernetischen Rückkopplungskreises. Sprachproduktion wie bewußtes und sinnvolles menschliches Handeln überhaupt stehen unter einer psychologisch übergeordneten Zielvorstellung. Diese enthält einmal das antizipierte **Endziel;** also z. B. die richtige Aufnahme der zu übermittelnden Information durch den Gesprächspartner. An diesem Endziel orientiert sich die **Erfolgsregulation;** wenn in unserem Beispiel der Vergleich der eigenen Zielvorstellung mit den Reaktionen des Gesprächspartners ankündigt, daß dieser etwas Falsches verstanden hat, wird hierdurch u. U. eine sprachliche Umformulierung, mindestens aber eine erneute Sprachproduktion zur Informationsübermittlung in Gang gesetzt.

Zum anderen aber führt die genannte Zielvorstellung auch zu einem sprachliche Formulierung und Bewegungsausführung antizipierenden Sprach**entwurf,** dessen Realisierung in mehrfacher Weise zurückgemeldet wird, wodurch wiederum die weitere Regulation mitbestimmt wird; hierin liegt die ebenso wesentliche **Verlaufsregulation**, die die oben beschriebene Erfolgsregulation stets begleiten muß.

Eine derart simultane Erfolgs- und Verlaufsregulation über eine Vielzahl von sprachlichen Ordnungsebenen hinweg muß hierarchisch organisiert sein; das bedeutet u. a., daß es **Automatismen** geben muß. Es können ja keinesfalls sämtliche Codierebenen gleichzeitig bewußt kontrolliert werden. Aber zur Beschreibung von Automatismen in niederen Ordnungsebenen des Ablaufs gehört noch mehr, als daß sie nach wiederholten Ausführungen zwar noch bewußtseinsfähig, aber nicht mehr bewußtseinspflichtig ablaufen. Zu ihrer weiteren Charakterisierung müssen wir noch einmal weiter ausholen.

Wenn wir jetzt mit der hierarchischen Ordnung von Prüfeinheiten und Regulationsebenen die Möglichkeit gefunden haben, später zu verwirklichende Teile eines Gesamt-Planes zu antizipieren, nämlich in einem operativen Abbildsystem z. B. Satz- und Bewegungsentwürfe vorauszunehmen, dann ist auch ein entsprechend eingerichteter Speicher erforderlich, in dem diese Entwürfe bis zum Abruf stabil gehalten werden können, gleichzeitig damit sie als Vergleichsmuster für die Prüfvorgänge der Verlaufsregulation dienen können. Und bei unseren Theorien über die Funktionsweise eines Kurzspeichers rekurrieren wir noch einmal gern auf Entdeckungen von George Miller; in einer berühmten

Arbeit von 1956 hatte er darüber berichtet, daß für die Kurzspeicherkapazität offenbar nicht die Informationsmenge ausschlaggebend ist, sondern die Anzahl von gespeicherten Einheiten, die nach seinem damaligen Eindruck etwa bei 7 lag. Und die wesentlichste Möglichkeit zur Erweiterung dieser zunächst als recht niedrig erscheinenden Kapazität liegt in der Vergrößerung des sequentiellen Umfangs dieser einzelnen Einheiten, d. h. in der Zusammenfassung mehrerer Elemente zu ganzen Blöcken. Miller nannte diesen Vorgang bekanntlich Recodieren. Charakteristikum dieser erweiterten Einheiten sei, daß sie entweder ganz oder gar nicht ablaufen. Das heißt, daß nach einem einzigen Abruf-Impuls für eine solche Super-Einheit eine ganze Sequenz von Elementen in exakter Reihenfolge automatisch, d. h. nicht mehr in den Details kontrolliert, abläuft. Wir alle kennen diese Vorgänge des Recodierens oder auch einfach des Codierens aus dem alltäglichen Leben, wenn sich etwa beim Schreibmaschinenschreiben mehrere Buchstabenanschläge zur flüssigen Ablauf-Sequenz eines ganzen Wortes, oder auch wenn sich beim Autofahren mehrere manuelle und pedale Teilhandlungen unter dem Superzeichen »Schalten« zu einer einheitlichen Sequenz zusammenschließen.
Und von dieser Bildung längerer sequentieller Einheiten, die schließlich auf einen einzigen Abruf-Impuls hin abspulen – das heißt, von dieser Automatisierung – hängt in entscheidender Weise die Antizipation ab; denn gerade in der Zwischenzeit nach dem Abruf-Impuls bis zum Ende des Ablaufs der gesamten Sequenz scheint der Vorausblick möglich zu werden, der seinerseits den flüssigen Anschluß des nächsten Elementes oder der nachfolgenden Sequenz ermöglicht.
Die Beziehungen zwischen Automatisierung, Codierung und Antizipation sind aber sicherlich noch weit komplizierter. Eine antizipierte, d. h. in den sprachlichen Kurzspeicher aufgenommene oder auch zum alsbaldigen Abruf »vorgewärmte« Einheit muß ja noch eine Zeitlang von der motorischen Ausführung zurückgestellt, d. h. gehemmt werden, bis der zeitlich präzise Abruf-Impuls erfolgt. Wir alle kennen die beiden hierhin gehörenden Störungsformen nur zu gut, wenn nämlich im einen Fall eine verfrüht ausgelöste Motorik zu Kontaminationen mit momentan gebildeten Produktionseinheiten führt, oder wenn im anderen Falle durch ungenügenden Zusammenschluß von Elementen zu sprachlichen Einheiten die Antizipation der nachfolgenden und damit eine flüssige Produktion mißlingt.
Damit kehren wir zum Ausgangspunkt unserer Gedankenschleife zurück, nämlich zur theoretischen Forderung nach einer Hierarchie der vielen Kontrollvorgänge, die gleichzeitig ablaufen müssen, sowie zum Verweis auf die zentrale Bedeutung von Vorgängen der Automatisierung und Antizipation und die Vielzahl von Störungen, die gerade hier ansetzen können. Mögen Teilleistungsschwächen des Organismus in unserer grob vereinfachten Darstellung in der Speicherung liegen, in der Reihenfolgebildung innerhalb sequentieller Einheiten, in Aufschubmöglichkeiten, in den kinaesthetischen und auditiven Kontrollsystemen selbst, oder auch in der ungenügenden Ausfilterung systemfremder Ereignisse: in jedem Falle wird unter dem hier betrachteten Aspekt die Automatisierung in einem hierarchischen Ablaufgefüge behindert. Dies aber bedeutet ungenügende Integration in höhere der hierarchisch angeordneten Regelebe-

nen und deren zeitliche Ablaufordnung. Am folgenreichsten aber scheint die hiermit bedingte, häufige Verlagerung des Bewußtseins-Focus vom Endziel weg auf die Verlaufsregulation und damit schließlich eine Planinstabilität zu sein.
Ein letzter theoretischer Hinweis wird zum Verständnis unseres diagnostischen Vorgehens noch unumgänglich, nämlich auf **Pausen** und **Unterbrechungsvorgänge**. Je mehr Entscheidungsvorgänge bei komplizierteren Sprachproduktionen gleichzeitig notwendig sind, oder anders: je mehr von den hierarchisch angeorneten Regelebenen gleichzeitig beachtet werden müssen, desto längere Vorbereitungszeiten und Sprechpausen, Codierpausen werden notwendig, wenn nicht das übergeordnete Ziel aus dem Blickfeld verschwinden soll. Hinzu kommen notwendigerweise Unterbrechungsvorgänge, die von diesen Sprechpausen sorgfältig zu unterscheiden sind. Auch in der Überprüfung stärker automatisierter Ablaufebenen muß es Unterbrechungsregeln zur Fehlervermeidung und Fehlerkorrektur geben, die die Sprachproduktion präzise auf der Stufe abstoppen, die zur Korrektur gerade noch notwendig ist. Bei einer artikulatorischen Fehlleistung genügt z. B. die korrigierte Wiederholung eines Wortes oder auch einer kurzen Teilphrase, aber es braucht nicht der ganze Satz umgebaut oder gar die gesamte Kommunikation abgebrochen zu werden. Hingegen müssen in unserem Beispiel alle unterhalb der Wortebene liegenden Ordnungsebenen präzise gestoppt werden. Viele Regulationsschwächen zeigen sich aber gerade in der unpräzisen Unterbrechung zur Fehlervermeidung und -korrektur, indem etwa die Artikulomotorik nicht gestoppt wird, während die Wortselektion gestoppt und korrigiert werden muß. Hierhin gehören viele Embolophrasien. Ein analoges Geschehen ist auch beim unpräzisen Einsatz der vielen sprachlichen Codierebenen am Anfang einer Sprachproduktion mit ungenügender Vorausplanung zu beobachten.
Zusammenfassend müssen wir also feststellen, daß Sprachproduktion in einer zeitlich geregelten Ablaufhierarchie vieler Ordnungsebenen geschieht, die ein erhebliches Maß an Automatisierung erfordert. Mangelt es an irgendeiner Teilfunktion innerhalb dieses Ablaufgefüges und nehmen damit die Fehler in den unteren Ebenen zahlenmäßig wie auch in ihrem Schwergewicht zu, kann die zugehörige Verlaufskontrolle nicht mehr von vigilanz-ähnlichen Funktionen übernommen werden. Hierdurch kann eine häufige Hinwendung des Bewußtseins auf niedere Ablaufebenen erzwungen werden. Dies aber stört erneut die Antizipationsvorgänge, engt damit die Zielvorstellung ein und behindert schließlich deren Stabilität; und somit schließt sich ein funktionaler Teufelskreis von Minderleistungen der sequentiellen Sprachproduktion. Wir kennen mittlerweise noch eine ganze Reihe derartiger Teufelskreise, müssen uns aber heute deren Beschreibung aus Zeitgründen versagen.
Unumgänglich ist dagegen der Verweis darauf, daß alle eben skizzierten Funktionsverknüpfungen der Sprachproduktion vom Bild des Erwachsenen ausgegangen sind. Beim Kind treffen wir nicht nur Anzeichen für eine kontinuierlich oder auch diskontinuierlich verlaufende Entwicklung dieser Funktionen; vielmehr zeichnen sich gerade in den hier angeschnittenen Funktionsbereichen der Sprachbenutzung Merkmale von strukturellen Veränderungen im Laufe der Sprachentwicklung ab, die uns sehr faszinieren. Hier liegt noch ein weites Aufgabenfeld für zukünftige Forschung.

Endlich müssen wir noch einmal kurz auf den Begriff der Teilleistungsschwächen eingehen. Wir brauchen an dieser Stelle nicht erneut zu erwähnen, daß wir mit dieser Bezeichnung keinerlei Hinweise auf eine bestimmte Ätiologie dieser funktionalen Störungsbilder vorwegnehmen. Ebenso überflüssig ist der Hinweis darauf, daß sich die hier angeführten funktionalen Störungen an der Oberfläche verschiedener Sprachstörungen niederschlagen wie z. B. in unregelmäßigem Stammeln, in Poltern und Stottern, in Dysgrammatismen, in expressiven Dysphasien oder auch in vielen Formen von Lese-Rechtschreib-Schwächen.

Darüber hinaus aber waren wir uns der theoretischen Forderung durchaus bewußt, daß keine noch so vorzügliche Darstellung von irgendwelchen zerebralorganischen Leistungsschwächen innerhalb eines bestimmten funktionellen Systems deren Isolation, d. h. den Charakter von **Teil**leistungsschwächen behaupten kann, ohne gleichzeitig normale Abläufe bei anderen höheren psychischen Funktionen nachzuweisen. Wir haben daher unsere neuropsychologische Diagnostik von vornherein nicht auf sprachliche Phänomene beschränkt, sondern u. a. die sonstige Körpermotorik unter Einsatz ähnlich sequentiell-hierarchischer Regelprogramme mit einbezogen.

Dabei wird zum einen deutlich, daß sich hinter einer derartigen sequentiell-hierarchischen und damit zeitlich geregelten Programmsteuerung offenbar ein weitgehend übergeordnetes Funktionssystem verbirgt, das mit seinen Störungen keinesfalls nur die Sprachproduktion beeinträchtigt. – (Warum wir dennoch von Teilleistungsschwächen sprechen dürfen, müssen wir uns aus Zeitgründen in der Darstellung versagen.)

Zum anderen aber zeigt sich, daß nicht nur die phoniatrische und sprachpsychologische, sondern besonders auch die kinderneurologische Untersuchung mindestens vom 5./6. Lebensjahr ab durch solche diagnostischen Verfahren erweitert werden muß, die Störungen auch in diesen sequentiell-hierarchischen Steuerungssystemen aufzeigen können. Dabei sei ausdrücklich erwähnt, daß ich allen Grund habe, jede kinderneuropsychologische Untersuchung als unvollständig zu bezeichnen, wenn sie diese Regelprogrammsteuerung nicht berücksichtigt, und zwar **nicht** etwa nur bei Kindern, die primär wegen Sprachstörungen vorgestellt werden, sondern bei **allen** Kindern; also auch bei solchen, die primär wegen »Verhaltensstörungen« in die Untersuchung kommen. Dies gilt ganz besonders natürlich auch für wissenschaftliche Erhebungen. Und noch dazu in höheren kindlichen Altersstufen oder gar im Jugendalter, wenn die feinmotorische Geschicklichkeit bei Überprüfung mit den bisher verfügbaren Verfahren nicht mehr auffällig zu sein pflegt, zeigen sich noch sehr charakteristische und gravierende Leistungsminderungen der Motorik, sobald diese in hierarchische Regelprogramme integriert, d. h. sobald Motorik unter kognitiver Steuerung und Einbezug mnestischer Leistungen automatisiert werden muß. Gelegentlich kommen dann sogar funktionale Leistungsminderungen wieder zum Vorschein, die bereits die kleinkindliche Entwicklung behindert haben.

Und ebenso wichtig wie die hiermit geforderte Erweiterung der neuropsychologischen Untersuchung in den Bereichen der Steuerung der Motorik wird der Vergleich dieser Leistungsgebiete mit der Charakteristik von »unkonzentrierten« oder »kurzschlüssigen« Denkabläufen und Verhaltensweisen aus einer nicht genügend regelgerechten Handlungssteuerung. Die gesamte Charakteri-

stik auch des Risiko-Verhaltens wird bei derartigen Untersuchungen ebenfalls deutlich. Aber auch hier muß dieser minimale Hinweis genügen.
Im Hinblick auf eine derartige neuropsychologische Diagnostik und die daraus erwachsenden, weitreichenden Konsequenzen auch für eine gezielte Behandlung mit sequentiell-hierarchischen Regelprogrammen möchte ich daher einmal mehr und mit Freuden Hans Asperger zustimmen, der 1973 meinte, man könne mit Fug eine umfassende Psychopathologie von den Sprachstörungen her aufbauen.
Zum Schluß meiner Ausführungen und als Überleitung zu den audio-visuellen Demonstrationen möchte ich Ihnen das Grundschema unserer Differentialdiagnostik aller hier angesprochenen Teilleistungsschwächen nur kurz andeuten. Es geht dabei in jedem Falle um den **Vergleich** von Leistungen in folgenden Dimensionen:

A) **Einzel**ausführung – fortlaufende Produktion, **Dauer**leistung

B) (zum sequentiell-hierarchischen Aufbau der Funktionen)
- 1) **monotone** Wiederholungen sprachlicher Einheiten mit unterschiedlichem Anspruch an die Koordination verschiedener Muskelsysteme
- 2) **alternierende** Ausführung von sprachlichen Einheiten
- 2a) alternierende Ausführung von zwei Paaren sprachlicher Einheiten in »Endlosketten«
- 3) **sequentielle** Reihen von mindestens drei Elementen
- 4) in **hierarchischem** Aufbau
  - a) mit rhythmischen Verschiebungen
  - b) mit Postpositionen
  - c) mit Präpositionen
- 5) mit Freiheitsgraden
  - a) in alleiniger Produktion
  - b) im sozialen Wechsel

C) Vergleich aller Leistungen in den experimentellen Dimensionen von B) mit dem Aufbau der syntaktischen und semantischen Strukturen in natürlicher Sprachproduktion
Vergleich aller bisher aufgeführten Leistungsdimensionen mit der Ausführung von sequentiell-hierarchischen Regelprogrammen ähnlichen Aufbaus wie A) und B) in der allgemeinen Körpermotorik.

Literatur

Anochin, P. K.: Das funktionelle System als Grundlage der physiologischen Architektur des Verhaltensaktes, Jena 1967.

Asperger, H.: Vorwort zu: Wurst, F.: Sprachentwicklungsstörungen und ihre Behandlung, Öster. Bundesverlag f. Unterricht, Wissenschaft und Kunst, Wien 1973.

Chomsky, N.: Syntactic Structures, s'Gravenhage 1957.

ders.: Aspekte der Syntax-Theorie. (Engl. 1965) Dtsch. Übers.: Suhrkamp 1969.

Engelkamp, J.: Semantische Struktur und die Verarbeitung von Sätzen, Huber-Verlag, Bern-Stuttgart-Wien 1973.

ders.: Psycholinguistik, UTB 297, W. Fink 1974.
Hacker, W.: Allgemeine Arbeits- und Ingenieurpsychologie, VEB Deutscher Verlag der Wissenschaften, Berlin 1973.
Hörmann, H.: Psychologie der Sprache, Springer-Verlag 1967.
Lashley, K. S.: The Problem of Serial Order in Behavior, in: Jeffers, L. A. (Ed.); Cerebral Mechanisms in Behavior, The Hixon Symposium, New York 1951, 112–136.
Lenneberg, E. H.: Biologische Grundlagen der Sprache. (Engl. 1967), Dtsch. Übers.: Suhrkamp 1972.
Leontjew, A. N.: Probleme der Entwicklung des Psychischen, Berlin 1964.
Luria, A. R.: Die höheren kortikalen Funktionen des Menschen und ihre Störungen bei örtlichen Hirnverletzungen, Dtsch. Übers.: VEB Verlag der Wissenschaften, Berlin 1970.
ders.: The Working Brain, Penguin Books Ltd., 1973.
Miller, G. A.: The Magical Number Seven, Plus or Minus Two: Some Limits of Our Capacity for Processing Information, Psychol. Rev. 63, (1956) 81–97.
Miller, G. A. and Selfridge, J. A.: Verbal Context and the Recall of Meaningful Material, Amer. J. Psychol. 63 (1950), 176–185.
Miller, G. A., Galanter, E., Pribram, K. H.: Plans and the Structure of Behavior, 1960, Dtsch. Übers.: Pläne und Strukturen des Verhaltens, Klett Verlag 1973.
Norman, D. A.: Aufmerksamkeit und Gedächtnis, (Engl. 1969), Dtsch. Übers.: Beltz Verlag 1973.

Jes Wittrock

Entwicklungsneurologische Befunde lernbehinderter Kinder und Verhaltensstörungen

Als lernbehindert werden Kinder bezeichnet, die dem Bildungsgang der normalen Schule nicht folgen können. Das Verfahren der Überweisung in die Sonderschule für Lernbehinderte ist durch die Schulgesetze, Rechtsverordnungen und Verwaltungsvorschriften der Länder übereinstimmend geregelt.

Im gegenwärtigen Schulsystem reduziert sich, nach Kautter, das Sichtungsproblem lernbehinderter Kinder auf die Erkennung schwerer Intelligenzschwäche schon zu Beginn der Schulpflichtzeit und erhebliche Schulleistungsschwächen in den Jahren des Grundschulbesuchs. Der Grundschullehrer meldet den vermutlich lernbehinderten Schüler der Sonderschule. Die Bestimmung der Kriterien der Lernbehinderung ist weitgehend in das Ermessen des begutachtenden Sonderschullehrers gestellt, ein, wie der Sonderschulpädagoge Kautter selbst zugibt, in Anbetracht der folgenschweren Entscheidung untragbarer Zustand. Der Amts- oder Schularzt ist in der Regel nur Erfüllungsgehilfe. Allerdings ist, nach Bleidick, die medizinische, namentlich die kinder- und jugendpsychiatrische Ursachenlehre für die Beurteilung wenig brauchbar. Sie beantwortet seiner Meinung nach nicht die Frage nach der Sonderschulbedürftigkeit und besonderen Erziehungsnotwendigkeit derartiger Kinder. »Es ist nicht einmal als zwingend anzunehmen, daß ein nach medizinischer Diagnose als frühkindlich hirngeschädigtes Kind im pädagogischen Sinne überhaupt behindert ist.«

Auf der anderen Seite und dies macht die Problematik deutlich, gelten hirngeschädigte Kinder häufig bei einer ärztlichen Untersuchung als »neurologisch unauffällig«. Sie werden nicht erfaßt, wenn die Kriterien für die Aufstellung einer Hirngeschädigten-Gruppe entsprechend formuliert worden sind.

Notwendig sind also präzise Kriterien speziell für die neurologische Untersuchung lernbehinderter Kinder. Sie hat dann einen erheblichen Stellenwert bei der mehrdimensionalen Diagnostik. Wie die folgenden Ausführungen zeigen werden, besteht bei exakter neurologischer Untersuchung ein deutlicher Zusammenhang zwischen neurologischem Befund und gestörtem Verhalten.

Untersuchungsgut

84 lernbehinderte Kinder im Alter von 6 bis 16 Jahren eines heilpädagogischen Heims in einer Stadtrandgemeinde Münchens wurden im Rahmen einer Teamdiagnostik unabhängig voneinander medizinisch und psychologisch untersucht.

Dazu gehörte eine allgemein-pädiatrische Untersuchung, eine spezielle neurologische Untersuchung, eine EEG-Ableitung, Intelligenztest, Perzeptionstest sowie ein Handdominanztest und verhaltenspsychologische Untersuchungen.

Gegenstand dieses Vortrags sind die entwicklungsneurologischen Befunde und die festgestellten Verhaltensauffälligkeiten.

Methodik

Zur **speziellen neurologischen Untersuchung** benutzten wir das Schema von Touwen und Prechtl.
Pathologische Funktion und normale Variation des sich noch in der Entwicklung befindlichen Nervensystems des Kindes sind häufig schwer voneinander zu trennen. Der Subjektivität und Autorität des Untersuchers bleibt bei der Beurteilung der einzelnen Funktionen ein zu großer Spielraum. Neurologische Abweichungen im Kindesalter lassen sich nur durch exakt definierte, standardisierte und quantifizierte Untersuchungsmethoden feststellen, die reliabel und valide sein müssen. Der von Touwen und Prechtl am Department für Entwicklungsneurologie der Universität Groningen entwickelte Untersuchungsgang, den wir für deutsche Verhältnisse bearbeitet haben, genügt diesen Anforderungen. Auch neurologische Minimalzeichen (»soft signs«) lassen sich exakt festhalten. Er ist den psychomotorischen Tests überlegen, da er die pathologische Motorik genauer erfaßt.
Zur **Feststellung der Verhaltensauffälligkeiten** entwickelten wir 2 Fragebögen, je einen für Lehrer und Erzieher, die auf den Arbeiten von Rutter, Jenkins, Thalmann, Patterson, Werry, v. Harnack und eigenen Erfahrungen (Brack) beruhten. Einen vergleichbaren Bogen haben Schmidtchen et al. verwendet. Ergänzend dazu wurden genau definierte Verhaltensbeobachtungen durch in Verhaltenstherapie ausgebildete Psychologen durchgeführt, wobei wir uns bemühten, keine anekdotische Beschreibung klinischer Symptomatologie, sondern exakte Beobachtungen in Standardsituationen zu verwerten.
Die Fragebögen sowie die Verhaltensbeobachtungen umfaßten schwerpunktmäßig folgende Verhaltensmuster (in Anlehnung an Jenkins):
Hyperaktives Verhalten
Überängstliches Verhalten
Dissozial-aggressives Verhalten
Zurückgezogenes Verhalten
Außerdem wurden Sprachstörungen (nach Böhme) und einzelne Verhaltensauffälligkeiten wie
Enuresis
Enkopresis
Schlafstörungen erfaßt.

Ergebnisse

1. neurologische Untersuchung

Neurologisch	deutlich auffällig waren	26 (31 %) der Kinder
	leicht auffällig	47 (56 %) der Kinder
	unauffällig	11 (13 %) der Kinder

Die Diagnosestellung in 3 Gruppen geschah nach einem Punktesystem, das wir bereits an anderer Stelle veröffentlicht haben (Rautenstrauch und Wittrock).
Bei unseren Untersuchungen zeigte es sich, daß die Kinder besonders bei den Tests, die die Koordination, die Feinmotorik, die Dyskinesien und die assoziierten Bewegungen betrafen, deutlich auffällig waren.

Beispielsweise zeigten:
48 % der Kinder Auffälligkeiten bei der Diadochokinese
66 % beim Finger-Oppositionstest
45 % choreiforme Bewegungen
77 % deutlich assoziierte Bewegungen
Bei den assoziierten Bewegungen war besonders die Prüfung des Mund-Öffnungs-Finger-Spreizphänomens ein besonders empfindlicher Test.
Weniger auffällig waren die Kinder bei der Prüfung der Körperhaltung, der Rumpfkontrolle, sowie der Grob- und Sensomotorik. Die Reflexprüfungen als Teil der klassischen neurologischen Untersuchung brachten die geringste Aussage. Die sog. »soft signs« hatten eine größere Reliabilität als die »hard signs«.
Unsere Untersuchungen gaben auch Auskunft über die **Entwicklungsmuster** der wichtigsten Tests bei lernbehinderten Kindern. Es zeigte sich, daß die Fähigkeit, ohne Abweichungen auf einem geraden Strich zu gehen (Seiltänzergang) bei den 8–10jährigen, die korrekte Ausführung des Finger-Nase-Versuchs und des Knie-Hacken-Versuchs erst bei den 11 bis 13jährigen voll entwickelt war.
Assoziierte Bewegungen beim Zehengang und beim Fersengang sistierten teilweise bis zum 16. Lebensjahr. Bei der Diadochokinese, beim Finger-Oppositionstest und beim Mund-Öffnungs-Finger-Spreiz-Phänomen war die Entwicklung selbst bei den 14–16jährigen noch nicht abgeschlossen.
Insgesamt konnte man feststellen, daß die untersuchten Kinder eine deutliche Verlangsamung bei der Reifung ihrer motorischen Funktionen aufwiesen im Vergleich zu gesunden Kindern. (Wittrock unpub. Daten). Im Zusammenhang mit der neurologischen Untersuchung prüften wir auch die **Handdominanz** (mit dem Handdominanztest nach Steingrüber und Lienert).
Dabei fanden sich 18 % Linkshänder, 10 % Ambivalente und 72 % Rechtshänder. Hier sei nur die Aussage gemacht, daß die Linkshänder stärker in der neurologisch auffälligen Gruppe vertreten waren.

2. Untersuchung des Verhaltens

Die Gesamtbeurteilung aus den beiden Verhaltensfragebögen sowie den systematischen Verhaltensbeobachtungen ergab folgendes:

Deutlich verhaltensauffällig waren	16 (21 %) der Kinder
mäßig	31 (40 %) der Kinder
unauffällig	30 (39 %) der Kinder

Deutlich verhaltensauffällig hieß: in mehreren Verhaltensmustern auffällig und zusätzlich ausgeprägte Einzelsymptome
Mäßig verhaltensauffällig hieß: in einem Verhaltensmuster auffällig und Einzelsymptome geringerer Ausprägung
Unauffällig hieß: in keinem Verhaltensmuster auffällig
Faßte man die Verhaltensmuster zusammen, zeigte sich folgendes Bild:

Hyperaktiv waren	27 %
Überängstlich	17 %
Dissozial-aggressiv	7 %
Zurückgezogen	16 %

Sprachstörungen (Stammeln, Stottern, Dysgrammatismus und verwaschen undeutliche Sprache) fanden sich bei 40 % aller Kinder.

Enuresis hatten	19 % der Kinder
Enkopresis	3 % der Kinder
Nägelkauen	58 % der Kinder.

3. Zusammenhänge zwischen neurologischem Befund und Verhalten

Die **Korrelation** von neurologischem Befund und Verhaltensauffälligkeiten ergab folgende Zusammenhänge:
Von den **neurologisch deutlich auffälligen** Kindern (31 % des Untersuchungsgutes) waren
36 % deutlich **verhaltensauffällig**
44 % leicht **verhaltensauffällig**
20 % unauffällig
Von den **neurologisch leicht** auffälligen Kindern (44 % des Untersuchungsgutes) waren
15 % deutlich **verhaltensauffällig**
44 % leicht **verhaltensauffällig**
41 % unauffällig
Von den **neurologisch unauffälligen** Kindern waren (13 % des Untersuchungsgutes)
9 % deutlich **verhaltensauffällig**
18 % leicht **verhaltensauffällig**
73 % unauffällig
Umgekehrt ausgedrückt:
Unauffälliges Verhalten boten:
73 % der neurologisch unauffälligen Kinder
41 % der neurologisch leicht auffälligen Kinder
20 % der neurologisch deutlich auffälligen Kinder
Am deutlichsten zeigte sich der Zusammenhang zwischen hyperaktivem Verhalten und neurologischem Befund:
Hyperaktives Verhalten zeigten
9 % der neurologisch unauffälligen Kinder
24 % der leicht auffälligen Kinder
48 % der deutlich auffälligen Kinder
Dies deckte sich übrigens mit den Beobachtungen von Rutter, Jenkins, Hochleitner und Prechtl.
Überängstliches Verhalten zeigten
9 % der neurologisch unauffälligen Kinder
17 % der leicht auffälligen Kinder
36 % der deutlich auffälligen Kinder
Aggressives Verhalten zeigten
9 % der neurologisch unauffälligen Kinder
20 % der leicht auffälligen Kinder
19 % der deutlich auffälligen Kinder
Zurückgezogenes Verhalten zeigten
7 % der neurologisch unauffälligen Kinder

7% der leicht auffälligen Kinder

36% der deutlich auffälligen Kinder

Betrachtet man noch einige **Einzelsymptome,** so fanden wir folgende Zusammenhänge:

eine **Enuresis** fand sich bei den neurologisch deutlich auffälligen Kindern wesentlich häufiger als bei den leicht auffälligen und den unauffälligen (28 % : 36 % : 26 %).

Sprachstörungen fanden sich ebenfalls gehäuft bei den neurologisch auffälligen Kindern (48 % : 36 % : 26 %).

Schlafstörungen traten in allen 3 Gruppen gleichmäßig auf. Es ergab sich also kein Zusammenhang zwischen neurologischem Befund und Schlafstörungen.

Diskussion

Es bestand ein offensichtlicher Zusammenhang zwischen neurologischer Symptomatik und auffälligem Verhalten. Der Schweregrad des neurologischen Befundes bestimmte die Ausprägung von auffälligem Verhalten. Die Wahrscheinlichkeit, daß ein Kind Verhaltensauffälligkeiten entwickelt, läßt sich u. U. durch eine spezielle neurologische Untersuchung voraussagen. Außer der Messung der Intelligenz, der Perzeption und der Sozialentwicklung kann eine exakte entwicklungsneurologische Untersuchung, möglichst schon im Vorschulalter, bereits deutliche Hinweise für eine spätere seelische und schulische Fehlentwicklung geben. Es ist zu fordern, Kinder, die im Vorschulalter eine Spielstörung zeigen, wie Nissen sie beschrieben hat, einer entwicklungsneurologischen Untersuchung nach obigen Kriterien zu unterziehen, damit Maßnahmen der Frühförderung wirksam werden können.

Zusammenfassung

84 lernbehinderte Kinder im Alter von 6 bis 16 Jahren wurden entwicklungsneurologisch nach dem Schema von Touwen und Prechtl untersucht. Verhaltensstörungen wurden durch Fragebögen und systematische Verhaltensbeobachtungen festgestellt.

Die neurologisch deutlich auffälligen Kinder waren auch deutlicher verhaltensauffällig als die anderen Kinder. Dabei war hyperaktives Verhalten das am häufigsten vorkommende Muster.

Die prophylaktische Bedeutung einer speziellen entwicklungsneurologischen Untersuchung bei der Diagnostik potentiell lernbehinderter Kinder wird unterstrichen.

Literatur

Bleidick, U.: Ursachen der Behinderung unter pädagogischem Aspekt, Z. Heilpäd. 26, 5, 258–280, 1975.

Böhme, G.: Stimm-, Sprech- und Sprachstörungen, Fischer, Stuttgart 1974.

Harnack, G. v.: Nervöse Verhaltensstörungen beim Schulkind, Thieme Stuttgart 1958.

Hochleitner, M.: Erziehungs- und Schulschwierigkeiten bei Kindern mit minimal cerebral palsy, Wien, Med. Wschr. 120, 378, 1970.
Jenkins, R. L.: Typen von Verhaltensstörungen bei Kindern, Nervenarzt 40, 5. 197, 1969.
Kautter, H. J.: Zur Klassifikation und schulischen Plazierung von Lernbehinderten, Z. Heilpäd. 26, 5, 222–238, 1975.
Nissen, G.: Spielstörungen im Kleinkindalter als Vorläufer von Lernstörungen bei Kindern und Jugendlichen, Acta Paedopsych. 40, 6, 214, 1974.
Patterson, G. R.: An Empirical Approach to the Classification of Disturbed Children, J. Clin. Psychol. 20, 3, 326, 1964.
Prechtl, H. F. R., Stemmer, C.: The Choreiform Syndrome in Children, Develop. Med. Child Neurol. 4, 119, 1962.
Rautenstrauch, Th., Wittrock, J.: Unerkannte minimale cerebrale Dysfunktion bei erziehungsschwierigen Kindern, Mschr. Kinderheilk. 122, 629, 1974.
Rutter, M., Graham, P., Yule, W.: A Neuropsychiatric Study in Childhood, Heinemann, London 1970.
Schmidtchen, S., v. Ondarza, G., Dahme, B.: Faktorenanalytische Untersuchung von Verhaltensstörungen bei Kindern, Prax. Kinderpsychol. 23, 7, 270, 1974.
Scholz, W.: Testpsychologische Untersuchungen bei hirngeschädigten Kindern, Marhold, Berlin 1972.
Steingrüber, H. J.: Zur Messung der Händigkeit, Zschr. Exp. und Angew. Psychol. 18.337, 1971.
Thalmann, H. C.: Verhaltensstörungen bei Kindern im Grundschulalter, Klett, Stuttgart 1971.
Touwen, B. C. L., Prechtl, H. F. R.: The Neurological Examination of the Child With Minor Nervous Dysfunction. Heinemann, London 1970.
Werry, J. S., Quay, H. C.: Psychopathological Disorders of Childhood, Wiley, New York 1972.
Wittrock, H., Höger, Ch., Macke, A.: Entwicklungsneurologische Untersuchungen im Vorschulalter, Münch. Med. Wschr. 117, 2, 57, 1975.

Johann Zauner

Der therapeutische Schulversuch

Mit dem Problem der Beschulung ist jede Institution konfrontiert, die Kinder im schulpflichtigen Alter über längere Zeit fern vom Elternhaus betreut. Die Art und Weise der pädagogischen Versorgung wird dabei von der jeweiligen Grundstörung bestimmt, das heißt vom Ausmaß der Beeinträchtigung der Lernfähigkeit des Kindes durch die Erkrankung. In der Regel zentrieren diese pädagogischen Aktivitäten auf eine Förderung des Kenntniserwerbs und eine Entwicklung kognitiver und instrumenteller Fähigkeiten. Aber auch die strukturellen Besonderheiten und die therapeutischen Konzepte einer stationären Einrichtung sind nicht ohne Einfluß auf den Modus der schulischen Betreuung.
Ich möchte heute diese Probleme und einen Lösungsversuch am Beispiel der klinischen Psychotherapie von Kindern und Jugendlichen mit schwersten neurotischen Erkrankungen und borderline-Zuständen darstellen.
Dabei sind vier Bereiche zu berücksichtigen. 1. Neurose und Lernen, 2. Vorteile und Gefahren der klinischen Psychotherapie, 3. der therapeutische Schulversuch als integrierter Bestandteil eines Gesamtbehandlungsplanes und 4. allgemeine Fragen, die Schule und Klinik betreffen.

1. Neurose und Lernen

Die Anforderungen im Zusammenhang mit der Beschulung gehen bei unseren Patienten in wesentlichem Maße über die traditionelle Erfüllung des gesetzlichen Auftrages hinaus. Bei ihnen ist nämlich in der Regel die Grundstörung in mehrfacher Determiniertheit in das Zustandekommen der Beeinträchtigung der Lern- und der Schulfähigkeit involviert.
a) Die meisten unserer jungen Patienten haben vor der Aufnahme auf Grund ihrer Neurose entweder die Schule über längere Zeit überhaupt nicht mehr bzw. nur sporadisch besucht oder ihre Lernrückstände sind durch ihre eingeschränkten Möglichkeiten, das Unterrichtsangebot auszunutzen, recht beträchtlich.
Es gibt kaum eine ausgeprägte Neurose bei Kindern oder Heranwachsenden, deren Konflikte nicht auch an der Genese von Lernstörungen beteiligt sind.
b) Weiterhin sollte man die »neurotischen Vermeidungen« in ihrer psychosozialen Relevanz nicht unterschätzen. Angst und Mißerfolgserlebnisse führen zu Vermeidungen, wenn das Ich nicht stark genug ist, die Angst zu tolerieren und zu verarbeiten. Sie führen in der Regel im Sinne der sich selbst erfüllenden Prophezeiung zu einem Teufelskreis. So kann hartnäckiges Schuleschwänzen diesen Hintergrund haben. Schelte und Sanktionen, ja selbst Schläge durch die Eltern sind für diese Kinder dann eher zu ertragen, als die Angst und die Blamage, als das Erleben des Versagens in der Schule. Diese sind deshalb so diskriminierend, weil die äußeren Normen durch die überhöhten inneren bei weitem übertroffen werden.
c) Die Lernfähigkeit eines Kindes ist aber auch seiner Beziehungsfähigkeit korreliert. So ist ein Kind mit einer Zwangsneurose nicht nur durch seine

Zwangssymptome und ihre charakterlichen Verarbeitungen wie Trödeln und Pedanterie lernbehindert, sondern auch durch seine zwangsneurotische Objektbeziehung zu Mitschülern und Lehrern. Bei hysterischen Kindern wiederum gehen in der Regel ihre Leistungen der Sympathie parallel, die sie den jeweiligen Lehrern entgegenbringen.

d) Bei verschiedenen neurotischen Verarbeitungen kann es auch zu einer Störung in Form der Flucht in die Arbeit kommen. Hier dient übermäßiger Lerneinsatz der Angstabwehr und dem Schutz gegen Veränderungen. Diese Form der Störung sehen wir besonders deutlich bei Mädchen mit Pubertätsmagersucht.

Diese kurzen Hinweise machen bereits deutlich, daß ein schulisches Angebot ohne therapeutische Ausrichtung kaum in der Lage sein wird, den Kindern in der Klinik gerecht zu werden.

2. Klinische Psychotherapie, ihr Nutzen und ihre möglichen Gefahren

Drei Teilaspekte dieses breiten Fragenkreises, die die Schulfrage besonders tangieren, sollen herausgestellt werden.

a) Der dreifache Ansatz der klinischen Psychotherapie bei Kindern.
b) Psychotherapie – Pädagogik – Sozialpsychiatrie.
c) Die Gefahr »des artifiziellen Binnenmilieus« (Häfner) oder anders ausgedrückt: die Gefahr der »ökologischen Nische« (Rapaport).

Das neurotisch behinderte Kind ist gegenüber dem gesunden durch ein doppeltes Defizit benachteiligt: Durch das Defizit an realem Wissen und Können und durch das soziale Lerndefizit. Im Vergleich zum Stellenwert der Symptomatik und der Wissenslücken wird das soziale Lerndefizit mit seinen prekären Folgen nicht selten unterbewertet oder gar übersehen. Unser manifestes Verhalten und unsere patterns im Umgang mit unseren Mitmenschen sind ja nur zum Teil Triebschicksale, sie sind zum großen Teil auch auf Lernprozesse zurückzuführen, die das soziale Zusammensein in Gruppen bedingt. In diesen sozialen Lernprozessen werden auf dem Hintergrund der jeweiligen soziokulturellen Situation Inhalte und Interaktionsstile vermittelt, die das Zusammenleben ermöglichen. Das Ausmaß des sozialen Lernens ist aber während der frühen Sozialisationsperiode nicht zuletzt davon abhängig, in welchem Maße dem Kinde Impulse zur Verwirklichung seiner expansiven Tendenzen und seiner Bedürfnisse nach Kooperation und Beziehung angstfrei zur Verfügung stehen. Ein Kind, das beispielsweise seine aggressiven Impulse weitgehend abwehren muß, wird kaum ausreichend soziale Techniken in Richtung von durchsetzen, koalieren, nachgeben können, kooperieren und für Ziele kämpfen erlernen. Die Kindheitsneurose bedingt also auch ein soziales Lerndefizit. Wir müssen unser therapeutisches Angebot in der Klinik also so einzurichten versuchen, daß in ihm drei Ansätze integriert sind:

1. Der durch die Psychotherapie vermittelte emotionale Lerneffekt, mit dem Ziele einer »emotional korrigierenden Erfahrung« (Alexander), die es dem Kinde ermöglicht, den Unterschied zwischen seiner »momentanen furchtgelenkten Vorstellung vor den Mitmenschen und deren wirklicher Artung« zu erleben (Heigl).

2. Der pädagogische Ansatz, der die altersadäquaten Lernreize vermittelt, deren jedes Kind in seiner Erziehung bedarf, um die nötigen Entwicklungsschritte tun zu können.
3. Der sozial-psychiatrische Aspekt, durch den das Kind die Hilfen bekommt, die es in die Lage setzen, parallel zur Psychotherapie und in zunehmender Angstfreiheit die sozialen Lernerfahrungen nachzuholen und nachzuvollziehen, die durch die Ausschaltung und Verdrängung vitaler Triebbedürfnisse versäumt worden sind.

Ein Kind mit einer Zwangsneurose soll als Beispiel dienen: Es muß seine Aggressionen sehr früh verdrängen. Wird seine Abwehr in der Therapie gelokkert, erlebt es zum ersten Male objektgerichtete situative Aggressionen und kann nicht mit ihnen umgehen. Reale und irreale phantasierte soziale Gefahren werden dadurch mobilisiert, das Kind bekommt erneut Angst, aber jetzt zum Teil mit einer realen Berechtigung. Es ist nämlich wirklich in der Gefahr, auf Grund der mangelnden sozialen Lernerfahrung, auf die es jetzt zurückgreifen könnte, nun mit seinen Reaktionen über das Ziel hinauszuschießen. Würde man diese Aspekte nicht berücksichtigen, könnte man in die Nähe von Prozessen gelangen, die man als »Sozial-Darwinismus« bezeichnet hat.

Es ist daher sinnvoll und notwendig, den Stationsalltag nach pädagogischen und sozial-psychiatrischen Gesichtspunkten zu gestalten und die analytische Behandlung personell und räumlich zu trennen. Dabei ist es wichtig, den Umgang mit der Realität der Station, sowie den mit der extramuralen, besonders mit der schulischen, Wirklichkeit in diese Auseinandersetzung einzubeziehen. Nur so kann eine Stationsatmosphäre vermieden werden, die die Gefahr primär-prozeßhafter Verläufe und die Gefahr neurotischen Agierens mit sich bringen würde.

Aus diesem Bündel vielfältiger Erfahrungen mit den Gefahren, die eine langfristige stationäre Behandlung von psychisch Kranken mit sich bringen kann, möchte ich vor allem eine besonders herausstellen, da sie für die klinische Psychotherapie von besonderem Gewicht ist. Viele Patienten können ihre Beziehungen zur Klinik, zum Personal und den Mitarbeitern so gestalten, daß sie in den Zustand einer permanenten Angst- und Konfliktvermeidung geraten, in dem sie sich wohlzufühlen beginnen. So verlieren sie ihre Symptome weitgehend, verteidigen aber mit einer gewissen Zähigkeit die eben gewonnene »Freiheit in der Unfreiheit der Klinik«, die sie jedoch zu verleugnen suchen. Man könnte, theoretisch nicht ganz exakt, von einer Übertragungsneurose der Klinik gegenüber sprechen. Der Mikrokosmos der Klinik wird zum Ersatz der wirklichen Welt. Übersieht man diese spezielle Form der Regression, läßt man ihr zu lange Dauer, reagieren Patienten auf Versuche, sie aus diesen Beziehungsverstrickungen zu lösen, nicht selten mit ernst zu nehmenden Suiciddrohungen. Häfner hat diesen Prozeß »artifizielles Binnenmilieu« genannt, Rapaport eine »ökologische Nische«.

Diese Gefahren sind nur zu vermeiden, wenn die äußere Realität mit ihren Forderungen im Rahmen eines sozial-psychiatrischen Angebotes ständig gegenwärtig ist. Eine verständnisvolle Zuwendungs-Atmosphäre voll Emphatie ist zwar unerläßlich, man sollte jedoch immer im Auge haben, daß nicht nur eine rigide dirigistische Haltung, sondern auch eine verwöhnende laissez-faire

Einstellung den Kindern gegenüber nicht gerade als Kriterium für Zugewandtheit angesehen werden können. Schon Freud hat ja sehr früh darauf hingewiesen, daß »die Behandlung nur in der Versagung« möglich sei. Auch mit der schulischen Versorgung der Patienten sollte man nach dem Grundsatz verfahren: „Soviel Schonung wie nötig, soviel Belastung wie zumutbar.«

3. Der therapeutische Schulversuch als integrierter Bestandteil des Gesamtbehandlungsplanes

Das Ziel und die Motive der begleitenden Schulangebote sind für die Zeit des Klinikaufenthaltes nach diesen Grundsätzen eingerichtet, beziehen sich also nicht primär auf reine Lerninhalte. Der Umgang mit den Problemen, die der Schulbesuch aufwirft, der Schulbesuch selbst und die Schularbeiten auf der Station werden zu Instrumenten der sozialen Therapie. Nur wenn in dieser Periode die Ängste, die Beziehungsprobleme, die neurotischen Vermeidungen im Vordergrund des Interesses stehen und nicht die Schulleistung, kann der bisherige Teufelskreis unterbrochen werden. Dieses Vorgehen soll mit einer Auswahl von Argumenten begründet werden:

Erlebt das Kind den Beginn des Schulversuches wieder ausschließlich als Zwang zum Erfolg, wird sich das gewohnte Interaktionsgefüge konstellieren und das Kind gelangt nicht zu der nötigen Distanz zu sich selbst, um die erforderlichen emotionalen und korrigierenden sozialen Lernerfahrungen zu vollziehen.

Das Lernprogramm wird daher so zusammengestellt, daß Stundenzahl und Fächerauswahl das Kind nur im Rahmen des Möglichen belasten. Dieses dem Klassendurchschnitt gegenüber zu Beginn oft reduzierte Pensum sollte dann aber ohne zusätzliche Zugeständnisse konsequent durchgehalten werden.

Nur auf diese Weise werden die Gefahren der oekologischen Nische vermieden und das Kind wird peinlichen Konflikten nun nicht mehr ausweichen können, was für die Psychotherapie von besonderer Relevanz ist. Oft kommen erst dann Ängste, Tagträume oder Rachetendenzen zur Verarbeitung, die bisher gehütet oder verleugnet wurden.

Als ich vor einigen Wochen einen Jungen nach der Diskrepanz zwischen seinem forschen Verhalten auf der Station und seiner Isoliertheit und Gehemmtheit in der Schule fragte, gab er mir folgende Antwort: »Daß Sie das nicht selbst wissen. Hier kenne ich die Erzieher, ja, und die Kinder haben ja auch alle eine Macke.« Das ist eine Interpretation des artifiziellen Binnenmilieus, wie sie treffender nicht erfolgen könnte.

Die vielfältige Skala individueller psychodynamischer Verarbeitungen wird so offenbar und kann nur ohne primären Leistungszwang aufgearbeitet werden. Parallel zu den Fortschritten nimmt die Belastung in der Schule bis zur vollen Stundenzahl in der Abschlußperiode vor der Entlassung zu. Wenn das Kind jetzt nach Hause in seine alte Schule kommt, hat es den Schritt von der Klinikklasse in eine öffentliche Schule bereits hinter sich und kann seine sozialen Kontakte nur auf einer reiferen Stufe aufnehmen. Die Rückfallgefahr ist damit bei der Rückkehr nach Hause minimalisiert.

4. Klinik und Schule

Die Bereitschaft der Schule, mitzuarbeiten, ist natürlich eine Voraussetzung dieser Therapie. Es war das Verdienst unserer beiden Sozialarbeiterinnen, die vorwiegend für die Organisation der Schul- und Arbeitsversuche zur Verfügung stehen, daß sämtliche Schulen der Stadt und des Landkreises, einschließlich der Gymnasien für diese schwere Aufgabe gewonnen werden konnten. Sie sind bereit, die Kinder sowohl zu Schulversuchen im engeren Sinne, das heißt mit reduzierter Stundenzahl und ohne Benotung aufzunehmen als auch voll einzuschulen. Die Sozialarbeiter, die über eine besondere Zusatzausbildung verfügen, sind mit den Lehrern im Sinne der Beratung und der Einzelhilfe in ständigem Kontakt.

Diese therapeutischen Schritte sind jedoch erst nach einem stufenweisen Vorbereitungsprogramm durch den Stationsarzt und die Sozialarbeiter möglich, das folgende Etappen berücksichtigt:

1. Ermittlung des Zeitpunktes der extramuralen Belastungsfähigkeit.
2. Ermittlung des realen Wissensdefizites.
3. Motivierung des Kindes zum Schulbesuch.
4. Einverständnis des Therapeuten zum Schulversuch.
5. Einverständnis der Eltern, daß ihr Kind eventuell eine weniger anspruchsvolle Schulform, oder eine tiefere Klasse besucht, um den sozialen Lernwert des Schulbesuches nicht durch eine reale Überforderung zu gefährden.
6. Suche eines Platzes im gewählten Schultyp und Vorbesprechungen mit den Lehrern.

Die Erfahrung hat uns immer wieder gezeigt, daß gerade die Vorbereitungsgespräche des Stationsarzts und der Sozialarbeiterin mit dem Kinde bereits wesentliche Entwicklungsschritte induzieren. Die ausreichende Auseinandersetzung um den Schulbesuch läßt ihn praktisch schon beginnen, bevor das Kind die Schule gesehen hat. Die ersten Wochen sind für die Kinder, die Mitschüler und die Lehrer oft nicht leicht durchzustehen, und wir müssen uns in unserem Kontakt mit ihnen immer wieder hüten, nur das Wohl unserer Patienten im Auge zu haben und die Kontaktpersonen in der Schule zu überfordern.

Manchen wird es kritisch stimmen, daß die reale Schulleistung in dieser Periode für uns eine so geringe Rolle spielt, während wir in der Konsequenz, den als zumutbar ermittelten Rahmen auch einzuhalten, Zugeständnisse vermeiden. Der Erfolg gibt uns meist recht. Erst wenn unsere Patienten gelernt haben, ohne Angst Beziehungen einzugehen, ihre überhöhten inneren Normen abzubauen, sie des Gefühls gewiß werden, nicht nur wegen der Leistung angenommen zu sein, sind die Schulnoten kaum mehr ein Problem. Wenn es in der Elternarbeit noch dazu gelingen sollte, diese für realistischere Zielsetzungen zu gewinnen und sie fähig zu machen, einen Schulwechsel ohne Vorwurf hinnehmen zu können, ist der Weg des Kindes frei.

Ich glaube, wir sind auch deshalb nicht selten in der Gefahr die sogenannte Leistungsgesellschaft und die sogenannte Leistungsschule zu verteufeln, weil wir es verlernt haben, unseren Kindern in einer sich wandelnden Zeit eine vernünftige, auf Autonomie beruhende Funktionslust zu übermitteln. Erikson beschreibt dieses Entwicklungsdilemma treffend mit dem Gegensatzpaar: Werksinn versus Minderwertigkeitsgefühl. An diesem Punkte in der Erziehung anzusetzen wäre auch eine wichtige Aufgabe einer Vorschulerziehung.

Literatur

Freud, S.: Bemerkungen über die Übertragungsliebe, Ges. Werke 10, 306–321, Frankfurt/Main 1968.

Gaber, L. et al.: Aus der Arbeit einer analytischen Kinderstation, Praxis Kinderpsychol. 20, 274–279, 1971.

Häfner, H.: Ein sozialpsychologisch-psychodynamisches Modell als Grundlage für die Behandlung symptomarmer Prozeßpsychosen, Sozialpsychiatrie 1, 33–37, 88–96, 1966.

Knöll, H. u. J. Zauner: Die Beteiligung des Stationsteams an der analytischen Kinderbehandlung in der Klinik, Praxis Kinderpsychol, 19, 33–37, 1970.

Krüger, H.: Führungsstile und Behandlungskonzepte in der Sozialpsychiatrie, Der Nervenarzt 43, 181–188, 1972.

Rapaport, D.: Collected Papers, New York 1967; zitiert nach H. Krüger s. o.

Zauner, J.: Analytische Psychotherapie und soziales Lernen in Klinik und Heim, Praxis Kinderpsychol. 21, 166–171, 1972.

Zauner, J.: Analytische Kindertherapie in der Klinik, in: Th. F. Hau (Hrsg.): Klinische Psychotherapie, Stuttgart/Göttingen 1975.

Wilfried Merschmann, Reinhard Walter, Gerhard Höhner [1]

Schicht- und Geschlechterverteilung Strafunmündiger im Dunkelfeld [2]

Im Bereich der kriminologischen Forschung befassen sich zunehmend mehr Untersuchungen mit dem Problem des Dunkelfeldes, das heißt der polizeilich nicht registrierten Delinquenz. Diesen liegen hauptsächlich zwei Fragestellungen zu Grunde:

1. Wie umfangreich ist die nicht entdeckte Delinquenz?
2. Inwieweit ist die registrierte Delinquenz eine nicht repräsentative Auswahl aus der Gesamtdelinquenz?

Über das Dilemma des Dunkelfeldes half sich die Kriminologie bislang mit der Hypothese von der Konstanz des Verhältnisses zwischen registrierter und tatsächlicher Delinquenz hinweg, was impliziert, daß die Polizeistatistik ein verläßliches Barometer für das Steigen oder Sinken der tatsächlichen Delinquenz darstellt. Neuere Untersuchungen sprechen jedoch gegen eine solche Hypothese; sie legen vielmehr nahe, daß die Registrierung der Täter auf selektive Weise erfolgt, (Elmhorn 1965, Empey und Erickson 1966, Hood und Sparks 1970, McClintock 1969, Schwind und Eger 1973, Stephan 1974.)

Ebenso wie das Dunkelfeld, so ist auch die Delinquenz von Strafunmündigen, also von Kindern bis zum 14. Lebensjahr, zumindest im deutschen Sprachraum nicht in dem Maße untersucht worden, wie es eigentlich auf Grund der angenommenen Bedeutung der Kindheit für die Entstehung devianten Verhaltens angemessen wäre. Ein Großteil der jugendlichen und erwachsenen Delinquenten – in der Literatur werden zwischen 20 und 60% genannt – hatten bereits in der Kindheit Kontakt mit der Polizei (Brauneck 1961, Frey 1951, Meyer 1965, Pongratz, Schäfer und Weisse 1974). Aus diesen Zahlen läßt sich jedoch nicht abmessen, wie groß der Anteil der delinquenten Kinder an allen Kindern ist und darüber hinaus auch nicht, wie viele delinquente Kinder später zu erwachsenen Delinquenten werden. Hinzu kommt, daß in allen Industrienationen in den letzten 10 Jahren ein Ansteigen der straftatbestandsmäßigen Handlungen von Kindern beobachtet worden ist (Dästner et al. 1972, Malmström 1972). Inwieweit dieser Anstieg jedoch nur eine Folge einer veränderten Einstellung der Opfer, der Anzeiger oder der Polizei gegenüber strafbaren Handlungen von Kindern ist oder aber die Folge einer realen Zunahme der Kinderdelinquenz, ist noch unklar. Vermutet wird jedenfalls, daß die Polizeistatistiken über Kinderdelinquenz in einem noch größeren Ausmaß die Realitäten verzerren, als dies bei der Delinquenz von Jugendlichen und Erwachsenen ohnehin schon nachgewiesen ist (Ch. und J. Feest 1974).

Der Klärung dieses Problems dient in der Kriminologie die Dunkelfeldforschung, deren bisherige Ergebnisse in folgenden Punkten zusammengefaßt werden können:

1 Unter Mitarbeit von Maria Tögel-Boland und Irmgard Sinning.

2 Mit Unterstützung der Deutschen Forschungsgemeinschaft.

1. Die polizeilich nicht registrierte Delinquenz wird bevorzugt mit anonym auszufüllenden Fragebögen erhoben. Diese enthalten eine Auswahl von Delikten und die Probanden werden gebeten, alle begangenen, aber nicht entdeckten Delikte anzugeben. Neben dieser self-report-Methode wird – jedoch seltener – die Befragung von potentiellen Opfern durchgeführt. Gefragt wird dabei, ob die Probanden während eines bestimmten Zeitraumes Opfer einer Straftat wurden. (Amelang 1971, Amelang und Rodel 1970, Dentler und Monroe 1961, Elmhorn 1965, S. und E. Quensel 1970, Quensel 1971).

2. Untersuchungen der genannten Art wurden bislang vorwiegend an Kindern und Jugendlichen – jedoch seltener an Erwachsenen – durchgeführt, und zwar hauptsächlich in den USA und in den skandinavischen Ländern, seit einiger Zeit aber auch in Deutschland. (Christie et al. 1965, Hood und Sparks 1970, Sellin 1968, S. u. E. Quensel 1970, Quensel 1971, Stephan 1974).

3. Die mit der Fragebogenmethode erzielten Ergebnisse weisen übereinstimmend eine vielfache Delinquenzbelastung im Dunkelfeld im Vergleich zur offiziell registrierten Delinquenz auf. Nur ein Bruchteil der Gesamtdelinquenz – nach einer Stockholmer Untersuchung sind es 10 % und weniger (Elmhorn 1965) – gelangt zur Kenntnis der Polizei. Dabei zeigt sich generell die Vermutung bestätigt, daß mit der Schwere des Delikts die Wahrscheinlichkeit der Kenntnisnahme durch die Polizei zunimmt. (Elliot 1967, Schwind und Eger 1973).

4. In der offiziellen Polizeistatistik ist die soziale Unterschicht erheblich überrepräsentiert und dies durchgängig bei Erwachsenen, Jugendlichen und Kindern. In den Dunkelfelduntersuchungen finden sich jedoch in allen sozialen Schichten annähernd gleich viele Täter. Diese Ergebnisse stützen die Ubiquitätstheorie (Stephan 1972) und legen den Schluß nahe, daß die Überrepräsentierung der Unterschicht in offiziellen Statistiken durch selektive Strafverfolgung der Behörden zustande kommt. (Ashpole 1970, Blankenburg et al. 1975, Brusten 1974, Casparis und Vaz 1973 Clark und Wenninger 1962, Erickson 1973, Empey und Erickson 1966, Frease 1973, Nye et al. 1958).

5. In der offiziellen Statistik sind Jungen häufiger als Täter registriert als Mädchen. Der Anteil der Jungen beträgt hier zwischen 80 und 85 %. Auch bei der Dunkelfelddelinquenz sind die Jungen im Vergleich zu den Mädchen überrepräsentiert, hier stellen sie jedoch lediglich einen Anteil zwischen 60 und 70 % der Täter. (Barker und Adams 1962, Cockburn und Mallay 1965, Clark 1965, Hellmer 1975, Rangol 1971).

6. Zur Verteilung der Deliktarten in Abhängigkeit vom Geschlecht kann man sowohl auf Grund offizieller Statistiken als auch anhand von Dunkelfelduntersuchungen feststellen, daß Jungen häufiger mit aggressiven Straftaten (Raub, Körperverletzung usw.) vertreten sind als Mädchen. (Eisenberg 1972, Göppinger 1971, Nass 1969).

In der vorliegenden Untersuchung sollte an einer annähernd repräsentativen Stichprobe von Jugendlichen Häufigkeit und Art der vor dem 14. Lebensjahr begangenen, polizeilich unregistrierten Delikte festgestellt werden. Es ging also um die Frage, inwieweit Delinquenz im Strafunmündigkeitsalter üblich ist oder aber ein Ausnahmephänomen darstellt, mit dem gelegentlich Psychiater und Psychologen im Rahmen von Gutachtenerstellungen konfrontiert werden.
Die Dunkelfeldstudie ist Teil eines größeren Forschungsprojekts zum Thema Kinderdelinquenz, das von der Deutschen Forschungsgemeinschaft gefördert wird. Bei diesem Projekt stehen Fragen zu Persönlichkeitsunterschieden zwischen ehemals kindlichen registrierten Mehrfachtätern und Unregistrierten im Mittelpunkt. Um aber nicht den Fehler zu begehen, die Probanden ausschließlich nach dem Merkmal der Registrierung zu trennen und die unentdeckte Delinquenz gerade bei den Unregistrierten außer Acht zu lassen, war die Entwicklung und Standardisierung eines Dunkelfeldmeßinstrumentes in Form eines Fragebogens erforderlich.
Der Fragebogen enthält 66 Fragen zu Delikten, die im Strafunmündigkeitsalter begangen wurden, polizeilich aber nicht registriert worden sind (Remschmidt et al. 1975). Diese Delikte sind im Landgerichtsbezirk Marburg im Zeitraum von 1962 bis 1971 mit einer relativen Häufigkeit von mindestens 1 % von Kindern begangen und polizeilich registriert worden. Verkehrsdelikte wurden dabei nicht berücksichtigt. Da die Dunkelfeldbelastung während des gesamten Zeitraums der Strafunmündigkeit erfaßt werden sollte, war es erforderlich, eine Stichprobe von Jugendlichen und Heranwachsenden zu befragen.
Im folgenden sind zwei Beispiele für solche Fragen, einschließlich der Beantwortungsmöglichkeiten aufgeführt:

34. Als Kind habe ich
Preisschilder auf Waren in Supermärkten oder Selbstbedienungsläden abgemacht oder vertauscht, weil ich die Ware billiger bekommen wollte, oder ich habe es versucht
- nein ☐
- ja, ich weiß genau, daß es ☐ mal war
- ja, aber weil ich es nicht mehr genau weiß, schätze ich lieber (bitte ankreuzen)

1–5	6–10	11–15	16–20	21–25	26–30	über 30	mal

35. Als Kind habe ich
Automaten geknackt oder Autos, Opferstöcke in Kirchen oder Geldbehälter aufgebrochen, weil ich daraus Geld oder andere Sachen stehlen wollte, oder ich habe es versucht
- nein ☐
- ja, ich weiß genau, daß es ☐ mal war
- ja, aber weil ich es nicht mehr genau weiß, schätze ich lieber (bitte ankreuzen)

1–5	6–10	11–15	16–20	21–25	26–30	über 30	mal

Die Schätzungen konnten auf einer 7stufigen Häufigkeitsskala angegeben werden. Durch diesen Beantwortungsmodus war es somit nicht nur möglich, festzustellen ob überhaupt ein bestimmter Gesetzesverstoß begangen worden ist, sondern auch wie oft dies der Fall war.

Zusammen mit dem FPI, einem Selbstbildfragebogen, sowie einem Personalbogen wurde dieser Dunkelfeldfragebogen einer Stichprobe von 560 Berufsschülern und Gymnasiasten aus 6 Schulen der Stadt Kassel vorgelegt. Den Probanden wurde nicht nur Anonymität zugesichert, sondern auch erklärt, daß Delikte im Strafunmündigkeitsalter grundsätzlich nicht bestraft werden können. Die Erhebung wurde im Zeitraum von Sept. 1974 bis Jan. 1975 durchgeführt.

Abb. 1 zeigt die Zusammensetzung der untersuchten Stichprobe nach den Merkmalen Geschlecht, Schicht, Alter und Schulbildung. Insgesamt wurden 410 Jungen und 150 Mädchen untersucht. Die Zugehörigkeit der Probanden zu den einzelnen Schichten wurde nach der Methode von Kleining und Moore (1968) ermittelt. Die Schüler waren ausnahmslos älter als 14 Jahre, mit einem Altersmittelwert von 16 Jahren und 9 Monaten; sie verteilten sich auf die Schularten wie folgt: 42 Sonderschüler, 209 Hauptschüler, 188 Realschüler (mit und ohne Abschluß) und 96 Gymnasiasten. Die unterschiedlichen N bei den einzelnen Merkmalen erklären sich daraus, daß nicht alle Probanden entsprechende Angaben gemacht haben.

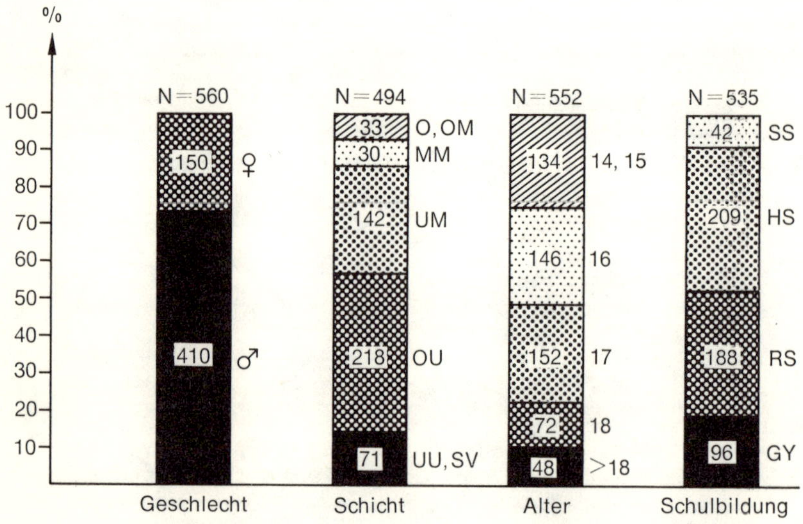

Abkürzungen: O = Oberschicht, OM = Obere Mittelschicht, MM = Mittlere Mittelschicht, UM = Untere Mittelschicht, OU = Obere Unterschicht, UU = Untere Unterschicht, SV = Sozial Verachtete.
SS = Sonderschule, HS = Hauptschule, RS = Realschule (mit und ohne Abschluß), GY = Gymnasium

Abb. 1: Zusammensetzung der Stichprobe nach den Merkmalen Geschlecht, Schicht, Alter und Schulbildung

Die Auswertungen des FPI und des Selbstbildfragebogens sind in der folgenden Ergebnisdarstellung nicht berücksichtigt.

Ergebnisse:

1. Ergebnisse zur Deliktbelastung

Abb. 2 zeigt die prozentuale Verteilung der Deliktbelastung in der Gesamtpopulation. Eine Multiplikation der Häufigkeitsklassen (Ordinate) ergibt die absolute Höhe der Deliktbelastung. Ca. 60 % der Probanden (die Säulen mit den Bezeichnungen 1 und 2) haben demnach zwischen 1 und 200 Delikten zugegeben. Der Durchschnitt liegt bei 220 Delikten, mit einer Standardabweichung s = 211,9 Delikten. Daraus wird deutlich, daß der überwiegende Teil der Probanden der Häufigkeitsklasse 1 im oberen Drittel dieser Häufigkeitsklasse zu finden ist.

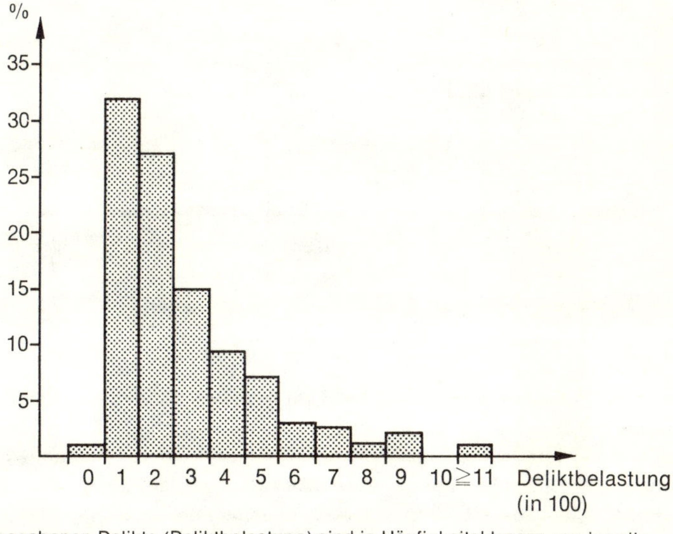

Die zugegebenen Delikte (Deliktbelastung) sind in Häufigkeitsklassen von jeweils 100 Delikten zusammengefaßt

Abb. 2: Prozentuale Verteilung der Deliktbelastung in der Gesamtpopulation (N = 560)

Von allen 560 befragten Probanden kreuzten lediglich 6 alle Fragen mit nein an. Der Mittelwert von 220 Delikten erscheint zunächst hoch, es gilt jedoch dabei zu berücksichtigen, daß er sich auf einen Zeitraum von mehreren Jahren bezieht. Von den insgesamt zugegebenen Delikten entfallen 25,5 % auf Übertretungen (8 Fragen), 73,5 % auf Vergehen (50 Fragen) und 1 % auf Verbrechen (3 Fragen). Während fast alle Befragten zugaben, während der Kindheit Übertretungen und Vergehen begangen zu haben, gaben lediglich 22% der Jugendlichen ein oder mehrere Verbrechen zu.

2. Ergebnisse zur Geschlechtsabhängigkeit

Abb. 3 zeigt die prozentuale Verteilung der Deliktbelastung der Jungen und Abb. 4 die der Mädchen. Bei einem Vergleich zwischen beiden Abbildungen fällt auf, daß über 60 % der Mädchen zwischen 1 und 100 Delikte (Häufigkeitsklasse 1) meldeten, bei den Jungen hingegen finden sich in der Häufigkeitsklasse 1, 2 und 3 65 % der Stichprobe. Dieser Unterschied der Deliktbelastung wird auch in den Mittelwerten deutlich. Die Jungen meldeten im Mittel 264 Delikte, die Mädchen hingegen nur 102 Delikte.

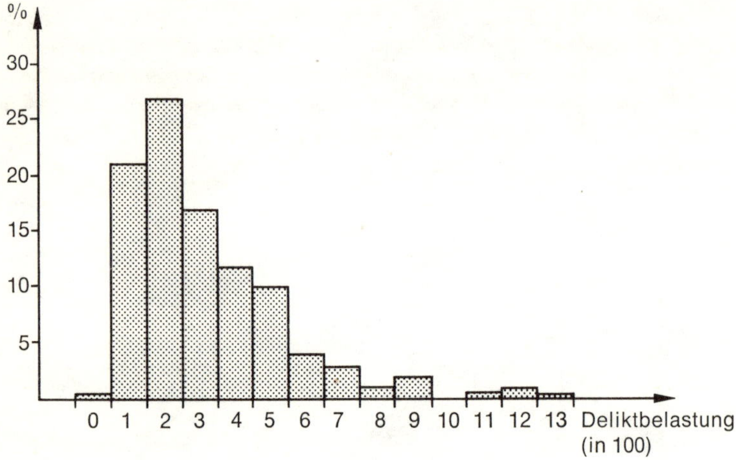

Abb. 3: Prozentuale Verteilung der Deliktbelastung bei den Jungen (n = 410)

Bei den von Jungen zugegebenen Delikten entfielen 24 % auf Übertretungen (bei Mädchen 29,5 %), 75 % auf Vergehen (bei Mädchen 70 %), sowie bei Jungen 1 % auf Verbrechen und 0,5 % bei Mädchen. Fast alle Probanden (97 % der Jungen, 97 % der Mädchen) gaben Übertretungen zu; 99,5 % der männlichen Jugendlichen sowie 97,5 % der weiblichen Jugendlichen meldeten mindestens ein Vergehen. Statistisch bedeutsam ist der Geschlechterunterschied lediglich bei der Kategorie Verbrechen. Während 26% der männlichen Jugendlichen ein oder mehrere Verbrechen zugaben, waren es bei den weiblichen Jugendlichen lediglich 11%.

Die Ergebnisse zur Geschlechterabhängigkeit können wie folgt zusammengefaßt werden:

1. Mädchen sind im Dunkelfeld geringer belastet als Jungen.
2. Mit zunehmender Deliktschwere nimmt der Anteil der von Mädchen begangenen Delikte überproportional ab.
3. Betrachtet man die Täterschaft, so finden sich ausschließlich in der Kategorie Verbrechen mehr männliche als weibliche Täter, und zwar prozentual mehr als doppelt so viele.

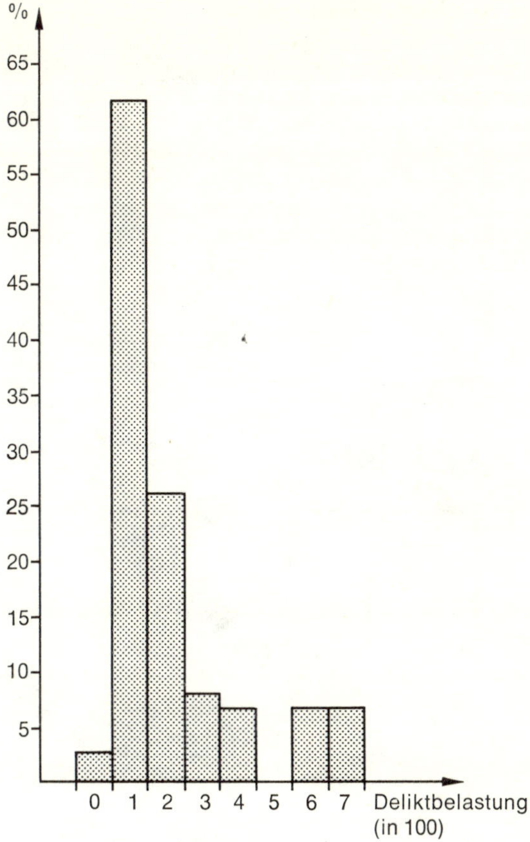

Abb. 4: Prozentuale Verteilung bei Deliktbelastung bei den Mädchen (n = 150)

3. Ergebnisse zur sozialen Schicht

Aus Gründen einer vereinfachten Darstellung wurden Oberschicht, obere, mittlere und untere Mittelschicht in Anlehnung an Kleining und Moore (1968) zu den oberen Schichten zusammengefaßt, sowie obere Unterschicht, untere Unterschicht und sozial Verachtete zur Gruppe der unteren Schichten. Es soll hier nicht unerwähnt bleiben, daß das Schichtungsmodell von Kleining und Moore in der Literatur kontrovers diskutiert wird.

Aus Abb. 5 ist die prozentuale Verteilung der Deliktbelastung in den oberen Schichten ersichtlich, aus Abb. 6 in den unteren Schichten. Bei einem Vergleich beider Abbildungen fällt auf, daß sich die Deliktbelastung in den oberen Schichten extrem linksschief verteilt, während der Verlauf bei den unteren Schichten deutlich ausgeglichener ist, d. h., daß prozentual mehr Probanden der oberen Schicht in den unteren Häufigkeitsklassen (1 und 2) liegen als bei den unteren Schichten.

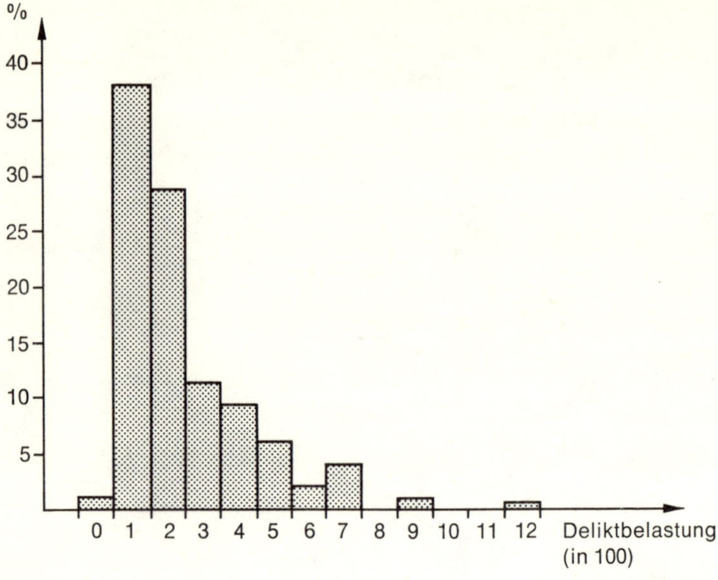

Abb. 5: Prozentuale Verteilung der Deliktbelastung in den oberen Schichten (O, OM, MM, UM); n = 205

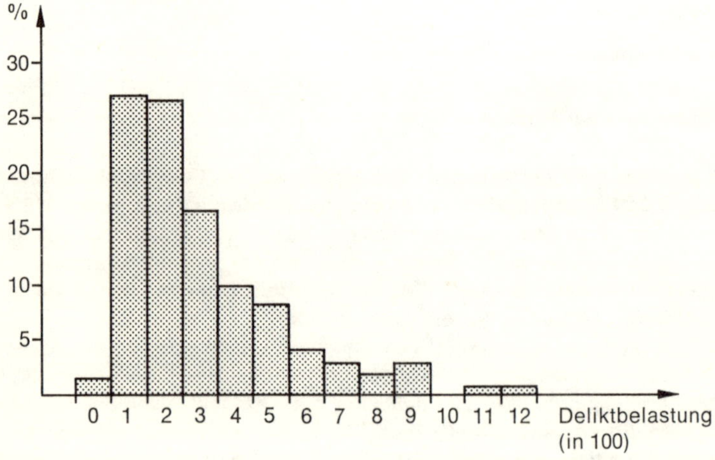

Abb. 6: Prozentuale Verteilung der Deliktbelastung in den unteren Schichten (OU, UU, SV); n = 289

Dieser Sachverhalt wird auch in Abb. 7 deutlich, bei der der prozentuale Anteil der Schichten an den einzelnen Häufigkeitsklassen dargestellt ist. Die oberen Schichten dominieren in der Häufigkeitsklasse 1, während in den unteren Schichten die oberen Häufigkeitsklassen vorherrschen. Außerdem ist offensichtlich, daß in allen Schichten fast alle Probanden Täter sind. Lediglich zwei Probanden der oberen Schichten und vier Probanden der unteren Schichten kreuzten alle Fragen mit nein an.

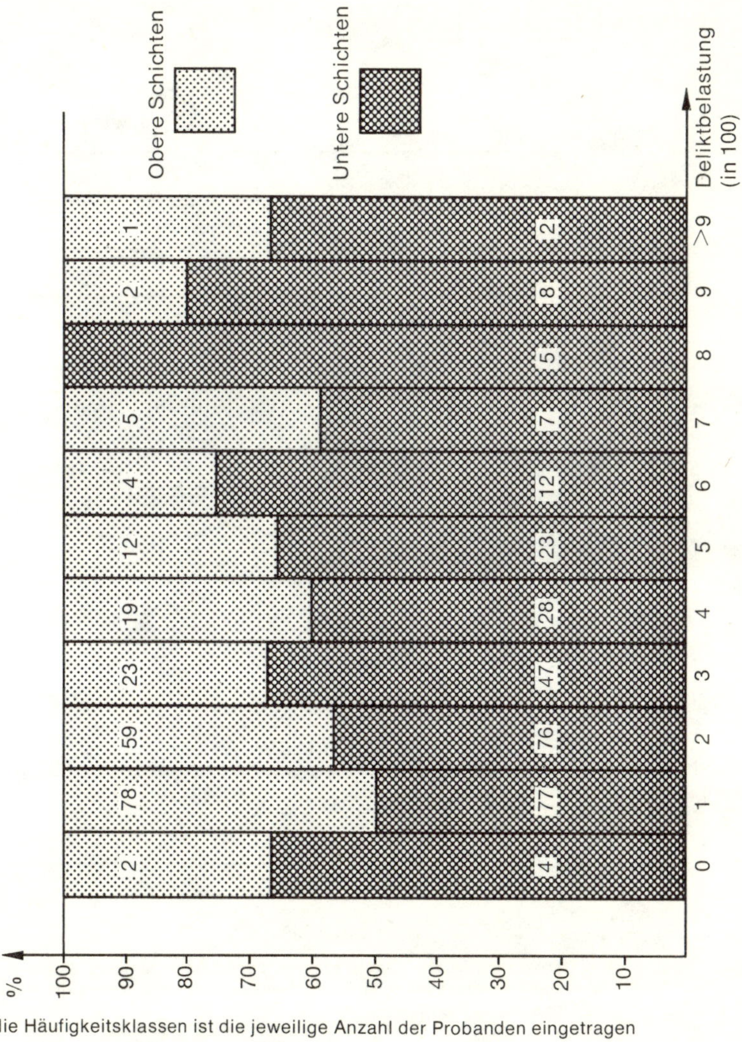

In die Häufigkeitsklassen ist die jeweilige Anzahl der Probanden eingetragen

Abb. 7: Prozentualer Anteil der oberen und unteren Schichten an der Deliktbelastung in den einzelnen Häufigkeitsklassen

Bei einer kombinierten Betrachtung der Schicht- und Geschlechterzugehörigkeit der Probanden zeigt sich, daß die Jungen in allen sozialen Schichten deliktbelasteter sind als die Mädchen (siehe Abb. 8).

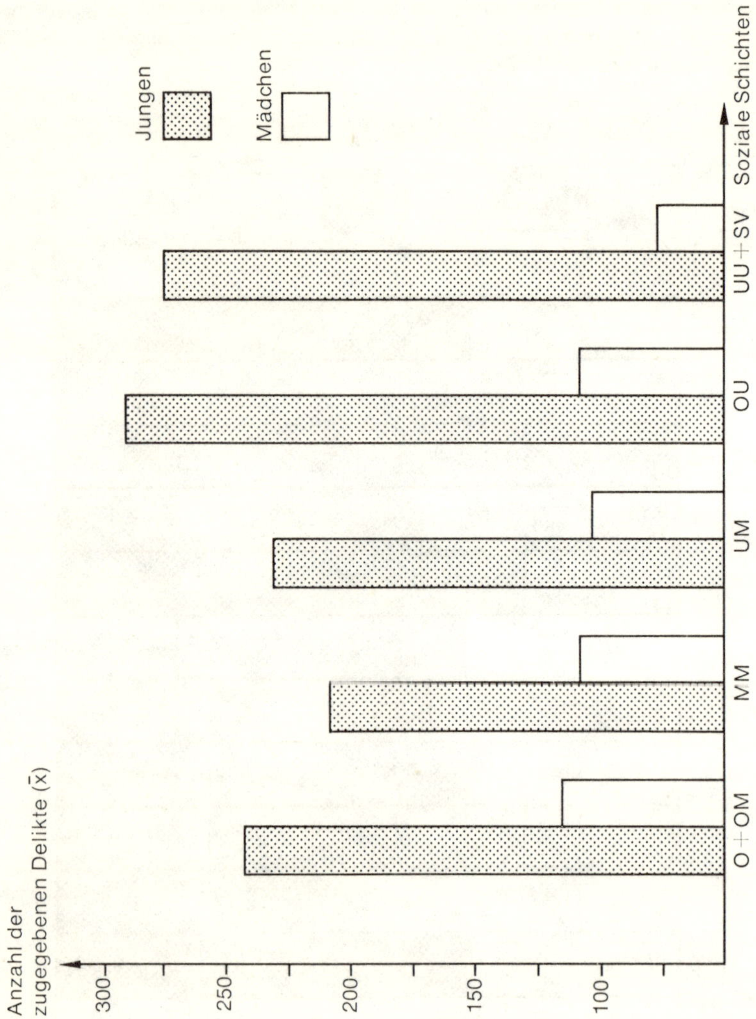

Abkürzungen: O = Oberschicht, OM = Obere Mittelschicht, MM = Mittlere Mittelschicht, UM = Untere Mittelschicht, OU = Obere Unterschicht, UU = Untere Untersicht, SV = Sozial Verachtete

Abb. 8: Häufigkeitsmittelwerte der von Jungen und Mädchen der einzelnen Schichten begangenen Delikte

Die Jungen der unteren Schichten weisen die höchsten durchschnittlichen Belastungen auf. Bei den Mädchen fällt auf, daß sie in der oberen Schicht und in der oberen Mittelschicht tendenziell im Durchschnitt mehr Delikte zugaben als Mädchen der untersten Schichten. Die bisherigen Aussagen können auch auf Grund eines Mittelwertvergleichs gesichert werden (siehe Tab. 1).

Tabelle 1: Häufigkeitsmittelwerte der zugegebenen Delikte

Schicht	♂	♀	Σ
1–4	228,66 (n = 137)	105,04 (n = 68)	187,65 (n = 205)
5–7	285,20 (n = 225)	97,98 (n = 64)	243,74 (n = 289)
Σ	263,80 (n = 362)	101,62 (n = 132)	220,47 (n = 494)

(In den Klammern sind die jeweiligen Stichprobenumfänge aufgeführt. Von den 560 untersuchten Pbn machten lediglich 494 Pbn Angaben, die zur Schichtbestimmung verwendet werden konnten.)

Aus Tabelle 1 sind die Häufigkeitsmittelwerte der zugegebenen Delikte in Abhängigkeit von der Geschlecht- und Schichtzugehörigkeit zu entnehmen. Probanden der unteren Schichten begingen im Durchschnitt 244 Delikte, Probanden der oberen Schichten jedoch lediglich 188 Delikte; die Jungen begingen im Durchschnitt 264 Delikte, die Mädchen 102 Delikte. Diese Unterschiede sind statistisch bedeutsam. Der Vergleich der Mittelwerte der sozialen Schichten innerhalb der Geschlechter zeigt, daß Jungen der unteren Schichten im Durchschnitt 285 Delikte begingen, Jungen der oberen Schichten jedoch nur 229 Delikte. Dieser Unterschied läßt sich statistisch auf dem 5%-Niveau sichern, hingegen nicht der Unterschied zwischen den sozialen Schichten bei den Mädchen.

Bei diesen Vergleichen sind allerdings die unterschiedlichen Probanden-Besetzungen der Felder zu berücksichtigen, die in ihrer Tendenz die Unterschiede eher vergrößern. Rechnet man die Probandenzahl der Jungen der oberen Schichten (n = 137) auf die Besetzung in den unteren Schichten (n = 225) hoch, so nivellieren sich zwar die Unterschiede zwischen den Geschlechtern und den Schichten, die Differenzen bleiben jedoch nach wie vor signifikant.

Die Ergebnisse bezüglich der Delinquenzbelastungen in Abhängigkeit von der sozialen Schicht lassen sich in folgenden Punkten zusammenfassen:

1. In allen Schichten melden sich alle Probanden als Täter, d. h. Strafunmündige, die Rechtsbrüche begangen haben.
2. In den unteren Schichten werden im Dunkelfeld signifikant mehr Delikte angegeben als in den oberen. Dieser Unterschied ist ausschließlich auf die größere Deliktbelastung der Jungen in den unteren Schichten zurückzuführen.
3. Im Gegensatz dazu nimmt die Deliktbelastung bei den Mädchen mit der Höhe der Schichten tendenziell zu.

4. Das Gefälle der Deliktbelastung zwischen Jungen und Mädchen ist in den unteren Schichten größer als in den oberen.
5. Jungen begehen in allen Schichten mehr Delikte als Mädchen.

Abschließend sei hervorgehoben, daß keine Deliktkategorie bevorzugt in einer Schicht auftritt, d. h. der relative Anteil von Übertretungen, Vergehen und Verbrechen ist in allen Schichten gleich.

Zur Glaubwürdigkeit der vorliegenden Ergebnisse läßt sich anführen, daß die Anzahl der berichteten Delikte in keiner Abhängigkeit zum Alter der Probanden stand; d. h., ältere Probanden gaben genauso viele Delikte zu wie die jüngeren. Eine Beeinträchtigung der Ergebnisse durch Erinnerungseffekte kann somit ausgeschlossen werden. Außerdem wurde an 325 Probanden 8 Wochen später ein Retest durchgeführt, der für den Dunkelfeldfragebogen einen Koeffizienten von 0,85 erbrachte. Auf Grund dieser beiden Überprüfungen ergaben sich keine Hinweise für eine grundsätzliche Einschränkung der Glaubwürdigkeit der Ergebnisse.

Interpretation:

Im folgenden sollen die Ergebnisse der Gesamtbelastung, der Geschlechterdifferenzen sowie der Belastung in den Schichten interpretiert werden.

1. Selbst wenn man den langen Befragungszeitraum, nämlich die gesamte Kindheit in Betracht zieht, ist die durchschnittliche Belastung mit 220 Delikten sehr hoch, zumal in den früheren Kindheitsjahren viel weniger Delikte begangen worden sein dürften als in den späteren. Insofern kann man davon sprechen, daß Delinquenz während der Kindheit quasi normal ist. Das strafbare Verhalten beschränkt sich dabei nicht auf leichte Delikte im Sinne von Kinderstreichen, sondern umfaßt das gesamte Schweregradspektrum der Delinquenz.
2. Die gefundenen Geschlechterunterschiede entsprechen einer in der Sozialforschung bekannten Tendenz. Zur Interpretation der unterschiedlichen Delinquenzbelastung ist unseres Erachtens eine Verknüpfung allgemeinpsychologischer und soziologischer Erklärungsansätze erforderlich. Es gilt als gesichert, daß das Erziehungsverhalten der Eltern speziell Mädchen gegenüber strenger, konsequenter und repressiver ist als gegenüber den Jungen (Stapf et al. 1972). Soziologisch gesehen drückt sich hier die Verteilung der Rollensituation der Geschlechter in unserer Gesellschaft aus.
3. Die Hypothese, daß in allen Schichten ein etwa gleich großer Prozentsatz delinquent ist, konnte nicht nur gestützt werden, sondern wir fanden darüber hinaus, daß in allen Schichten – bis auf wenige Ausnahmen – alle Probanden delinquent waren. Zusätzlich konnte nicht nachgewiesen werden, daß es schichtspezifische Deliktformen gibt. Jedoch fand sich in den unteren Schichten häufiger delinquentes Verhalten überhaupt.

Besonders überraschend ist, daß für Mädchen die Deliktbelastung tendenziell invers ist – nämlich hier steigt die Delinquenzbelastung mit der Höhe der sozialen Schichten. Dieses Phänomen erscheint uns durch zwei Ursachenfelder bedingt:

1. Durch das strengere Erziehungsverhalten der Eltern speziell gegenüber Mädchen in den unteren Schichten,

2. durch das eingeschränkte Repertoire legaler Mittel zur Befriedigung materieller Bedürfnisse in den unteren Schichten im Sinne der Anomietheorien (Merton 1968).

Beide Ansätze erklären den geringeren Belastungsunterschied zwischen Jungen und Mädchen in den oberen Schichten im Gegensatz zu dem größeren Belastungsunterschied in den unteren Schichten. Den männlichen Jugendlichen in den unteren Schichten werden offensichtlich durch den Erziehungsstil größere Freiheiten zur Befriedigung von Bedürfnissen zugestanden als den Mädchen. Angehörige der Oberschicht haben hingegen eher die legalen Mittel zur Befriedigung ihrer Bedürfnisse und sind daher weniger auf illegale Mittel angewiesen. Das Belastungsverhältnis der Geschlechter in den oberen und unteren sozialen Schichten kann als Hinweis für die unterschiedliche Rollenverteilung der Geschlechter in den einzelnen Schichten interpretiert werden.

Abschließend soll darauf hingewiesen werden, daß die Dunkelfeldforschung einen erfolgversprechenderen Zugang zum Problem der Genese devianten Verhaltens ermöglicht, da gerade hier Effekte der Stigmatisierung (Strafverfolgung, Institutionalisierung, soziale Ächtung usw.) weitgehend unwirksam sein dürften.

Zusammenfassung

560 Gymnasiasten und Berufsschüler einer nordhessischen Großstadt (410 Jungen, 150 Mädchen) im Alter von mindestens 14 Jahren ($\bar{X}$ = 16; 9 Jahre) wurden mit einem Dunkelfeldfragebogen zur Erfassung polizeilich unentdeckter Straftaten im Strafunmündigkeitsalter untersucht.

Fast alle Probanden gaben zu, während der Kindheit Straftaten begangen zu haben ($\bar{X}$ = 220 Delikte), wobei Delikte aller Schweregrade vertreten waren (25,5 % Übertretungen, 73,5 % Vergehen, 1 % Verbrechen). Jungen gaben im Durchscnitt 264 Straftaten zu (Mädchen 102) und wiesen lediglich in der Kategorie Verbrechen prozentual mehr Täter auf als die Mädchen.

Jungen der unteren Schichten begingen mehr Delikte als Jungen der oberen Schichten, hingegen gaben Mädchen der oberen Schichten tendenziell mehr Delikte zu als Mädchen der unteren Schichten. Im Durchschnitt wurden von den Jugendlichen der unteren Schichten mehr Delikte berichtet. Schichtspezifische Delikte konnten nicht nachgewiesen werden.

Die Ergebnisse können infolge der Retest-Reliabilität des Fragebogens (r^{tt} = 0,85) sowie auf Grund der Unabhängigkeit der Delikthäufigkeiten von dem Alter der Probanden als glaubwürdig angesehen werden. Sie wurden im Rahmen allgemeinpsychologischer (Erziehungsstile) und soziologischer Erklärungsansätze (Anomietheorien) diskutiert.

Literatur

Amelang, M.: Untersuchungen zur selbstberichteten Delinquenz, I. Liefern Fragebogen zur Häufigkeit strafbarer Handlungen verläßliche Resultate? Mschr. Krim. 1971, 54, 98–105.

Amelang, M. und Rodel, G.: Persönlichkeits- und Einstellungskorrelate krimineller Verhaltensweisen. Eine Untersuchung zur Dunkelziffer strafbarer Handlungen. Psych. Rundschau, 1970, 21, 157–179.

Ashpole, R. E.: Parental Strategies and Social Class in the Adjudication of Delinquency, Michigan 1970.

Barker, G. H. und Adams, W. T.: Comparison of the Delinquencies of Boys and Girls, J. Crim. 1962, 53, 470–475.

Blankenburg, E.; Sessar, K. und Steffen, W.: Die Schichtverteilung der (Eigentums- und Vermögens-) Kriminalität: Eine Willkür der Instanzen? Krim. J., 1975, 1, 36–47.

Brauneck, Anne-Eva: Die Entwicklung jugendlicher Straftäter, Hamburg 1961.

Brusten, M.: Soziale schichtung, selbstberichtete Delinquenz und Prozesse der Stigmatisierung in der Schule, Krim. J., 1974, 1, 29–46.

Casparis, J. und Vaz, E. W.: Social Class and Self-reported Delinquent Acts Among Swiss Boys, Int. J. Comp., 1973, 14, 47–58.

Christie, N.; Andenaes, J. und Skirbekk, S.: A Study of Self-reported Crime, Scand. Stud. Crim., 1965, 1, 86–116.

Clark, S. M.: in: Reckless, W. W. und Newman, C. C. (Ed.): Similarities in Components of Female and Male Delinquents: Implications for Sex Role Theory, Ohio 1965.

Clark, J. P. und Wenninger, E. P.: Socio-economic Class and Area as Correlates of Illegal Behavior Among Juveniles, Am. Sociol. Rev., 1962, 27, 826–834.

Cockburn, J. J. und Mallay, I.: Sex Differentials in Juvenile Delinquency, Brit. J. Crim., 1965, 5, 289–308.

Dästner, C.; Bergen, Monika; Kallmann, R.; Kruse, J.; Rumpf, E.; Stadtmüller, K.: Kriminalität in der Bundesrepublik, Ausmaß und Reaktion, Göttingen 1972.

Dentler, R. und Monroe, L.: Social Correlates of Early Adolescent Theft, Am. Sociol. Rev., 1961, 26, 733–743.

Eisenberg, U.: Einführung in die Probleme der Kriminologie, München 1972.

Elliott, M. A.: Untersuchungen zur Mittelklassendelinquenz, Mschr. Krim., 1967, 8, 394 406.

Elmhorn, K.: Study in Self-reported Delinquency Among School-Children in Stockholm, Scand. Stud. Crim., 1965, 1, 117–146.

Empey, L. T. und Erickson, M. L.: Hidden Delinquency and Social Status, Soc. Forces 1966, 44, 546–554.

Erickson, M. L.: Croup Violations, Socioeconomic Status and Official Delinquency, Soc. Forces 1973, 52, 41–52.

Feest, Christa und J.: Kinderkriminalität, in: Kaiser, G.; Sack, F. und Schellhoss, H. (Hrsg.): Kleines Kriminologisches Wörterbuch, Freiburg i. Br. 1974.

Frease, D. E.: Delinquency, Social Class and the Schools, Sociol. Soc. Res. 1973, 57, 443–459.

Frey, E.: Der frühkriminelle Rückfallverbrecher, Basel 1951.

Göppinger, H.: Kriminologie, München 1971.

Hellmer, J.: Jugendkriminalität, Neuwied, Berlin 1975.

Hood, R. und Sparks, R.: Wieviel verborgene Kriminalität? München 1970.

Kleining, G. und Moore, H.: Soziale Selbsteinstufung (SSE), ein Instrument zur Messung der sozialen Schicht, KZfS 1968, 20, 502–552.

Malmström, B.: Die straftatbestandsmäßigen Handlungen von Kindern, Kiel 1972, Diss. jur.

McClintock, F. H.: The Dark Figure, in: Sixth European Conference of Directors

of Criminological Research Institutes (Hrsg.), Strasbourg 1969, 3–48.
Merton, R. K.: Sozialstruktur und Anomie, in: Sack, F. und König, R. (Hrsg.): Kriminalsoziologie, Frankfurt/M., 1968, 283–313.
Meyer, F.: Der gegenwärtige Stand der Prognoseforschung in Deutschland, Mschr. Krim., 1965, 48, 225–246.
Nass, G. (Hrsg.): Kinderkriminalität, Ursachen und Vorbeugung, Wiesbaden 1969.
Nye, J.; Short, J. und Olson, V. J.: Socio-economic Status and Delinquent Behavior, Am. J. Sociol. 1958, 63, 381–389.
Pongratz, Lieselotte; Schäfer, Maria; Weisse, D. T.: Zusammenhänge zwischen Kinderdelinquenz und Jugendkriminalität, Krim. J. 1974, 1, 7–22.
Quensel, S.: Delinquenzbelastung und soziale Schicht bei nicht bestraften männlichen Jugendlichen, Mschr. Krim., 1971, 54, 236–262.
Quensel, S. und Edelgart: Delinquenzbelastungsskalen für männliche Jugendliche, KZfS 1970, 22. 75–97.
Rangol, A.-J.: Geschlecht und Alter der Diebe und ihre Bestrafung, Wirtschaft u. Statistik 1971, 6, 344–351.
Remschmidt, H.; Merschmann, W. und Walter, R.: Zum Dunkelfeld kindlicher Delinquenz. Eine Erhebung an 483 Probanden, Mschr. Krim. 1975, 3, 133–153.
Schwind, H.-D. und Eger, H.-J.: Untersuchungen zur Dunkelziffer, Mschr. Krim. 1973, 4, 151–170.
Sellin, T.: Die Bedeutung der Kriminalstatistiken, in: Sack, F. und König, R. (Hrsg.): Kriminalsoziologie, Frankfurt/M. 1968, 41–59.
Stapf, K.-H.; Hermann, T.; Stapf, Aiga; Stäcker, K.-H.: Psychologie des elterlichen Erziehungsstils, Bern 1972.
Stephan, E.: Dunkelfeld und registrierte Kriminalität, Krim. J. 1972, 4, 115–120.
Stephan, E.: Dunkelfeld und Kriminalstatistik. I. Pressetag der Max-Planck-Gesellschaft zur Förderung der Wissenschaften e. V., Freiburg 1974.

Volkhard Knigge, Christa Körner, Heidrun Krüger

Unterrichtsaktivitäten in einer Kontakt- und Beratungsstelle für Jugendliche

Der folgende Artikel stellt ein besonderes Gebiet kompensatorischer Schulerziehung vor: Unterricht von dissozialen, drogengefährdeten Jugendlichen in einer Kontakt- und Beratungsstelle. Es ist uns bewußt, daß der Versuch, diese Aktivitäten zu beschreiben, bruchstückhaft bleiben muß, schon wegen der Beschränkung der Seitenzahl. Uns ist weiterhin klar, daß wir nach zwei Jahren Erfahrung mit diesem Modell nur Tendenzen aufzeigen können; aber wir hoffen, eine Möglichkeit anzudeuten für all diejenigen, die wie wir selbst mit Problemen eben dieser Jugendlichen konfrontiert sind.
Die Entwicklung unserer Unterrichtsaktivitäten vollzieht sich seit nunmehr zwei Jahren in einer Beratungsstelle, die 1972 durch die Abteilung für Kinder- und Jugendpsychiatrie der Universitäts-Nervenkliniken Göttingen eingerichtet wurde. Diese wird als »Vorhaben Dissozialität – Drogenabhängigkeit Jugendlicher« aus Mitteln des Niedersächsischen Vorab der VW-Stiftung und des Bundesministeriums für Jugend, Familie und Gesundheit finanziert.
Wir werden in einem ersten Teil allgemeine Unterrichtserfahrungen und in einem zweiten Teil spezielle Legasthenieprobleme darstellen.
Die Kontakt- und Beratungsstelle für Jugendliche hat sich aus einem anfänglich recht unstrukturierten Angebot (Kontaktangebot, Krisenintervention, Weiterleitung) zu einem gegliederten System entwickelt, das folgende miteinander kooperierende Arbeitsbereiche umfaßt: offener Bereich für Kontakt und Aktivitäten, Kontaktstelle, Beratungsstelle, Unterrichtsbereich.
Das Problem des Schulmißerfolgs hat sich für uns in seinem tatsächlichen Umfang erst nach Aufnahme der praktischen Tätigkeit in der Kontaktstelle herausgestellt. Es zeigte sich nämlich, daß für den größten Teil der Klienten, die zur Beratung kamen, eine abgebrochene Schullaufbahn **ein wesentliches** Merkmal ihrer Problemsituation war. **Einerseits** stehen die Störungen ihrer Persönlichkeitsentwicklung und die Schulabbrüche miteinander in Zusammenhang. **Andererseits** behindert der fehlende Schulabschluß die Entwicklung einer befriedigenden Zukunftsperspektive und damit die Möglichkeiten akzeptierten Sozialverhaltens. Der Versuch, die Defizite durch Wiedereingliederung in ein öffentliches Schulsystem oder Teilnahme an Abendkursen einer Volkshochschule zu beheben, scheiterte bei diesen Jugendlichen in der Regel. Die Kontaktstelle war bei der Zusammensetzung ihrer Mitarbeitergruppe in der Lage, selber ein spezifisches Angebot für diese Jugendlichen zu machen, bei dem **nicht nur** die Lern- und Bildungsdefizite, **sondern auch** die Störungen im Leistungs- und Arbeitsbereich berücksichtigt werden.
Aus der Gesamtzahl von 340 Jugendlichen, die seit 1972 die Kontaktstelle aufgesucht haben, haben bis 1975 52 Klienten im Alter zwischen 15 und 31 Jahren (Schwerpunkt 16–20 Jahre) dieses Angebot wahrgenommen, von denen im öffentlichen Schulsystem nur 12 ihren Haupt- und 7 ihren Sonderschulabschluß erreichen konnten. Unter den 52 Jugendlichen waren Schüler

aller Schultypen, hauptsächlich entstammten sie jedoch dem Hauptschulbereich.
Dieses Schulschicksal ist nicht bedingt durch Intelligenzschwächen. Zwar streuten die überwiegend mit dem Hamburg-Wechsler-Intelligenztest für Erwachsene ermittelten Intelligenzquotienten zwischen 75 und 128. Jedoch zeigte sich bei den wenigen Klienten, bei denen ein Intelligenzquotient unter 90 ermittelt wurde, daß dies auf Mängel im Verbalbereich zurückgeht, die in unmittelbarem Zusammenhang mit den Schulmißerfolgen zu sehen sind.
Die 52 Teilnehmer am Angebot des Unterrichtsbereichs waren durch dissoziales Verhalten wie durch Drogengebrauch auffällig geworden. Sie hatten sich freiwillig an die Kontaktstelle gewendet.

Bekanntgewordene Auffälligkeit	**Teilnehmer**	
Strafrechtliche Verurteilung	19	
Drogen- und Alkoholgebrauch	52	
davon opiatabhängig		5
nur Alkoholmißbrauch		16

Teilnehmer des Unterrichtsbereiches (52)
Bisherige Auffälligkeiten

Nicht bei allen 52 Teilnehmern ist es gelungen, die Arbeitsstörungen so zu beeinflussen, daß sie zu einer regelmäßigen Teilnahme in der Lage gewesen wären. 26 von ihnen beteiligen sich nicht mehr, 21 setzen ihre Ausbildung fort; 5 haben bereits einen Abschluß erreicht.
Bei der gegenwärtigen Organisationsform der Kontakt- und Beratungsstelle führt der Weg des einzelnen Klienten zum Unterrichtsbereich **über** den Beratungsbereich.

Struktur des Angebotes

↓		
Beratungsbereich		Unterrichtsbereich
Erstkontakt	——————→	Legasthenie-Behandlung
Psychologische Untersuchung		
Sozialberatung	Einzelgespräche	Fachunterricht
Ärztliche Beratung	Gruppe	

Abb. 1

Zum Unterrichtsbereich selber gehört der Fachunterricht in 7 Fächern (Deutsch, Mathematik, Geschichte, Erdkunde, Biologie, Physik und Englisch). Für diesen Unterricht stehen 4 Lehrkräfte zur Verfügung mit Ausbildungen für das Lehramt an Hauptschulen, Realschulen oder Gymnasien. Außerdem wird eine Legastheniebehandlung angeboten.
Die Verbindung zwischen Unterrichtsbereich und Beratungsbereich kommt dem

Klienten dadurch zugute, daß Mitarbeiter des Beratungsbereiches dem Klienten entweder Einzelgespräche oder die Teilnahme an Gruppen anbieten. Dies ist eine Möglichkeit, die mit der Teilnahme am Unterricht neu aufgelegten Konflikte zu bearbeiten.

Welche Ziele kann man sich für das Vorgehen in einem derartigen Unterrichtsbereich setzen?

1. Es muß das für die Prüfung notwendige Wissen vermittelt werden. Die Prüfung muß zum Schluß vor einer der Kommissionen der Schulbehörden zum nachträglichen Erwerb des Abschlußzeugnisses der Volksschule bzw. der Realschule abgelegt werden.
2. Es sollen nicht nur die Defizite an Schulwissen ausgeglichen werden, sondern es sollen außerdem die Möglichkeiten, die eigne Situation und ihre Bedingungen zu erfassen und sich zu artikulieren, verbessert werden.
3. Im Zusammenhang der Unterrichtskurse kann auch ein soziales Training hinsichtlich Einhalten von Abmachungen, regelmäßiger Tätigkeit und auch Pünktlichkeit stattfinden.
4. Die regelmäßige Teilnahme an den Kursen kann sich insgesamt stabilisierend auf den Klienten auswirken. In der verhältnismäßig angstfreien Atmosphäre der kleinen Gruppe werden Erfolgserlebnisse beim Lernen möglich. Der langfristige tägliche Kontakt zu den Lehrern und den übrigen Teilnehmern stellt eine Kontinuität der Beziehungen her, die sich teilweise in einer engen Bindung an die Gruppe äußert.

Welche Wege haben wir eingeschlagen, um dies alles zu erreichen? Es mußten berücksichtigt werden:

1. die individuellen Schwierigkeiten, die zum Versagen geführt haben
2. die unterschiedlichen bisherigen Bildungsvoraussetzungen,
3. die Unfähigkeit der einzelnen Teilnehmer, ihre tatsächlichen Möglichkeiten selber richtig einzuschätzen
4. die geringe Ausdauer beim Bewältigen von Schwierigkeiten.

Wir haben dafür folgendes Vorgehen entwickelt:

Der Unterricht erfolgt ausschließlich in kleinen Gruppen mit höchstens 6 Teilnehmern. Der gesamte Unterrichtsstoff ist aufgeteilt in Kurse von jeweils zwei Wochen Dauer. Jeder Schüler nimmt jeweils nur an einem Kurs auf einem Fachgebiet teil. Der Kurs wird durch einen Kontrolltest abgeschlossen. Der Schüler erhält dadurch eine sofortige Rückmeldung über seinen Lernerfolg. Ist dieser mangelhaft, so hat er Gelegenheit innerhalb der folgenden Monate den Zwei-Wochen-Kurs zu wiederholen. Auf die Teilnahme an anderen Zwei-Wochen-Kursen hat sein Mißerfolg keinen Einfluß. Lediglich dann, wenn Kurse stufenweise aufeinander aufbauen, setzt natürlich die folgende Stufe den erfolgreichen Abschluß der vorhergehenden voraus.

Der gesamte Unterrichtsstoff ist drei derartigen Stufen zugeordnet:

Stufe 1: Grundkenntnisse

Stufe 2: Voraussetzungen für Volksschulabschluß

Stufe 3: Voraussetzungen für Realschulabschluß

Das mindestens ausreichende Ergebnis des jeweils nach einem Zwei-Wochen-Kurs stattfindenden Tests wird schriftlich bestätigt. Insgesamt kann der Teilnehmer bei dieser fortlaufenden Rückmeldung und Orientierung über seinen

Lernerfolg davon ausgehen, daß er die Voraussetzungen für die Prüfung dann erworben hat, wenn er auf der entsprechenden Stufe in jedem Fach fünf derartige Bescheinigungen vorlegen kann. Kommt es nicht zur Wiederholung einzelner Kurse – was allerdings zumeist der Fall ist – dann kann dieses Ziel für den Volksschulabschluß in ein bis eineinhalb und für den Realschulabschluß in eineinhalb bis zwei Jahren erreicht werden.
Unterbrechungen gibt es bei der Lage der Teilnehmer nicht selten durch Ausfallzeiten wegen psychischer Schwierigkeiten und durch den Zwang zur Lebensunterhaltssicherung.
Es ist wichtig in diesem Zusammenhang anzumerken, daß die Vereinbarung, am Angebot des Unterrichtsbereichs teilzunehmen, verbindlich ist; insofern sind Regeln im Gegensatz zu den Anfängen des Versuchs fester Bestandteil des Unterrichts.
Diese festen Verbindlichkeiten führen zwar immer wieder zu Konflikten mit einzelnen Schülern, ermöglichen es aber letztendlich, daß der Unterrichtsbereich ein relativ klar strukturiertes Angebot darstellt, das es dem Jugendlichen erst ermöglicht, abzuwägen, ob er nun dabei mitmachen will oder nicht.
Welche Situation ergibt sich nach einem derartigen Vorgehen aber im Zusammenhang mit den Prüfungen?
Während sich die Volksschulabschlußprüfungen bis jetzt relativ problemlos gestalten (6 Versuche – 5 erfolgreiche Abschlüsse), ergaben sich bei den Realschulprüfungen Mißerfolge, die das Dilemma des Unterrichtsbereichs in der Kontaktstelle aufzeigen. Selbst wenn es uns gelingt, mit ausreichend begabten Teilnehmern über einen längeren Zeitraum hin intensiv zu arbeiten und dabei ihre früheren Lernhemmungen weitgehend zu bessern, sind diese Erfolge in dem Augenblick wieder in Frage gestellt, wo die Klienten erneut mit den Selektionsschranken der Institution Schule konfrontiert sind. Das angstarme Klima affektiver Zuwendung in den Kleingruppen ermöglicht zwar Lernen, aber nicht die Bewältigung der angstauslösenden Prüfungssituation vor völlig unbekannten Lehrern. Andererseits würden harte Trainingsmethoden im Unterrichtsbereich selbst nur die früheren Versagensängste der Teilnehmer reaktivieren und damit einen Zugang zum brachliegenden Lernpotential verhindern. Hier liegt ein Problem, das wir noch nicht gelöst haben: stützende, verstärkende Anleitung zum Lernen zu vereinbaren mit der Vermittlung der harten Prüfungsrealität.
Die vom Beratungsbereich der Kontaktstelle gebotenen Einzelgespräche und Gruppenformen können dazu dienen, die Widersprüche zwischen optimalem Lernangebot und institutionellen Selektionsmechanismen mit dem einzelnen Teilnehmer zu bearbeiten.
Spontan machen indessen nur wenige Teilnehmer von diesen Angeboten Gebrauch. Vermutlich hängt dies damit zusammen, daß nicht wenige Teilnehmer den Eintritt in den Unterrichtsbereich als Bestätigung dafür ansehen, daß ausschließlich ihre bisherigen Schülererfahrungen für ihre Problematik verantwortlich sind. Die Motivation für eine über den Unterricht hinausgehende Therapie muß bei ihnen erst mobilisiert werden.
Insgesamt sind wir der Meinung, daß unser Vorgehen, für das wir selber keine Vorbilder hatten, sondern das wir aus unseren Erfahrungen innerhalb eines

kurzen Zeitraumes entwickeln mußten, sich bereits so bewährt hat, daß es zu ähnlichen Versuchen anregen sollte.

Im Folgenden wird über eine Untersuchung an Klienten der Kontakt- und Beratungsstelle berichtet, bei denen unter anderem Defizite in der Rechtschreibung dem Volksschulabschluß entgegen stehen.

Es mußte bei ihnen geklärt werden, ob es sich um sekundäre Auswirkungen ständiger Schulmißerfolge bzw. fehlenden Unterrichts handelt, oder ob eine spezielle Lese- und Rechtschreibschwäche vorliegt. Davon wiederum hängt es ab, ob ein Nachhilfekurs im Deutschunterricht oder ein spezifisches Legasthenieprogramm anzubieten ist.

Die folgende Definition der Legasthenie lag der Untersuchung zugrunde: Bei zumindest durchschnittlicher Intelligenz besteht eine erhebliche Diskrepanz der Lese-Rechtschreibleistungen gegenüber den übrigen Fähigkeiten. Diese Definition ist allerdings – wie sich zeigen wird – für Jugendliche, die eine gestörte Schullaufbahn hinter sich haben, nur teilweise brauchbar.

Das Untersuchungsprogramm bestand aus folgenden Verfahren:

1. Intelligenztest: Leistungsprüfungsystem von Horn – LPS
2. Legasthenieverfahren: Rechtschreibtest für das 8. Schuljahr – RSZ 8
   - Wortunterscheidungstest von Biglmaier – Wut
   - Mannheimer Rechtschreibtest – MRT

Bei den 14 untersuchten Jugendlichen zeigte sich, daß der Gesamtintelligenzquotient nur in zwei Fällen unterhalb des Durchschnittsbereichs liegt. In einem dieser beiden Fälle (Gesamt-IQ 85) ließ sich mit dem objektiv vergleichenden Untersuchungsverfahren keine Rechtschreibschwäche mehr nachweisen. In dem anderen Fall (Gesamt-IQ 80) besteht die Vermutung, daß es sich weniger um eine intellektuelle Minderbegabung als vielmehr um eine besonders starke Lese- und Rechtschreibschwäche handelt. Das niedrige Ergebnis beim LPS ist offenbar durch die rechtschreibabhängigen Untertests dieses Verfahrens zustande gekommen. Die Ergebnisse bei den Legasthenieverfahren sind extrem schlecht und andererseits ist die rechtschreibunabhängig geprüfte Denkfähigkeit im Durchschnittsbereich.

Insgesamt zeigte sich, daß von den 14 Jugendlichen beim RST 8 nur 7 mit ihren Leistungen unterhalb des Durchschnittsbereichs lagen, beim MRT waren es 6 Jugendliche.

Von den oben genannten 7 Jugendlichen mit nachweisbaren mangelhaften Rechtschreibleistungen waren es nur 3, die gleichzeitig beim Wortunterscheidungstest so schlecht abschnitten, daß sie nicht einmal dem Niveau der 3. Grundschulklasse entsprachen. Bei diesen 3 Jugendlichen, die im übrigen auch besonders niedrige Ergebnisse bei den Rechtschreibverfahren hatten, steht die Diagnose einer speziellen Lese-Rechtschreibschwäche außer Frage.

Zur weiteren diagnostischen Einschätzung wurden die Fehlerarten der 7 Jugendlichen mit schlechten Rechtschreibleistungen analysiert.

Es fiel auf, daß ein hoher Prozentsatz an Groß- und Kleinschreibungsfehlern auftrat. Sie machten bei zwei Jugendlichen die Hälfte aller Fehler aus. Bei diesen und zwei weiteren Jugendlichen traten zusätzlich Auslassungsfehler oder Fehler im Bereich der Dehnung und Kürzung sowie Konsonantenfehler auf. Bei 3 Jugendlichen mit besonderen Ergebnissen in den Rechtschreibver-

fahren ließen sich keine besonderen Fehlerschwerpunkte nachweisen bzw. war eine Fehleranalyse nicht möglich.
Es hebt sich bei der Fehleranalyse mithin eine weitere Gruppe von 4 Jugendlichen heraus, die zwar noch ausreichende Leseleistungen aufwiesen, bei der Rechtschreibung jedoch auch Auslassungs- und Umstellungsfehler machten. Diese Fehlerarten sind eigentlich nur im Zusammenhang mit einer Lese-Rechtschreibschwäche zu erklären.
Auf Grund der Ergebnisse läßt sich annehmen, daß im Fall der letztgenannten Jugendlichen mehrere Faktoren zusammengewirkt haben. Einerseits handelt es sich bei den Klienten der Kontaktstelle um Problemjugendliche, in deren Schulentwicklung es zum Teil zu erheblichen Defiziten gekommen ist, ihre Leistungen sind üblicherweise unterdurchschnittlich. Andererseits können leichte spezifische Ausfälle diagnostiziert werden, die auf eine Lese-Rechtschreibschwäche schließen lassen.

1	2	3	4	5	6	7
Name	Alter	LPS Denkfähigkeit C-Wert	Gesamt-IQ	RST 8 PR	WUT Schulalter	MRT PR
G. R. ♂	24	4	102	20	5,9	23
M. S. ♂	17	4	99	86	> 6	77
F. S. ♂	18	4	95	79	> 6	48
A. G. ♀	24	3,5	85	52,5	5,9	34
O. S. ♂	21	5	102	7	2,9	10
S. F. ♂	16	9	115	25	> 6	21
I. K. ♀	16	4	80	0,3	1,5	1
B. J. ♂	15	5,5	110	6,5	5,4	10
S. B. ♀	18	3	99	82,5	5,9	73
N. K. ♂	15	6	100	6	1,7	2
C. H. ♂	16	7,5	108	15	5	46
G. E. ♀	15	6	104	79	> 6	66
P. K. ♂	16	5	100	36	> 6	27
A. P. ♂	16	8	114	64	> 6	48

Abb. 2: Spalte 3 + 4: Ergebnisse der Intelligenzüberprüfung mit Hilfe des Leistungsprüfungssystems von Horn
1. Teil: Ergebnisse des Untertests Denkfähigkeit in Form von C-Werten (Skala von 1 bis 9, Mittelwert 5)
2. Teil: Gesamtergebnis in Form von Intelligenzquotienten
Spalte 5: Ergebnisse des Rechtschreibtests für das 8. Schuljahr in Form von Prozentrangwerten (PR von 20 bedeutet: 80 % der Vergleichspopulation haben einen besseren Wert als der Proband)
Spalte 6: Ergebnisse des Wortunterscheidungstests von Biglmaier unter Angabe des Niveaus, das in Form des Schulalters erreicht wurde (1.5 bedeutet 2. Volksschulklasse nach 5 Monaten)
Spalte 7: Ergebnisse des Mannheimer Rechtschreibtests unter Angabe der Prozentrangwerte

Armin Kuhr

Erfahrungen aus einem Verhaltenstrainingskurs mit Lehrern [1]

1. Vorüberlegungen zur Planung des Kurses

Auf einer Fortbildungsveranstaltung für Lehrer war ein Referat über Disziplinprobleme angekündigt. Die anwesenden Lehrer schienen sehr gespannt zu sein, allerdings ließ das Interesse sichtbar nach, als der Referent längere theoretische Ausführungen machte. Als er dann aber ankündigte, daß er nun zu den konkreten Handlungsanweisungen komme, wurde es im Saal plötzlich ganz ruhig und alle hörten aufmerksam zu. Er hatte offensichtlich den »nervus rerum« getroffen. Diese Beobachtung deckt sich mit den immer wieder in der Literatur berichteten Ergebnissen (vgl. Belschner, 1974), nach denen Lehrer – wenn ihnen die Frage gestellt wird, was ihnen den Beruf besonders schwer mache – das Problem der Disziplin besonders häufig an die Spitze stellen. Da auch wir bei den Vorgesprächen, die im Hinblick auf die Planung des Kurses mit Lehrern geführt wurden, immer wieder auf dieses Problem stießen, bemühten wir uns, dieses Bedürfnis in die Überlegungen einzubeziehen. Wobei uns aber deutlich war, daß Lehrer sich wenig für scharfsinnige Ausführungen und Analysen z. B. zum Thema »Konfliktfeld Schule« interessieren, sondern daß sie wissen wollen, was kann/soll ich in einer erziehungsschwierigen Situation tun.
Im Zusammenhang damit wurde immer wieder darüber geklagt, daß Lehrer durch die Schüler in ein Verhalten gedrängt werden, das mit den an der Hochschule erworbenen Normen in Widerspruch steht. Es würden ihnen hohe Erziehungsziele vermittelt, aber es fehle ihnen an Lernmöglichkeiten, die sie befähigten, diese Ziele im defizitären Feld der Schule umzusetzen. Diese Diskrepanz zwischen theoretisch wünschbarem und tatsächlich realisiertem Verhalten verschärft die ohnehin nicht einfache Situation des Lehrers erheblich.
Neben den sogenannten einfachen Disziplinproblemen spielen gravierende Verhaltensauffälligkeiten mittlerweise eine recht große Rolle (Thalmann, 1974). Eine besondere psychotherapeutische Betreuung dieser Kinder ist in der Regel nicht möglich, bzw. die entsprechenden Institutionen haben sehr lange Wartezeiten, so daß Lehrer sehr häufig auf sich selbst angewiesen sind; sie müssen mit Schwierigkeiten fertig werden, für die sie nicht ausgebildet sind.
Die Fragestellung in allgemeinster Form lautete also: Wieweit kann ein Verhaltenstrainigskurs dem Lehrer für die unterrichtliche Situation Hilfestellungen geben, die es ihm erlauben, mit den Belastungen des beruflichen Alltags befriedigender fertig zu werden. Das zentrale Ziel war, die Hauptschwierigkeiten von im Beruf befindlichen Lehrern zu identifizieren und zu prüfen, ob die pädagogische Psychologie Mittel bereit stellt, diese Defizite auszugleichen.

1 Für Unterstützung und Beratung bei Durchführung und Auswertung der Untersuchung danken wir Prof. Specht (Abt. für Kinder- und Jugendpsychiatrie der Nervenkliniken der Universität Göttingen), Prof. Tewes (Med. Hochschule Hannover) und Prof. Bredenkamp (Psych. Inst. der Universität Göttingen).

Die wichtigsten Begrenzungen der Untersuchung ergaben sich aus folgenden Sachverhalten:

1. Die Schulorganisation – wie sie sich heute in der Regel darstellt – ist nicht geeignet, das Erreichen sozialer Lernziele zu fördern. Die vielfältigen Restriktionen engen den Spielraum des Lehrers stark ein.
2. Die Mängel in der Theoriebildung (vgl. Shulman, 1970) erlauben keine stringente Begründung für die Wahl der Inhalte und Methoden. Deshalb können Elemente des Trainingskurses nicht mit spezifischen zu erwartenden Effekten verknüpft werden, auf die Herleitung der Kurserfolge im Sinne einer Ursache – Wirkungsrelation muß verzichtet werden.
3. Aus finanziellen Gründen war die Stichprobe (im Blick auf die komplexe Fragestellung) relativ klein.

Trotz dieser Einschränkungen schien es sinnvoll, das Projekt durchzuführen, nicht zuletzt deshalb, weil wir uns Erfahrungen für die Arbeit an der Pädagogischen Hochschule erhofften: Welche Inhalte und Methoden sind geeignet, in höherem Maß als bisher die Schwierigkeiten zu antizipieren, mit denen der Lehrer rechnen muß, der in die Schule kommt.

2. Anlage und Durchführung der Untersuchung

Es handelte sich um eine Studie, die einem Standarddesign der Psychologie entsprach. Eine Versuchsgruppe (VG) und eine Kontrollgruppe (KG) wurden einem Vor- und Nachtest unterworfen. Während der experimentellen Phase (6 Monate) wurde in der VG ein 15 Doppelstunden umfassender Trainingskurs durchgeführt. An zwei parallel durchgeführten Kursen nahmen insgesamt 17 Lehrer teil, die Zahl der Kinder in VG und KG betrug jeweils ca. 300.

Als wichtigste Variablen wurden erhoben:

Lehrer:	Flanders Beobachtungsbogen (240 min pro Testdurchführung)
Schüler:	Intelligenz, Extraversion, Neurotizismus, Erziehungsstil der Eltern, Lehrerangst, Schulangst, Verhaltensbeobachtung ausgewählter Schüler (»Problemkinder«)
Eltern:	Fragebogen zum sozioökonomischen Status.

Die Durchführung der Untersuchung – Testvorgabe, Beobachtung – erfolgte mit Hilfe einer Gruppe von Studenten, die in projektbegleitenden Arbeitsgruppen auf die Aufgaben vorbereitet wurden. Das Lehrertraining wurde vom Autor durchgeführt.

Der Kurs war im wesentlichen nach dem Konzept gestaltet, das von Tausch und Mitarbeitern in Hamburg entwickelt wurde.

Zu Beginn wurde allgemein über Erziehungsziele diskutiert. Im Zusammenhang damit wurde überlegt, inwieweit diese Ziele in der täglichen Praxis im Auge behalten werden – wo ergeben sich Diskrepanzen zwischen Zielen und Verhalten, sind sie aufhebbar, welche Alternativen sind möglich.

Im Anschluß an die theoretische Bestimmung bemühten wir uns, die Überlegungen zu operationalisieren. Ausgehend vom Training einfacher, von der Realität abgehobener Verhaltensweisen, hin zu komplexeren, wirklichkeitsbezogeneren Fertigkeiten, wurde dann der Versuch gemacht, »neues« mit den

eigenen Zielen eher in Einklang stehendes Verhalten aufzubauen.
Einer der ersten Schritte war die Vorgabe schriftlich formulierter Konfliktsituationen.
Im folgenden ist ein Beispiel für solch eine Situation [2] angegeben.
Halten Sie kurz inne und formulieren Sie selbst eine Antwort, bevor Sie weiterlesen (denken Sie daran, daß Sie in der Unterrichtssituation nicht viel Zeit für Ihre Reaktion haben).
Ein Schüler hat sein Lesebuch vergessen. Sie bitten den Nachbarn, das Buch mit ihm zu teilen. Der Nachbar weigert sich ohne ersichtlichen Grund. Sie sagen zu dem Nachbarn:
Wie ist Ihre Antwort ausgefallen? Überlegen Sie: Signalisiert sie dem Schüler ihre (zumindest grundsätzliche) Wertschätzung, ist sie höflich, ist sie ermutigend, ist sie geeignet, die Lehrerzentrierung abzubauen und die Autonomie des Schülers zu fördern; kann man davon ausgehen, daß Sie auch daran gedacht haben, daß Kooperationsfähigkeit ein wichtiges Ziel ist?
Ironie beiseite, im Prinzip wurde durchaus dieser Weg gewählt. Wir stellten uns die Frage, welche Reaktion im Blick auf die formulierten Lernziele optimal sei. Diese Vorgehensweise sollte (unterstützt auch von Übungen mit anderen Methoden – Skalentraining, Simulationsübungen, Microteaching) das Diskriminationslernen der Teilnehmer fördern. Sie sollten Kriterien entwickeln, mit deren Hilfe günstiges von ungünstigem Verhalten zu trennen war.
Die Trainingsanweisungen bzw. Zielvorstellungen des Kursleiters waren angelehnt an das Training, wie es angehende Gesprächspsychotherapeuten erfahren. Es erscheint einsichtig, und das ist auch der zentrale Gedanke bei Tausch (1973), daß die Grundvariablen der Gesprächspsychotherapie
- Wertschätzung/Wärme
- Echtheit/Selbstkongruenz
- Verbalisierung emotionaler Erlebnisinhalte

auch im Erziehungsprozeß sinnvoll anzuwenden seien.
Es muß an dieser Stelle betont werden, daß dies kein Verhaltensmodell für jede Gelegenheit ist, aber es gibt dem Lehrer die Möglichkeit – je nach dem Anspruch der spezifischen Situation – flexibler zu reagieren.
Im letzten Drittel des Kurses lagen die Schwerpunkte auf dem Training der Variablen Verbalisierung emotionaler Erlebnisinhalte (VEE) und der Analyse von Unterrichtsaufzeichnungen der Seminarteilnehmer. Diese wurden im Sinn der entwickelten Kriterien diskutiert.

3. Wirkungen des Trainingskurses

Die Frage nach den Wirkungen des Trainingskurses sollte mit Hilfe der durchgeführten Tests und Beobachtungen beantwortet werden. Leider zeigte sich, daß die Aussagekraft der Daten durch zwei wichtige Umstände eingeschränkt war:
- in einer Reihe wichtiger Variablen waren VG und KG in den Ausgangswerten nicht vergleichbar, was die Interpretation von Veränderungen erschwerte,

2 Diese und alle in der Untersuchung verwandten Situationen wurden uns von U. Vormfelde-Siry zur Verfügung gestellt.

– die Zuverlässigkeit der Meßinstrumente war gering.
Unter diesen Einschränkungen sind die berichteten Ergebnisse zu sehen.

1. Die Veränderungen auf schriftlich vorgegebene Konfliktsituationen vom Vor- zum Nachtest entsprachen den Erwartungen. Die Äußerungen wurden von nicht wissentlichen Studenten unter anderem als ermutigender und wertschätzender beurteilt.
2. Das wichtigste Verfahren, von dem wir uns Aufschluß über Veränderungen im Unterrichtsverhalten der Lehrer erhofften, war das Beobachtungssystem von Flanders (1970). Es zeigten sich zwar Trends im Sinn der Erwartungen, allerdings waren sie statistisch nicht abzusichern. Nur ein Einzelergebnis sei angeführt. Fürstenau zeigt auf, wie wenig in der Schule persönliche Gefühle geachtet werden, wie Triebregungen unterdrückt und tabuisiert werden und Unterrichtsinhalte – von allen Affekten gereinigt – zum Stoff werden. Dieser Sachverhalt stellte sich für uns empirisch so dar:
   Die Kategorie 1 des Flanders Bogens ist folgendermaßen definiert: »Akzeptiert und klärt die Empfindungen des Schülers, die Gefühle können positiv oder negativ sein.«

Von knapp 60 000 im Verlauf der Gesamtuntersuchung protokollierten Einzelbeobachtungen wurde nur etwa 800 mal die Kategorie 1 signiert!

3. In den »Schülervariablen« zeigte sich nur ein einziges klar interpretierbares Ergebnis: in der VG sank – im Vergleich zur KG – der Wert in der Skala Lehrerangst (Maß für die Angst des Schülers vor dem Lehrer) bedeutsam ab.

Hinweise auf mögliche Ursachen für die geringen fehlenden Effekte des Trainingskurses ergaben sich aus den Diskussionen während der Durchführung. Eine Teilnehmerin wünschte sich: »Ich möchte meinen Beruf als Job verstehen, ich darf die Probleme nicht an mich herankommen lassen, sonst gehe ich kaputt – was ich brauche, sind Mechanismen, die mir den nötigen Selbstschutz geben.« Von anderen Teilnehmern wurde jedoch bemängelt, daß der Kurs – wie sie sich ausdrückten – zu keiner Persönlichkeitsveränderung führe, sondern bestenfalls dazu diene, ein rein technologisches Verhaltensgerüst aufzubauen.
Diese widersprüchlichen Erwartungen waren immer wieder Gegenstand der Diskussion und kulminierten in der Frage, was in der gegebenen Situation überhaupt veränderbar sei und wie das konkret vor sich gehen könne. So fragte ein Lehrer: »Kann man bei gleichbleibender Haltung sein Verhalten ändern? Ich kann mit den Schülern kein therapeutisches Gespräch führen, da ich an den Problemen des anderen nicht wirklich interessiert bin.«
Auch wurde der indirekte Anspruch – »Lehrer als Therapeut« – der in dem Kurs zum Ausdruck kam, als eine weitere der vielfältigen Überforderungen des Lehrers gesehen: »Wir sind ohnehin überlastet, da sollen wir auch noch Therapie zusätzlich machen?!«
Ein weiterer wichtiger Kritikpunkt lag auf der schulorganisatorischen Ebene. Ein Lehrer berichtete z. B., er hätte alle ihm wesentlich erscheinenden Konflikte aufgegriffen. Bald beschwerten sich die Kinder, man solle doch nicht so viel reden, sondern lieber mit dem »Unterricht« weitermachen. Diese Kinder hatten die Normen bezüglich der herkömmlichen Unterrichtsorganisation verinnerlicht. Neben solch einer Haltung, die ein Problem für veränderungsbereite Lehrer

darstellt, hoben einige Teilnehmer noch einen weiteren Punkt hervor. Sie sahen Leistung und sozialintegratives Lehrerverhalten als einander ausschließende Alternativen. Die Notwendigkeit, innerhalb sehr begrenzter Zeit inhaltliche Lernziele zu erreichen, mache es unmöglich, dem sozialen Lernen die Aufmerksamkeit zu schenken, die wünschenswert sei.

Wir haben darauf hingewiesen, daß der Lehrer mit hohen theoretischen Ansprüchen konfrontiert wird, die er nicht erfüllen kann. Die aus diesem Widerspruch resultierenden Abwehrreaktionen gewinnen besonders beim Zusammenwirken von Theoretikern und Schulpraktikern Bedeutung. Auch in unserem Kurs kamen emotional besetzte Vorbehalte gegen pädagogisch-psychologische oder erziehungswissenschaftliche Theorie zum Ausdruck. Ihren konkreten Niederschlag finden die Brüche zwischen Theorie und Praxis z. B. in der Tatsache, daß viele der Lehrenden an Pädagogischen Hochschulen entweder nie die Schulpraxis kennengelernt haben, oder dieser Praxis durch lange Abwesenheit entfremdet sind. Dieser Sachverhalt scheint die Durchschlagskraft psychologisch-pädagogischer Forschung zu beeinträchtigen: Der Praxisbezug der Forschung leidet unter der mangelnden Kenntnis der Forscher gerade des Bereichs, den sie erforschen wollen. Eine Folge davon ist, daß Lehrer gegenüber Untersuchungsbefunden skeptisch sind – insbesondere dann, wenn sie im Gegensatz zur eigenen Einstellung stehen: »... die sollen erst einmal in die Schule kommen, dann werden sie schon sehen ...«.

Der Kursleiter selbst konnte auf keine Schulerfahrung verweisen. Er befand sich in den Diskussionen nicht selten in der Defensive, vor allem, weil es wenig nachprüfbares Wissen über Unterricht gibt (vgl. Grell, 1970). Es existiert kein »richtiges, effektives, optimales Muster des Lehrerverhaltens, das für alle Situationen und Fälle empfohlen werden kann, sondern ... jeder Lehrer (muß) selbst entscheiden, welche Mischung er bevorzugt« (Grell, 1974, S. 16). Weil die Aussagen, die über Unterricht und Lehrerverhalten gemacht werden konnten, von vielen »wenn« und »aber« begleitet waren und damit den Charakter des Unverbindlichen bekamen, war es besonders schwer, gegen die »Erfahrung« der Lehrer zu argumentieren.

Die schriftliche Nachbefragung der Lehrer nach Ende des Kurses und ein halbes Jahr später ergab keine wesentlichen Aufschlüsse über Kurserfolge. Es wurde lediglich – entsprechend der vorgegebenen Skala – festgestellt, daß in gewissem Ausmaß (Variation der Antworten von »etwas« bis »erheblich«) ein Nutzen für den beruflichen und/oder persönlichen Bereich feststellbar gewesen sei.

Daß **ein** Ziel erreicht wurde, darüber waren sich alle Teilnehmer einig: die Sensibilisierung für eigenes und fremdes Verhalten. Dieses Ergebnis halten wir für wichtig. Welche Bedeutung solch eine Sensibilisierung hat, sei durch zwei Untersuchungen illustriert. Brophy und Good (1970) konnten zeigen, wie das Lehrerverhalten mit den Erwartungen an die Leistungsmöglichkeiten des Schülers variiert. Die Lehrer boten den »guten« Schülern mehr Möglichkeiten zur aktiven Unterrichtsbeteiligung und bekräftigten sie eher. In einer Untersuchung von Amos und Washington (1973) ergab sich, daß zwischen den Lehrerwahrnehmungen von Schülerproblemen und deren eigener Wahrnehmung dieser Probleme eine große Diskrepanz bestand. Lehrer sehen meist wesentlich weniger

Schwierigkeiten, die Schüler haben und unterschätzen deren Bedeutung. Durch Sensibilisierung entsteht kein neues Verhalten. Um dies zu erreichen, bzw. das neue Verhalten zu festigen, dazu war der Kurs zu kurz. Außerdem reicht es nicht, sich allein auf unterrichtliche Fertigkeiten zu beschränken. Wenn Lehrerverhalten – und im Zusammenhang damit z. B. die eigenen Einstellungen – verändert werden soll, dürfen die Bedingungen für dieses Verhalten nicht im engen Bereich der Schule allein gesucht werden, sondern es müssen auch außerschulische Einflüsse berücksichtigt werden, vor allem solche, die das Selbstbild des Lehrers bestimmen. Forschungsmethodisch gesprochen: meist war der Lehrer bisher die unabhängige Variable. Nun gilt es, verstärkt die Faktoren aufzusuchen, die die unabhängige Variable »Lehrer« abhängig machen.

4. Folgerungen

Bei der Anlage zukünftiger Kurse sollte zwei Schwerpunkten besondere Aufmerksamkeit geschenkt werden – was eine längere Kursdauer bedeutet und Kooperation verschiedener Disziplinen voraussetzt:

1. Der Lehrer muß mit den theoretischen Grundlagen vertraut gemacht werden, die es ihm ermöglichen, die individuellen und gesellschaftlichen Determinanten seines Handelns genauer zu bestimmen; es muß ihm deutlich werden, daß viele Unzulänglichkeiten nicht allein auf von ihm zu verantwortendes Versagen zurückgehen, sondern, daß etliches durch institutionelle Bedingungen mitverursacht ist. Dies und die Erkenntnis, daß andere Lehrer analoge Probleme haben, reduziert Ängste und Schuldgefühle, »falsch« – also nicht in Übereinstimmung mit pädagogisch / psychologischer Literatur – gehandelt zu haben. Außerdem folgt aus der vertieften Einsicht in die Bedingungen, die Lehrer- und Schülerverhalten beeinflussen, daß Lehrer Angriffe seitens der Schüler weniger persönlich nehmen, sie sich eher davon distanzieren können. Diese m. E. »Entpersonalisierung« mag wesentlich dazu beitragen, auftretende Konflikte nüchterner und konstruktiver zu bewältigen. Bei dem Einbringen der Theorie muß jedoch beachtet werden, daß Literaturstudium wenig hilft. Dies kann nur der erste Schritt sein, unerläßlich ist es, die Bezüge zwischen dem Unterrichtsverhalten, der Schulorganisation und der »Person« des betreffenden Lehrers individuell, konkret und präzise herauszuarbeiten.
2. Dieser eher theoretisch orientierte Teil muß in ein Verhaltenstraining integriert sein, mit dessen Hilfe der Lehrer in die Lage versetzt wird, in Konflikten flexibler zu reagieren. Weder Reproduzieren der negativen Modelle, die er während des Heranwachsens kennengelernt hat, noch krampfhafter Versuch, eigene Emotionen mit sozialintegrativem Verhalten zuzudecken. Wichtigstes Lernziel dieses Teils ist es, daß der Lehrer die Fähigkeit erwirbt, eigene Emotionen, aber auch die von ihm wahrgenommenen der Schüler – positive wie negative – vor der Klasse zu artikulieren und in dieser Beziehung ein »Modell« zu sein.

Trainingskurse sollen also folgende Elemente enthalten:

– zu Beginn einen eher »gruppendynamisch« orientierten Teil (z. B. im Sinn

einer »encounter Gruppe« nach Rogers) während dessen jeder Teilnehmer sich über seine eigenen Motivationen und Ängste klarer wird und von daher seine Ziele besser bestimmen kann
- die angesprochenen theoretischen Inhalte
- Training speziell auf die Person zugeschnittener Verhaltensziele.

Alle diese Dinge sind nicht neu, wichtig scheint aber zu sein, daß die drei Hauptbestandteile eng miteinander verzahnt werden.

Es ist noch viel Grundlagenforschung nötig, bis eine realistische Einschätzung der Möglichkeiten und Grenzen solcher Kurse geleistet werden kann – vorläufig ist die empirische Basis zu schmal. Die bisherigen Erfahrungen lassen jedoch die Hoffnung begründet erscheinen, daß die angesprochenen Inhalte und Methoden einen wesentlichen Beitrag dazu leisten können, daß Lehrer besser als bisher psychohygienischen Aufgaben gerecht werden können. Sie helfen, den Spielraum der Lehrer zu erweitern und die berufliche Selbstsicherheit zu stärken. Erst wenn dieses Fundament verbreitert ist, können über individuelle Veränderungen hinausweisende Perspektiven – die sich nicht allein an der Schulrealität orientieren, sondern diese Schulwirklichkeit in Richtung auf gesetzte Ziele transzendieren – in den Blick genommen werden.

Literatur

Amos, R. T.; Washington, R. M.: A Comparison of Pupil and Teacher Perceptions of Pupil Problems, J. of Educ. Psy. 51, 5, 1973, S. 255–258.

Belschner, W.; Hoffmann, M.; Schott, F.; Schulze, C.: Verhaltenstherapie in Erziehung und Unterricht, Stuttgart 1974.

Brophy, I. E.; Good. T. L.: Teachers' Communication of Differential Expectations for Children's Classroom Performance: Some Behavioral Data, J. of Educ. Psy., 61, 1970, S. 365–374.

Flanders, N. A.: Analyzing Teaching Behavior, Reading 1970.

Fürstenau, P.: Zur Psychoanalyse der Schule als Institution, in: Das Argument Nr. 29.

Grell, J.: Die sogenannte Erfahrung, in: betrifft: erziehung 8, 1970, S. 34–36.

Grell, J.: Techniken des Lehrerverhaltens, Weinheim 1974.

Rogers, C. R.: Carl Rogers on Encounter Groups, New York 1970.

Shulman, L.: Reconstruction of Educational Research, Rev. of Educ. Res., 40, 1970; S. 371–393.

Tausch, R., Tausch, A.: Erziehungspsychologie, Göttingen 1973.

Thalmann, H. C.: Verhaltensstörungen bei Kindern Stuttgart 1974.

Autorenverzeichnis

Bleidick, Ulrich,
Prof. Dr., Fachbereich Erziehungswissenschaft der Universität,
2 Hamburg 13, Von-Melle-Park 8.

Graichen, Johannes, Dipl.-Psych., Abteilung für Kinder- und Jugendpsychiatrie der Universität,
74 Tübingen, Osianderstr. 14.

Hassenstein, Bernhard,
Prof. Dr., Biologisches Institut der Universität,
78 Freiburg/Breisgau, Katharinenstr. 20.

v. Hentig, Hartmut,
Prof. Dr., Laborschule der Universität,
48 Bielefeld, Universitätsstr.

Kuhr, Armin,
Dipl.-Psych., Pädagogische Hochschule Niedersachsen,
34 Göttingen, Waldweg 26.

Körner, Christa,
Dipl.-Psych., Kontakt- und Beratungsstelle für Jugendliche,
34 Göttingen, Goßlerstr. 23.

Knigge, Volkhardt,
29 Oldenburg, Auguststr. 63.

Krüger, Heidrun,
Kontakt- und Beratungsstelle für Jugendliche,
34 Göttingen, Goßlerstr. 23.

Martinius, Joest,
Priv.-Doz. Dr. med., Max-Planck-Institut für Psychiatrie,
8 München 40, Kraepelinstr. 10

Meinhardt, Johannes,
Dr. med. Dr. theol., Studiendirektor, Niedersächsisches Landeskrankenhaus,
3413 Moringen.

Müller-Küppers, Manfred,
Prof. Dr. med., Abteilung für Kinder- und Jugendpsychiatrie der Universität,
69 Heidelberg, Blumenstr. 8.

Nissen, Gerhardt,
Prof. Dr. med., Leiter und Chefarzt der Abteilung für Psychiatrie und Neurologie des Kindes- und Jugendalters des Humboldt-Krankenhauses, Krankenhausbetrieb von Berlin-Reinickendorf,
1 Berlin 28 (West), Frohnauer Str. 74–80.

Petri, Horst,
Ass.-Prof. Dr. med., Psychiatrische und Neurologische Klinik der Universität,
1 Berlin 19, Nußbaumallee 32–38.

Schepank, Heinz,
Prof. Dr. med., Psychosomatische Klinik des Zentralinstituts für seelische Gesundheit, Universität Heidelberg,
68 Mannheim 1, Postfach.

Schmidt, Martin,
Prof. Dr. med., Klinik für Kinder- und Jugendpsychiatrie des Zentralinstituts für seelische Gesundheit, Universität Heidelberg,
68 Mannheim 1 – J 5, Postfach 5970.

Specht, Friedrich,
Prof. Dr., Nervenklinik der Universität Göttingen, Abt. für Kinder- und Jugendpsychiatrie,
34 Göttingen, v.-Siebold-Str. 5.

Walter, R.,
Dipl.-Psych., Klinik für Kinder- und Jugendpsychiatrie der Universität,
355 Marburg/Lahn, Hans-Sachs-Str. 4–6.

Wittrock, Jes,
Dr. med., Institut für Soziale Pädiatrie und Jugendmedizin der Universität München,
8 München 2, Güllstr. 3.

Zauner, Johann,
Dr. med., Med.-Dir., Department für Kinder und Jugendliche, Niedersächsisches Landeskrankenhaus,
3405 Tiefenbrunn bei Göttingen.